# 道路线形安全分析与评价应用

宋传增　李鑫磊　法　政　著

中国建筑工业出版社

图书在版编目（CIP）数据

道路线形安全分析与评价应用/宋传增，李鑫磊，法政著. —北京：中国建筑工业出版社，2017.4
ISBN 978-7-112-20487-8

Ⅰ.①道… Ⅱ.①宋… ②李… ③法… Ⅲ. ①公路线形-关系-交通运输安全-研究 Ⅳ.①U412.3 ②U492.8

中国版本图书馆CIP数据核字（2017）第038986号

本书系统介绍了道路线形安全分析与评价应用的基本理论与技术。主要内容包括：国内外交通安全现状及事故原因分析、道路线形要素与交通安全、道路组合线形设计与交通安全、我国道路设计的一般流程、道路线形缺陷与事故多发路段、道路线形安全评价的发展、道路线形安全评价方法应用、不良路段安全防护措施等。依据多年案例研究的成果绘制了图、表、曲线，期望从道路设计与规划源头上预防交通事故的发生。

本书可供道路设计、交通规划、交通管理、交通安全、交通运输、汽车服务等工程技术人员参考使用。也可作为已有道路黑点整治，预建道路安全性评价，交通警察处理交通事故的理论依据。交通工程类、交通管理类高等院校师生亦可作为参考教材使用。

责任编辑：王　磊　李玲洁
责任设计：谷有稷
责任校对：赵　颖　李美娜

道路线形安全分析与评价应用
宋传增　李鑫磊　法　政　著
*
中国建筑工业出版社出版、发行（北京海淀三里河路9号）
各地新华书店、建筑书店经销
北京佳捷真科技发展有限公司制版
北京建筑工业印刷厂印刷
*
开本：787×1092毫米　1/16　印张：12½　插页：1　字数：307千字
2017年5月第一版　2017年5月第一次印刷
定价：**39.00**元
ISBN 978-7-112-20487-8
（29949）

# 前 言

2015 年 10 月 19 日，世界卫生组织发布《2015 年全球道路安全现状报告》称，尽管道路安全有所改善，但每年仍有约 125 万人死于道路交通事故，是 15～29 岁人群的主要死亡原因。道路交通事故给国家造成了巨大的经济损失，给家庭带来了巨大的灾难。世卫组织总干事陈冯富珍说："道路交通死亡造成的损失无法接受——特别是对于贫穷国家的穷人而言"。美国学者乔治·威伦在他的著作《交通法院》中写道："人们应该承认，交通管理已成为今天国家的最大问题之一。它比火灾更严重，因为每年交通事故所造成的死伤和财产损失比火灾更大。它比犯罪问题更严重，因为它与整个人类有关，不管你是强者还是弱者，富人还是穷人，聪明人还是愚蠢人，男人、女人、小孩或老人，只要他们在公路或街道上，每分钟都有死于交通事故的可能。"现代车祸"是一场无休止的战争"、"汽车是杀人的活动工具"，可见汽车交通事故的危害性非常严重，是当今社会的一大公害。

我国交通部发布 2015 年年末全国公路总里程 457.73 万 km，全国机动车保有量 2.79 亿辆，其中汽车 1.72 亿辆；机动车驾驶人 3.27 亿人，其中汽车驾驶人超过 2.8 亿人。2015 年新注册登记的汽车达 2385 万辆，创历史新高。但是所面临的道路交通安全也日益严峻，我国道路交通事故发生率呈上升趋势，交通事故死亡人数居高不下，我国的万车死亡率位居世界首位，给人民群众的生命财产安全及国家经济造成了巨大的损失。

日本在 20 世纪 80 年代末为了遏制交通事故的急剧上升，制定了《交通综合安全计划》，之后交通事故和事故死亡人数呈下降趋势。美国、英国等西方国家为了改善道路安全状况，采取了一系列措施，包括限速、提高驾驶员安全驾驶意识和增加道路防护设施等，交通事故数量和交通事故死亡人数正以超过 10％的速度下降。由此可见，采取必要措施，可以减少交通事故的发生。

引起交通事故的因素有人、车、路、环境、交通法规和交通管理等多方面，道路是交通运输的基础和载体，是影响道路交通安全的重要因素。公路的基础条件因素有：隧道、中间带类型、中心振动标线、路侧危险物距车道边缘线距离（左侧和右侧）、路侧危险物（左侧和右侧）、路肩振动标线或振动带、路肩宽度（左、右）、交叉口类型、交叉口安全性、交叉口交叉角度、接入口、单向车道数、车道宽度、平曲线半径、弯道安全性、坡度、路面抗滑性、诱导标志标线、照明、减速标线与减速丘等速度管理设施、辅路、视距。我国交通部发布的《公路安全生命防护工程实施技术指南》（2015 年 3 月），指出二级及二级以下公路上发生的交通事故数比高等级公路要多得多，约占我国事故总数的 70％；在山区公路上，群死群伤的特大事故比平原区要高得多、严重得多，而其中线形不良的急弯、陡坡、连续下坡、视距不良和路侧险要等五种类型的路段是事故高发路段。苏联学者通过对境内公路 13000 余起道路交通事故进行分析，在仔细考虑了事故发生地道路的特征后，得出这样的结论：不良道路条件的影响是 70％交通事故发生的直接或间接原因。欧洲联合经济委员会在关于预防道路不幸事件问题的研究中也同样指出，70％的事故是由于道路的缺陷所引起的。即使是由人的因素导致的事故，也会受到道路与交通环境的影响。

为此，国务院发布了《国务院关于加强道路交通安全工作的意见》（国发［2012］30号）、《国务院办公厅关于实施公路安全生命防护工程的意见》（国办发［2014］55号），交通运输部发布了《公路安全生命防护工程实施技术指南》（2015年3月），要求从2014年起在全国实施公路安全生命防护工程，全面提升公路安全水平。

本书是介绍道路线形安全分析与评价应用的专著，全书共分8章，主要从国内外交通安全现状及事故原因分析、道路线形要素与交通安全、道路组合线形设计与交通安全、我国道路设计的一般流程、道路线形缺陷与事故多发路段、道路线形安全评价的发展、道路线形安全评价方法应用、不良路段安全防护措施等八个方面进行研究和论述。作者在总结分析大量案例的基础上，绘制了大量图、表、曲线，是作者多年研究成果的结晶，期望从源头上减少交通事故的发生。

本书由山东建筑大学的宋传增教授、潍坊市规划设计研究院的李鑫磊、胶州市里岔镇人民政府的法政合著。山东建筑大学的张朔硕士撰写了第1章，山东建筑大学的刘华伟硕士撰写了第2章，山东建筑大学的王冲硕士撰写了第3章，其他章节由宋传增教授、李鑫磊硕士、法政硕士统筹完成。中交第一公路工程局路桥华祥国际工程有限公司的王卫东高级工程师、济南市公共交通总公司的李延娜工程师、山东协和学院的赵彦彦讲师绘制了全书的图表。枣庄市城乡规划设计研究院的褚浩高级工程师、山东技师学院的颜宇讲师、山东交通学院的任俊臣工程师参与了资料的搜集、整理、分析工作，山东建筑大学的于晓桦讲师（同济大学博士）完成了对全书的审稿，山东建筑大学的吕国仁教授提供了部分研究资料和案例分析，山东建筑大学的胡大启副教授、乐陵市住房和城乡建设局城建科的王萍工程师参与了资料整理和分析，项目研究得到了山东省住房和城乡建设厅科研计划“道路线形设计缺陷引发的城市交通安全问题研究”（项目编号RK005）的支持，济南明湖建筑节能技术开发有限公司提供了部分研究经费，在撰写过程中也参考了国内外同仁的研究成果，一并感谢！

由于作者水平有限，书中错误和疏漏在所难免，恳请读者批评指正，多提宝贵意见，以便于今后继续深入研究。

# 目 录

# 第1章　国内外交通安全现状及事故原因分析

## 1.1　世界道路交通安全概况

交通运输支撑着国民经济的发展，同时也是社会发展和人民生活水平提高的基本条件。在交通运输业突飞猛进，促进社会经济发展的同时，道路交通安全问题也成为社会发展的隐患，道路交通事故作为交通安全领域的核心，不但对人们的生命安全造成威胁，也阻碍着社会经济建设的健康发展。

2015 年 10 月 19 日，世界卫生组织发布《2015 年全球道路安全现状报告》称，尽管道路安全有所改善，但每年仍有约 125 万人死于道路交通事故。根据这份报告，在过去 3 年中，79 个国家的绝对死亡人数有所减少，而 68 个国家的死亡人数则出现增加。道路交通事故是全球的一项重要死亡原因，并是 15～29 岁人群的主要死亡原因，2012 年的数据如图 1-1 所示，这也充分表明道路交通伤害给国家经济和家庭造成了沉重的负担，关系到可持续发展和更广泛的影响。世卫组织总干事陈冯富珍说：“道路交通死亡造成的损失无法接受——特别是对于贫穷国家的穷人而言”。

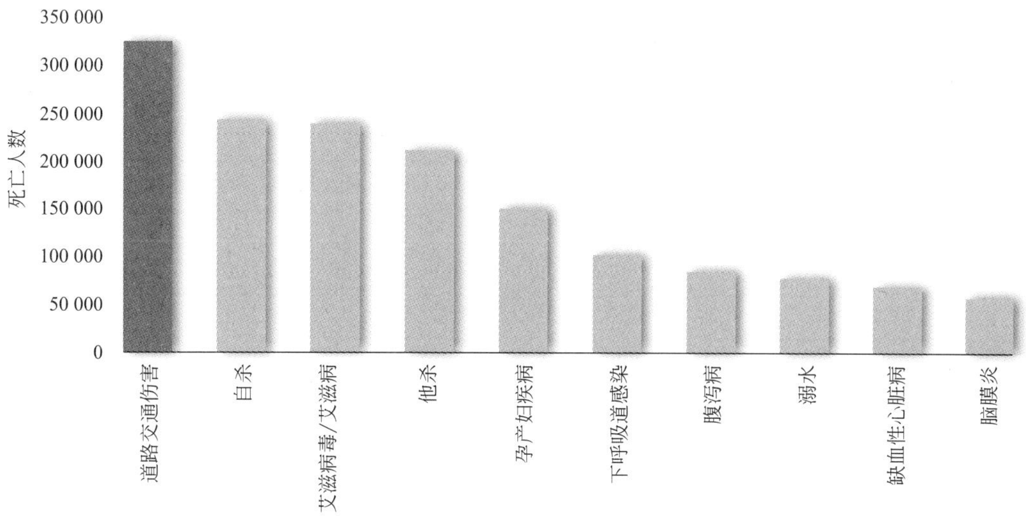


图 1-1　2012 年世界 15～29 岁人群的十大死亡原因

在全球人口增加 4%和机动化程度增加 16%的情况下，尽管数据表明过去三年中开展的道路安全努力得以挽救了生命，但道路交通死亡人数仍处于稳定增长水平，图 1-2 所示是世界卫生组织公布的近几年世界各地的道路交通死亡人数统计图。从数据统计来看由道路交通事故造成死亡人数处于上升发展的趋势，交通安全形势依然非常严峻。

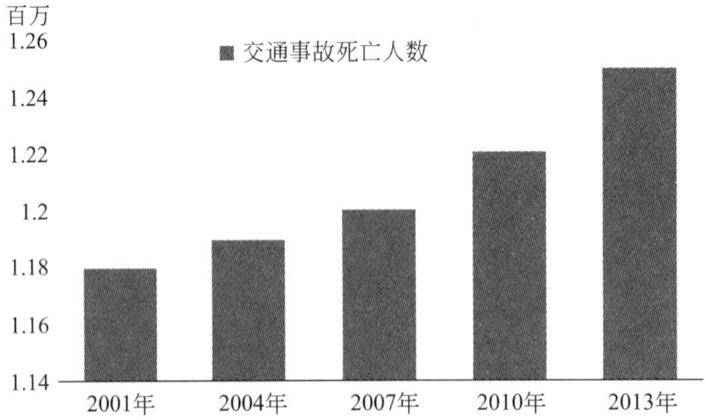


图 1-2 近年来世界道路交通死亡人数

（资料来源：世界卫生组织道路安全全球现状报告）

从各国统计文献、统计年鉴及相关统计网站获取的世界主要国家道路交通死亡人数和交通事故总数等相关数据如表 1-1 所示。美国汽车拥有量和公路总里程均居世界各国之首，与此同时，美国的年交通事故数和死亡人数已度过了高峰期，在最近十年呈逐渐下降趋势（注：美国的交通事故起数较少一方面是因为美国的机动化历史进程早，交通、道路安全政策法规比较完善；另一方面，美国认定交通事故的方法、标准与我国、日本存在不同有关）。英国等西方国家同属于欧盟，为了改善道路安全状况，采取了一系列措施，包括限速和提高驾驶员安全驾驶意识等，随着该系列措施的实施，交通事故数量和交通事故死亡人数正以超过 10%的速度下降；日本作为亚洲的发达国家，在 20 世纪 80 年代末为了遏制交通事故的急剧上升，制定了《交通综合安全计划》，在此之后交通事故和事故死亡人数呈下降趋势。但是在 2001～2004 年日本交通事故总量有反弹趋势，出现两个小高峰，之后呈下降趋势，死亡人数稳定在 7000～8000 人/年，2006 年日本道路交通事故死亡人数为 6352 人。

**近年来世界主要国家交通安全现状** **表 1-1**

| | 年份 | 2006 年 | 2007 年 | 2008 年 | 2009 年 | 2010 年 | 2011 年 | 2012 年 | 2013 年 | 2014 年 |
|---|---|---|---|---|---|---|---|---|---|---|
| 中国 | 交通事故总数(起) | 378781 | 327209 | 265204 | 238351 | 219521 | 210812 | 204196 | 198394 | 196812 |
| | 交通事故死亡人数(人) | 89455 | 81649 | 73484 | 67759 | 65225 | 62387 | 59997 | 58539 | 58523 |
| | 交通事故受伤人数(人) | 431139 | 380442 | 304919 | 275125 | 254075 | 237421 | 224327 | 213724 | 211882 |
| | 交通事故直接损失(万元) | 148956 | 119878 | 100972 | 91437 | 92634 | 107873 | 117490 | 103897 | 107543 |
| | 公路里程(万 km) | 345.7 | 358.37 | 373.02 | 386.08 | 400.82 | 410.64 | 423.75 | 435.62 | 446.39 |
| | 民用汽车总计(万辆) | 3697.35 | 4358.36 | 5099.61 | 6280.61 | 7801.83 | 9356.32 | 10933.09 | 12670.14 | 14598.11 |
| | 国内生产总值(亿元) | 217656.6 | 268019.4 | 316751.7 | 345629.2 | 408903 | 484123.5 | 534123 | 588018.8 | 635910 |
| 日本 | 交通事故发生总数(起) | 886864 | 832454 | 766147 | 737474 | 725903 | 692056 | 665138 | 629021 | — |
| | 交通事故死亡总人数(人) | 6352 | 5744 | 5155 | 4914 | 4922 | 4663 | 4411 | 4373 | — |
| | 交通事故受伤总人数(人) | 1098199 | 1034445 | 945504 | 911108 | 896294 | 854610 | 825396 | 781494 | — |
| | 公路里程(1000km) | — | — | — | — | 1269 | 1272 | 1274 | 1273 | — |
| | 民用汽车总数(百万辆) | — | — | — | — | 4480 | 4497 | 4366 | 4346 | — |
| | 国内生产总值(亿美元) | 43568 | 43563 | 48492 | 50351 | 54954 | 59056 | 59545 | 49196 | 46015 |

续表

| | 年份 | 2006年 | 2007年 | 2008年 | 2009年 | 2010年 | 2011年 | 2012年 | 2013年 | 2014年 |
|---|---|---|---|---|---|---|---|---|---|---|
| 美国 | 交通事故发生总数(起) | 38648 | 37435 | 34172 | 30862 | 30296 | 29876 | 31006 | 30203 | 29989 |
| | 交通事故死亡人数(人) | 42708 | 41259 | 37423 | 33883 | 32999 | 32479 | 33782 | 32894 | 32675 |
| | 交通事故受伤人数(人) | 19238 | 20625 | 23067 | 24614 | 23584 | 22250 | 23099 | — | — |
| | 交通事故财产损失(百万美元) | 37.9 | 39.7 | 57.9 | 62.6 | 50.3 | 48 | 45.3 | — | — |
| | 国内生产总值(亿美元) | 138559 | 144776 | 147186 | 144187 | 149644 | 155179 | 161632 | 167681 | 174190 |
| 新加坡 | 交通事故发生数(起) | — | — | 221 | 183 | 193 | 195 | 168 | 160 | 155 |
| | 交通事故死亡人数(人) | — | — | 226 | 201 | 208 | 207 | 192 | 176 | 183 |
| | 交通事故受伤人数(人) | — | — | 10760 | 10886 | 11328 | 10611 | 10253 | 9751 | 9858 |
| | 公路里程(km) | — | — | 3325 | 3356 | 3377 | 3412 | 3426 | 3453 | 3496 |
| | 民用汽车(辆) | — | — | 894682 | 925518 | 945829 | 956704 | 969910 | 974170 | 972037 |
| | 国内生产总值(亿美元) | — | — | 1922 | 1924 | 2364 | 2754 | 2899 | 3022 | 3079 |
| 俄罗斯 | 交通事故发生数(起) | — | — | — | 204000 | 199000 | 200000 | 204000 | 204000 | 200000 |
| | 交通事故死亡人数(人) | — | — | — | 27700 | 26600 | 28000 | 28000 | 27000 | 27000 |
| | 交通事故受伤人数(人) | — | — | — | 255500 | 250600 | 251800 | 258600 | 258400 | 251800 |
| | 公路里程(km) | — | — | — | 793 | 825 | 927 | 1278 | 1396 | 1446 |
| | 国内生产总值(亿美元) | — | — | — | 12226 | 15249 | 19048 | 20161 | 20790 | 18606 |

总体来说世界道路安全形势依然非常严峻，虽然近年来随着各国道路安全改善措施的实施，道路交通事故发生量和交通事故死亡人数均有所下降，但是每年仍有120多万人因交通事故死亡，给国家造成了巨大的经济损失，给家庭带来了灾难性的后果。

## 1.2 国内道路交通安全现状

1. 我国公路里程

2015年5月6日，交通部网站发布了2015年交通运输行业发展统计公报。公报显示：2014年年末全国公路总里程457.73万km，比上年末增加11.34万km，见表1-2。各行政等级公路里程分别为：国道18.53万km（其中普通国道10.58万km）、省道32.97万km、县道55.43万km、乡道111.32万km、专用公路8.17万km，比上年末分别增加0.61万km、0.69万km、0.23万km、0.81万km和0.14万km。公路密度47.68km/100km$^2$，提高1.18km/100km$^2$。公路养护里程446.56万km，占公路总里程的97.6%。全国等级公路里程404.63万km，比上年末增加14.55万km，等级公路占公路总里程的88.4%，提高1.0个百分点。其中，二级及以上公路里程57.49万km，增加2.92万km，占公路总里程的12.6%，提高0.3个百分点。从表1-2中可以看出近10年我国公路里程的增长变化。

**中国近十年公路里程变化** **表 1-2**

| 年份 | 公路里程(万 km) | 同比增长(%) |
|---|---|---|
| 2005 年 | 334.52 | 3.34 |
| 2006 年 | 345.7 | 3.67 |
| 2007 年 | 358.37 | 4.09 |
| 2008 年 | 373.02 | 3.50 |
| 2009 年 | 386.08 | 3.82 |
| 2010 年 | 400.82 | 2.45 |
| 2011 年 | 410.64 | 3.19 |
| 2012 年 | 423.75 | 2.80 |
| 2013 年 | 435.62 | 2.47 |
| 2014 年 | 446.39 | 2.47 |

2. 机动车保有量

随着我国经济社会的持续快速发展，群众购车刚性需求旺盛，汽车保有量继续呈快速增长趋势，据公安部交管局统计，截至 2014 年年底，全国机动车保有量达 2.79 亿辆（图 1-3），其中汽车 1.72 亿辆；机动车驾驶人 3.27 亿人，其中汽车驾驶人超过 2.8 亿人。2015 年新注册登记的汽车达 2385 万辆，保有量净增 1781 万辆，均为历史最高水平。汽车占机动车的比率迅速提高，近五年汽车占机动车比率从 47.06%提高到 61.82%，群众机动化出行方式经历了从摩托车到汽车的转变，交通出行结构发生了根本性的变化。

图 1-3　中国近 10 年机动车保有量变化

虽然我国实现国家道路交通建设的过程比发达国家要快了许多，却仍旧无法避免道路交通发展过程中所存在的问题。伴随着我国道路建设的发展不断深入，所面临的道路交通安全也日益严峻。从整体上来看，我国道路交通安全现状具有以下几个方面的特点：

（1）从交通事故发生率来说，我国道路交通安全事故死亡人数近几年都是高居世界第一。

（2）从城市交通状况来说，我国城市交通拥堵状况加剧，道路拥堵现象十分普遍，已经由特大城市向二、三线城市蔓延。

（3）机动车肇事频率高、比重大。在我国的交通安全事故中，由机动车辆的行驶原因造成的安全事故高达 2/3。

3. 交通事故发展现状

随着道路交通运输业的发展，汽车保有量的快速增加，我国道路交通事故发生率呈上升趋势，交通事故死亡人数居高不下；每起道路交通事故对个人、家庭和社会都造成了重大的伤害和损失。从发展阶段上看，目前我国正处在交通事故高发期。世界工业化国家走过的历程表明，道路交通安全发展经历了三个阶段：道路交通事故年发生总量的上升期、下降期和稳定期。纵观工业化国家道路交通安全走过的历程，其发展的共同规律是：国家在经济快速发展时期，物流量、客流量迅速增加，道路交通运输规模迅速扩大，机动车拥有量随之较大幅度增加，汽车事故发生总量和事故死亡人数呈现逐年递增的态势。这一时期是道路交通事故年发生总量的上升期，其持续的时间和经济高速增长的时间基本一致。这一时期的特点是：道路交通安全科学技术发展滞后于经济的发展，道路交通安全管理和机制创新滞后于道路交通运输实践，政府在经济高速发展阶段对道路交通安全的干预力度和投入力度不够。

从表 1-3 及图 1-4 中可以看出，1990～2014 年的 25 年间，虽然随着对交通安全的逐渐重视和相关道路交通安全法律条例的颁布实施，我国的道路交通事故和交通事故死亡人数呈下降趋势，但道路交通事故总起数及死亡和受伤人数仍然居高不下，通过对 2013 年我国道路交通事故状况的分析，发现中国平均每 3min 发生 1 起交通事故，平均每 10min 内有 1 人死于交通事故，平均每 3min 内有 1 人受伤。从表 1-4 中可以看出，我国的交通事故死亡人数和事故伤亡率远高于世界上其他交通事故高发国家，给人民群众的生命财产安全及国家经济造成了巨大的损失。（注：从我国的交警部门得到的数据，因为各国（甚至我国自身）对交通事故的定义，衡量鉴定标准不统一，所以数据有所差异。）图 1-5、图 1-6 所示是 2005～2013 年各国交通事故发生量、交通事故死亡人数统计图。

**我国 1990～2014 年交通事故死亡人数统计** **表 1-3**

| 年份 | 交通事故发生总数(起) | 交通事故死亡人数(人) | 交通事故受伤人数(人) | 直接财产损失(万元) |
|---|---|---|---|---|
| 1990 年 | 250244 | 49243 | 155091 | 35362 |
| 1991 年 | 264596 | 53204 | 161962 | 42758 |
| 1992 年 | 228326 | 58723 | 144021 | 64334 |
| 1993 年 | 240623 | 63551 | 142271 | 100016 |
| 1994 年 | 253537 | 66362 | 148817 | 133383 |
| 1995 年 | 271843 | 71494 | 159308 | 152267 |
| 1996 年 | 287695 | 73655 | 174447 | 171769 |
| 1997 年 | 304217 | 73861 | 190128 | 184616 |
| 1998 年 | 346129 | 78067 | 222721 | 192951 |
| 1999 年 | 412860 | 83529 | 286080 | 212402 |
| 2000 年 | 616971 | 93853 | 418721 | 263290 |
| 2001 年 | 754919 | 105930 | 546485 | 308787 |

续表

| 年份 | 交通事故发生总数(起) | 交通事故死亡人数(人) | 交通事故受伤人数(人) | 直接财产损失(万元) |
|---|---|---|---|---|
| 2002年 | 773137 | 109381 | 562074 | 332438 |
| 2003年 | 667507 | 104372 | 494174 | 336915 |
| 2004年 | 517889 | 107077 | 480864 | 239141 |
| 2005年 | 450254 | 98738 | 469911 | 188401 |
| 2006年 | 378781 | 89455 | 431139 | 148956 |
| 2007年 | 327209 | 81649 | 380442 | 119878 |
| 2008年 | 265204 | 73484 | 304919 | 100972 |
| 2009年 | 238351 | 67759 | 275125 | 91437 |
| 2010年 | 219521 | 65225 | 254075 | 92634 |
| 2011年 | 210812 | 62387 | 237421 | 107873 |
| 2012年 | 204196 | 59997 | 224327 | 117490 |
| 2013年 | 198394 | 58539 | 213724 | 103897 |
| 2014年 | 196812 | 58523 | 211882 | 107543 |

**2013年中外道路交通事故对比** **表1-4**

| 道路交通事故指标 | 美国 | 德国 | 日本 | 中国 |
|---|---|---|---|---|
| 交通事故总起数 | 1748435 | 335845 | 832454 | 327209 |
| 受伤人数 | 2491000 | 431419 | 1034445 | 380442 |
| 死亡人数 | 41259 | 4949 | 6639 | 81649 |
| 事故死亡率 | 0.024 | 0.015 | 0.008 | 0.25 |
| 事故伤亡率 | 1.45 | 1.3 | 1.25 | 1.41 |
| 每十万人死亡数目 | 13.68 | 6.02 | 5.2 | 6.16 |

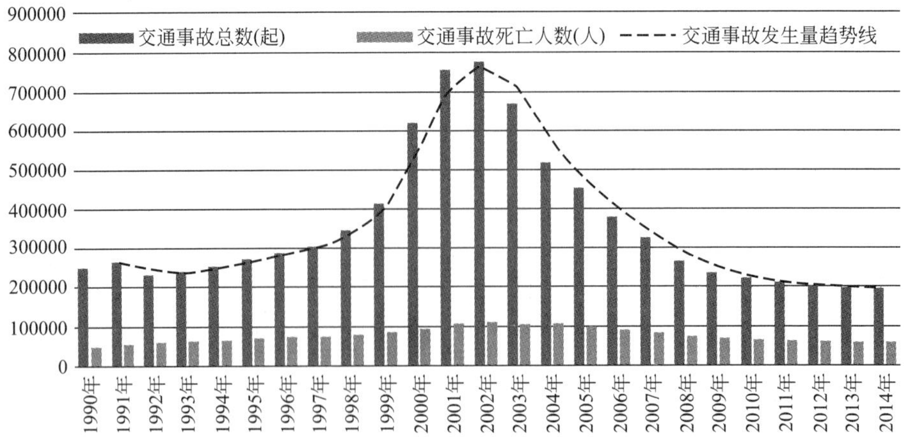


图1-4 我国1990～2014年交通事故死亡人数统计图

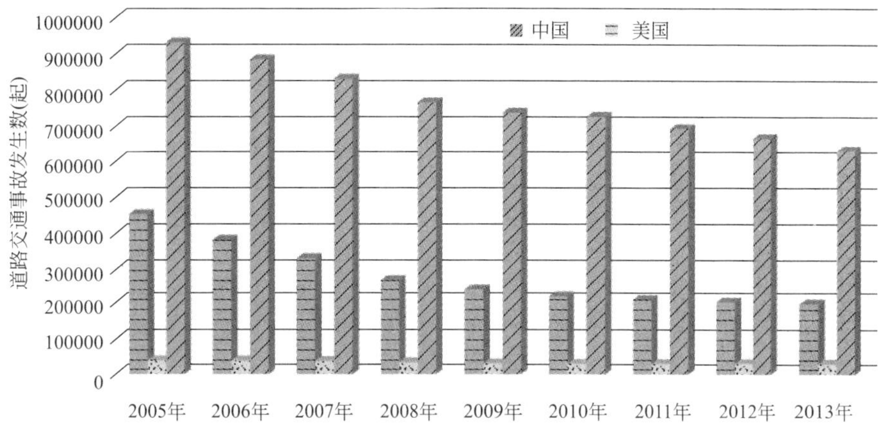


图 1-5　2005～2013 年各国交通事故发生量

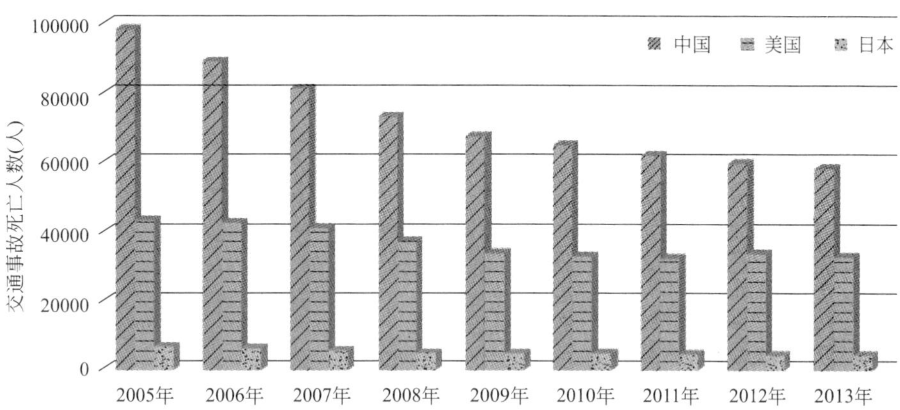


图 1-6　2005～2013 年各国交通事故死亡人数

## 1.3　道路交通事故原因分析

我国道路交通事故之所以呈现出以上特点，主要在于交通事故发生的原因是多元化和复杂化的。造成交通事故发生的原因很多，但其具有一定的规律性。如图 1-7 所示，道路交通事故的影响因素基本上可归结为人的因素、车辆因素和道路及其他因素。根据官方数据统计，分析判断道路交通系统中导致交通事故发生的原因，并提出预防和减少交通事故的对策，以遏制交通事故的发生。下面就从几个方面对发生道路交通事故的原因进行分析。

1. 人的因素

人是交通系统中的主体，在道路交通事故中人的因素起着决定性作用，如若交通系统中的其他组成部分完善，人这一环节一旦出现问题整个交通就会瘫痪，就会导致交通事故发生。据统计，每年的交通事故中，因为醉酒驾驶和疲劳驾驶，新车驾驶员行车缺乏经验，驾驶员感知不准，判断失误以及公民普遍存在交通安全意识弱和自我保护能力差等造

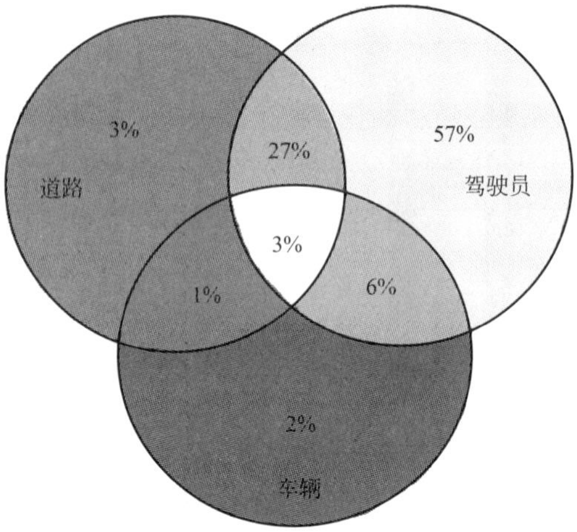


图 1-7　美国统计的交通事故成因分布比例

成的交通事故占总数的60％。由于我国交通安全宣传上力度过小，人们对于交通安全的意识淡薄，大多数的交通事故就是因为交通参与者的违规造成的。因此，从人的角度出发，可通过加强对驾驶员培训、考核、交通安全教育和管理的力度，增强其他交通参与者的交通安全知识和法规的意识，提高整个交通参与者的综合素质来有效地预防和减少事故的发生。

抓好道路交通事故预防就必须抓住对所有使用道路者的教育和管理，包括机动车驾驶员、乘客、非机动车驾驶人、行人等。随着社会的发展，交通活动的频繁，人与车、车与车之间的交通冲突机会增加，另外，由于人们受生活环境、作业环境、社会环境以及人的心理素质、生理条件的制约，交通事故发生的几率自然增加。同时，人们的传统交通观念、出行习惯虽有所改变，但在短期内难以有较大的转变，人们的群体文化素质不高及其提高速度与快速发展的交通事业之间不协调，交通意识转变速度与道路交通的发展、机动化水平的提高以及交通管理的要求不协调，与交通管理的新技术、新手段不协调，这些也成为困扰交通安全的主要因素。最为突出的就是机动车驾驶员引发的事故，直接影响到我国的道路交通安全。

根据世界各国官方机构和各类组织公布的统计报告和相关数据，分析人、车辆、道路和环境在交通事故中所起的作用可发现，由于驾驶员的因素而导致交通事故的产生是最主要的原因，如表 1-5 所示，经统计发现，驾驶员因素造成交通事故的平均比例高达74.1％。发达国家依靠长期积累的道路交通伤害数据，对道路交通安全的事故致因进行了细致的分析，对不同技术手段能够引起的作用进行了评估，得出基本一致的结论：即90％的道路交通事故是由于驾驶员的错误引起的。

**事故原因调查中驾驶员因素所占比例**　　**表 1-5**

| 国家 | 英国 | 西班牙 | 法国 | 瑞典 | 日本 | 美洲 | 平均 |
|---|---|---|---|---|---|---|---|
| 驾驶员因素所占比例(％) | 56.1 | 92.0 | 85.5 | 81.1 | 44.0 | 85.7 | 74.1 |

据我国交通部门的统计资料分析，由于我国道路交通安全参与者的交通安全意识淡

薄，造成人的因素成为交通事故的主要原因，其造成的交通事故数约占事故总数的95.3%，其中因机动车驾驶员的过失造成交通事故的占87.5%，非机动车驾驶员占4.7%，行人、乘客占5.19%，其他人员占2.63%。从人员组成的不同角度进行具体分析。

（1）从驾驶员方面分析

由于机动车驾驶员数量增长速度过快，驾驶群体文化素质不高及交通安全意识淡薄，导致安全驾驶技术水平不高，部分驾驶员缺乏职业道德，交通违法行为严重，成为发生交通事故的重要原因。驾驶员在行车过程中注意力分散、疲劳过度、休息不充分、睡眠不足、酒后驾车、身体健康状况欠佳等潜在的心理、生理性原因，造成反应迟缓而酿成交通事故。经有关部门统计，引发交通事故及造成损失的驾驶员的主要违规行为包括疏忽大意、超速行驶、措施不当、违规超车、不按规定让行五类。其中，疏忽大意、措施不当与驾驶员的驾驶技能、观察外界事物能力及心理素质等有关，而超速行驶、违规超车、不按规定让行则主要是驾驶员主观上不遵守交通法规或过失造成的，驾驶员驾驶技术生疏，情绪不稳定，也会引发交通事故。同时，驾龄在2～3、4～5年的驾驶员发生交通事故次数多，死亡人数多，而驾龄为1年的驾驶员人数在驾驶员总数中并不占优势，但造成损失的比例却是最大的。

（2）从非机动车驾驶人角度分析

不走非机动车道，抢占机动车道；路口、路段抢行猛拐；对来往车辆观察不够；自行车制动系统失灵或根本就没有；骑车技术不熟练，青少年骑车追逐嬉戏等均可造成交通事故的发生。

（3）从行人角度分析

不走人行横道、地下通道、天桥；翻越护栏、横穿和斜穿路口；任意横穿机动车道，翻越中间隔离带；青少年或儿童突然跑到道路上，对突然行进的车辆反应迟缓、不知所措；不遵守道路交通信号及各种标志等，从而导致交通事故。

2.车辆因素

车辆是现代道路交通中的主要元素，其性能的好坏对道路交通安全有直接影响，汽车安全行驶的主要因素是转向、制动、行驶和电气四个部分。考虑我国道路交通运输的实情，如我国地形、气候等因素的复杂性，车辆在运行过程中必须满足各种道路状况、气候环境的要求。另外，我国虽然对车辆进行了很大的改进，但因为其种类多，动力性能差别大，安全性能低，管理难度大，这些因素也直接影响着道路交通安全。机动车在长期使用过程中处于各种各样的环境，承受着各种应力，如外部的环境应力、内部的功能应力和运动应力，以及汽车部件等由于结构和使用条件，如道路气候、使用强度、行驶工况等的不同，汽车技术状况参数将以不同规律和不同速度发生变化，导致机动车的性能不佳、机件失灵或零部件损坏，最终成为造成道路交通事故的直接因素。在我国机动车拥有量增长迅速，数量激增的机动车已成为现代社会经济发展和提高人民生活质量的标志之一，机动车拥有量的增加速度已大大超过了道路的增长速度，使得本来不宽裕的路面更是雪上加霜，使交通事故绝对数和交通事故伤亡人数急剧上升，加之我国高速公路建设步伐比较快，而车辆性能更新速度还未能跟上高速公路的建设步伐，车辆高速行驶可靠性差、安全性差，导致我国高速公路交通事故处于快速增长的趋势中。车辆猛增的势头剧增不减，特别是一些人贪图便宜购买一些大城市淘汰的、已近报废的车辆，使得交通安全形势变得更为复杂。甚至有些地区不符合标准，安全技术检测状况差以及报废的车辆仍在行驶，有些个体户的出租车昼夜兼程，多拉快跑，只用不修，导致车辆技术性能差，故障多，机件很容易失灵，引发交通事故。但随着现代汽车电控技术的应用，大大地提升了车辆的综合性能，使得车辆向智能化的方向发展，给驾驶员足够的时间去反应，很大程度上辅助驾驶员完成了一些操作，有效地降低了交通事故的发生率。

长期以来，世界各国交通管理部门在对事故进行统计分析时，有时会轻易地或惯性地将事故的原因归咎于驾驶员，从交通系统的各因素看，人为因素作为主要原因是无可厚非的，但也不可忽略事故的潜在诱因，由车辆、道路、交通环境对驾驶员造成的间接影响，尤其车辆的可靠性对交通安全的影响，当车辆发生制动失效或不良、灯光失效、转向失效等机件故障时，会使得驾驶员无法及时避免事故的发生。

现代交通要求有性能较好的车辆与之匹配，我国道路交通流组成与国外不同，大车所占比例较大，且车辆构成复杂，各车型之间性能差距较大，虽然近几十年内，随着我国汽车工业的发展，车辆性能有了较大的提高，但与国外相比，总体性能仍然偏低，特别是货车超载现象仍在一定范围内存在，这就造成了车的因素对交通安全影响较大，主要表现在：

（1）车辆制动性能差，由于载货车辆制动性能差，常出现因车辆制动距离过长、跑偏等引发的车辆甩尾、追尾、碰撞等重大交通事故。

（2）车辆可靠性差，道路持续高速运行要求汽车的主要组成匹配合理，国产载货汽车的主要问题是品种少、技术性能落后、可靠性差，造成整车性能差、安全可靠性差，从而造成当载货汽车持续高速行驶时，故障明显增多，直接诱发交通事故。

（3）车辆后备功率小，动力性能低，在长距离、长时间、满负荷情况下汽车极易出现发动机过热、拉缸等现象，容易诱发交通事故。

（4）车辆操纵稳定性差，国产载货汽车高速行驶时发摆、发飘等现象时有发生，其主要原因是国产载货汽车底盘技术性能以及车身造型设计落后。

（5）车辆乘坐舒适性差，有些交通事故的直接原因虽不是车辆本身，但与车辆有关，比如车辆驾驶作业空间的人机工程学设计上的缺陷，导致驾驶员感知作业疲劳、判断决策作业疲劳以及动作疲劳，从而引发道路交通事故。

（6）车辆轮胎质量不能与高速安全行驶合理匹配，轮胎的性能和质量对汽车的安全高速行驶、加速制动、操纵稳定性、经济舒适等各项性能指标起着重要作用，国产汽车高速行驶适应性差、不能适应高速行驶的要求、易出现爆胎现象，直接诱发交通事故，同时，车辆超载时，轮胎负荷过大，导致胎内气压增大，破坏力强，更容易爆胎。

3.交通环境的因素

交通环境是影响交通安全的综合因素，交通环境是随着条件变化而改变的，跟季节、天气条件、混合交通流的状态、自然环境等密切相关。

影响道路交通安全的不利气象条件主要有积雪、积冰、降雨、大雾、大风、低温及高温等，据英国有关部门统计，所有公路致伤事故中，由制动引起的约占20%，主要由路面潮湿造成，其中一半事故发生时处于降雨天气。据美、英、澳等国统计，由于能见度低、制动失效，雨天公路事故增加约25%，若再伴有强风，事故率会更高，损失更大。其次，雾、冰、雪对公路交通的干扰也比较严重，下雪天公路事故率增加25%，伤亡率会增加近一倍，另外在路面局部暴露的区段、桥涵处，或路面较高的地段，高层货车从隧道中驶出时，其稳定性受风的威胁也很大。

自然环境对交通安全的影响主要表现在地理环境以及道路绿化对交通安全的影响上，一般来说，平原地区地形平坦，有利于交通参与者的安全驾驶，交通安全隐患也相对少一些；而高原、山区的地形复杂，路况的好坏对交通安全影响很大，需要驾驶员注意力高度集中，谨慎驾驶，放慢车速，道路绿化也是交通环境的重要组成部分，构成道路交通设施的背景和陪衬物，它既能保护道路路基，美化道路，又能防止水土流失，因此，根据道路实际情况合理选择道路绿化，要与周围生态环境相协调，还要注意交通安全、工程防护、景观、视线引导等作用。

4.道路因素

道路是交通运输的基础和载体，是影响道路交通安全的重要因素之一，对交通安全带来的影响不容忽视。在我国，城市道路网结构不合理，交通流混乱，上下班高峰期堵车严重；公共交通不发达，服务水平低，安全性差；机动车与非机动车，车辆与行人争道抢行，这些无疑恶化了我国的城市交通安全状况。近年来，随着我国道路建设的快速发展，公路里程增加，高等级公路增加幅度明显，道路结构和交通条件也日益改善，为道路交通安全改善打下了基础。但是许多城市道路结构不合理，容易造成驾驶员疲劳驾驶，致使反应迟缓而肇事。道路线形设计不合理，如转弯半径过小、道路坡度取值不当，易发生交通事故，由表1-6可看出随着纵坡坡度的增加，特别是增加到4%时，道路事故数也急剧增长。线形的骤变和不良组合，易使驾驶员因产生错觉酿成事故，图1-8所示为视距长度与道路交通事故率的关系曲线。道路的等级搭配和路网密度不科学，交通流不均衡，致使个别道路交通负荷度过大，交通安全隐患大。我国道路基础设施设计要求与实际运行状况不协调；地区之间道路属性不一，道路交通标志数量不足、设置不连续，甚至道路周边环境没有与交通设施协调起来，所有这些必然会导致交通事故层出不穷。因此，要提出一套从道路本身来评价道路交通安全的综合评价体系，使其满足车辆的健康运行。

**高速公路纵坡坡度与道路交通事故率的关系** **表1-6**

| 坡度(%) | 0～1.99 | 2～3.99 | 4～5.99 | 6～8 |
|---|---|---|---|---|
| 亿车公里事故数(次/亿车公里) | 46.5 | 67.2 | 190 | 210.5 |

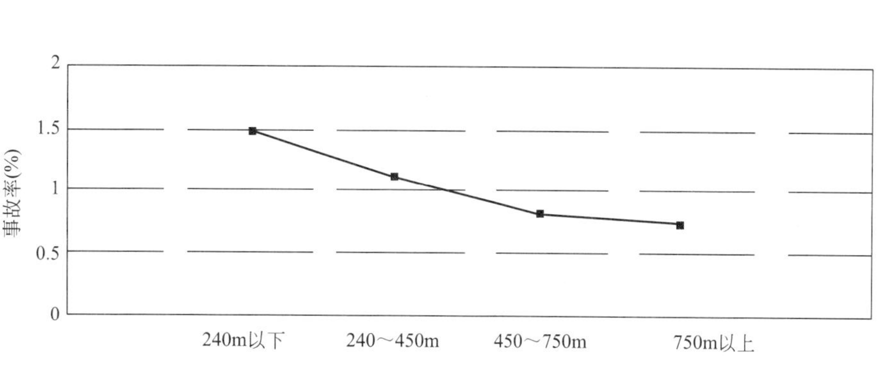


图1-8 视距长度与道路交通事故率的关系

国外许多学者都很重视道路条件影响交通安全这一观点，有交通工程专家认为：不管各方面的意见如何，只是驾驶员一方面的错误，决不会引起最严重的事故，事故的主要原因往往是恶劣的道路条件引起的，英国学者认为，如果某一路段发生了多于三起的事故，那么就完全可以认为该路段的道路条件给驾驶员提供了一个不可靠的行驶条件，行车的安全性降低了，而且许多的实际事故研究也证实了这一点。在我国，通过交通部公路科学研究院对容易造成群死群伤事故路段和事故多发段的调查分析，可以看出二级及二级以下公路上发生的交通事故数比高等级公路要多得多，约占我国事故总数的70%。在山区公路上，群死群伤的特大事故比平原区要高得多、严重得多，而其中线形不良的急弯、陡坡、连续下坡、视距不良和路侧险要等五种类型的路段是事故高发路段，由此可以看出，虽然驾驶员的过失被看作是交通事故的直接起因，但不良的道路条件能够诱发、放大人的过失，表面上的单纯的人的过失，有可能是人、道路及环境共同作用的结果。影响道路交通事故的道路因素主要有道路的几何线形、路面状况、车道宽度、交通安全设施等。

道路因素分析：

（1）线形不良导致事故，如在山区高速公路，对行车具有潜在危险性的S形曲线设计。

（2）连续长下坡导致事故多发。运行在长大下坡时，货车驾驶员为了维持一个相对较安全的下坡速度，必须持续地对货车实施制动，长时间连续制动使得货车制动器温度迅速升高，产生热衰退现象，制动效能迅速降低，严重时完全丧失制动能力，因此，连续长下坡路段往往是事故多发段，尤其当前我国公路存在货车普遍超载的情况，故更应对此种路段加强关注。我国山区面积较大，山地、高原和丘陵约占全国土地总面积的三分之二，尤其中西部地理环境特殊，以山岭区、高原和重丘为主，因此，地势落差大，由于受建设资金的限制，目前中西部公路以低等级公路为主，这些道路部分依山傍崖，地势落差大，坡陡而且长，车辆在这些连续的长下坡上行驶极易因长时间使用刹车制动而使车辆刹车失灵，以致恶性事故的发生，因此，连续长大下坡路段常被认为是事故多发段。

目前，我国公路的相关规范中还没有对长下坡有明确的界定，但从车辆运行的特性上分析，长下坡路段是指线形设计上出现的容易造成车辆长时间制动或空挡滑行的长距离、大坡度的路段，长距离的陡坡对车辆的安全行驶极为不利，因此长下坡路段也多成为事故多发路段，被人形象地称作死亡坡、食人坡等。例如，陕西省内的312国道K1392～K1440段地处山区，地势险要，多长陡坡及深沟险壑，自通车短短两年半内，共发生事故560起，死亡81人，伤363人，其中8km的连续长下坡路段更是大部分事故发生的路段。云南省玉溪—元江—磨黑高速公路是昆曼大通道的重要路段，有多处连续坡长超过10km，且整条公路有多个路段纵坡超过6%，由于受长陡坡、多急弯地理环境的影响，交通事故频繁，自2003年年底通车两年半内，元江境内发生交通事故125起，其中14起重大死亡事故，均为大货车超载和长下坡车辆失控造成。

2004年经国务院统一部署，为预防和减少道路交通事故，公安部和国家安全生产监督管理局研究确定了全国29处危险路段，这些路段由于地处山区，坡陡、弯急、路窄，或由于气候多雨雾，路面湿滑、视线不良，不利于安全通行，已连续发生重大交通事故或发生一次伤亡数十人的特大道路交通事故。这29处危险路段中，属于长下坡路段的就有16处，所占比例高达55%，由此可见，公路连续长大下坡路段面临着极其严峻的安全形势，在山区建设高等级公路时，由于地形和经济条件的限制，不可避免地会存在连续长下坡路段，随着西部地区公路基础设施的快速建设发展，这个问题会越来越严重。

（3）路面状况不良导致事故多发，行车快速、安全、舒适的高等级路面，应具备较好的强度、稳定性、平整度和抗滑性能等条件，尤其须保证路面的抗滑性，这也是交通安全的要求，抗滑性能差常会诱发交通事故。

（4）交通安全设施设置不合理导致事故，如护栏端头设置不合理，目前我国道路上安装的护栏其端头性能不够好，当其与失控车辆正面碰撞时没有很好的吸能效果；端头护栏板易穿透乘客车厢，危及乘客安全；端头侧板没有很好的导向性能，使失控车辆不会在端头处突然停住；护栏端头结构连接不牢固，整体性不好。

道路条件对交通安全起着重要的作用，虽然在道路交通系统中，人、车因素，如驾驶员在行驶过程中的生理、心理反应以及车辆的技术状况，会随时间变化，但是在一个特定的时间段内其变化量较小，而由道路线形、路面、沿线景观、交通量等参量构成的道路交通环境要素，则随时间、地点的不同迅速变化，人与自动化的调节系统不同，没有程序设计反应系统，在有限的时间里，驾驶员要直观地根据眼前出现的复杂情况作出判断并实施可能的方案，此时其神经处于高度紧张状态，极有可能犯错误而导致事故的发生，在疲劳的情况下，事故的数量和可能性都会大大增加。

道路是交通运输的基础设施，是影响道路交通安全的重要因素之一。道路建设逐步加大，公路里程增加，高等级公路增加幅度明显，交通客货用量增加，道路结构和交通条件日益改善，为道路交通安全改善打下了基础。但是，在我国尤其是城市道路交通构成不合理，交通流中车型复杂，人车混行、机非混行问题严重；部分地方公共交通不发达，服务水平低，安全性差；自行车交通比率大，骑车者水平不一，个性不同，非机动车与机动车和行人争道抢行；无效交通如空驶出租车较多、私人车辆增加，这些无疑恶化着我国城市的交通安全状况。许多城市道路结构不合理，直线路段过长，道路景观过于单调，容易使驾驶员产生疲劳，注意力分散，致使反应迟缓而肇事。汽车的转弯半径过小，易发生侧滑。驾驶员的行车视距过小，视野盲区过大；线形的骤变、断背、曲线等线形的不良组合，易使驾驶员产生错觉，操作不当，酿成事故。另外，路面状况对交通安全影响也较大。道路等级搭配不科学，路网密度不足，交通流不均衡，个别道路交通负荷度过大，交通安全性差；道路建设方面缺乏有效的交通影响分析，缺乏足量配套的措施、交通管理措施、停车设施等，容易形成交通安全隐患。我国道路基础设施建设速度低于交通需求的发展速度，有的道路的设计要求与实际运行状况不协调；各地区道路线形、道路结构、道路设施不一，客观上给过境车辆的驾驶员适应交通环境带来难度；道路标志标线设置不科学、数量不足、不连续；道路周边的环境建设和配套设施建设没有与交通安全混为一体，设计标准和实际不协调，所有这些必然会导致交通事故层出不穷。

5.管理因素

我国的交通管理存在严重的不足之处，主要表现在交通安全管理部门多，工作责任分散，各部门之间达不到统一的交通安全指导目标，在道路建设环节中出现的不协调增加了潜在的安全隐患；对机动车与驾驶员的监管不严格，不能实现对车辆和驾驶员跟踪管理，增加了交通事故的源头。此外，我国交通管理人员综合素质水平参差不齐，缺乏与交通管理所应用的新技术、新手段相适应的应用型专业人才，表现出管理水平低。管理不当造成交通秩序不良，进一步恶化了道路交通安全状况，加重了城市交通拥堵问题，加大了交通安全隐患。有的地方还缺乏有效的交通安全工作机制，对现有事故多发点鉴别和改造重视不够。整体上对交通事故的防治措施缺乏科学性、有效性和长期性。根据官方数据（表 1-7），2008 年我国共发生道路交通事故 25 万多起，其中死亡人数 73484 人，同比下降 10%。交通事故发生次数和死亡人数有明显下降，这是因为这一年我国举办奥运会，奥运年交通管理部门明显加大了对道路交通安全的管理。这表明加强管理可以有效地降低事故的发生率和死亡人数。

**2007 年与 2008 年我国交通事故对比** **表 1-7**

| 年份 | 2007 年 | 2008 年 | 同比下降(%) |
|---|---|---|---|
| 交通事故发生总数(起) | 327209 | 265204 | 18.95 |
| 交通事故死亡总人数(人) | 81649 | 73484 | 10.00 |
| 交通事故受伤总人数(人) | 380442 | 304919 | 19.85 |

由于交通管理不足而造成交通事故的主要表现为：

（1）警力严重不足，整体执法水平不高；

（2）道路交通设施欠缺；

（3）交通科学技术管理落后，科技含量不高；

（4）群防群治，综合治理，社会化管理交通的各种措施没有落实；

（5）各有关部门在管理立法规划等方面，缺少严密和长期的合作；

（6）管理决策者的思想观念不适应。

社会的发展、科技的进步，给交通管理带来了新局面。交通安全管理涉及的部门较多，工作责任分散，道路规划、设计、建设、维护、施工和管理等方面分属不同的部门，各部门之间缺乏统一的交通安全指导目标，各环节之间的不协调增加了道路潜在的安全隐患。道路交通安全工作出现三多三少的现象，即面上管理多，源头管理少；上路执勤多，深入到单位宣传少；经济处罚多，实际教育少。管理滞后于存在，虽然说是道路交通管理的一般规律，但严重滞后于道路交通存在，必然导致交通事故的加重化趋势。机动车管理与驾驶员管理不严格，增加了交通事故的源头。部分地方车辆检验、牌照管理、年度审核和车辆报废制度执行不严；机动车驾驶员培训及其再教育、管理和监督方面不完善以及执法不严；机动车和驾驶员异地管理难度较大，监管不力，不能实现对车辆和驾驶员的跟踪管理，这些问题间接增加了交通事故的源头。此外，我国交通管理人员素质、文化水平和管理水平参差不齐，交通安全管理水平低，缺乏与交通管理需求以及所应用新技术、新手段相适应的知识型、综合型的管理人员。交通秩序不良恶化了道路交通安全状况，许多城市道路拥堵日益严重，尤其是东部沿海地区，交通秩序混乱，缺乏有效的交通组织、控制、交通渠化等手段，交通秩序难以改观，加之无效交通所占比例增加，交通量的增加和不良的交通秩序降低了微观道路系统的安全性。我国交通管理对交通安全管理重视不够，改善道路交通安全投入人力和财力较少甚至不投入；有的地方只有在发生重特大交通事故后才引起对交通安全的重视；有的地方缺乏有效的交通安全工作机制，对现有危险路段鉴别和改造重视不够或者对已知危险路段的改造等问题没有引起足够的重视；交通事故的防治措施缺乏科学性、有效性和长期性。

6. 交通法规因素

道路交通管理法规是秩序化交通，遏制道路交通事故的前提。道路交通规则的意义就在于秩序化交通，减少因无序交通而产生的交通堵塞、交通碰撞及因碰撞现象给人的生命和财产造成的不必要的损失，维护广大交通参与者的共同利益，让每一个交通者都能平安、顺利地实现交通目的。然而目前，由于我国刚颁布实施的《道路交通安全法》还没有被广大老百姓完全地了解，有的地方老百姓甚至都不知道《道路交通安全法》，在这样的情况下，致使各种交通隐患得以上路，从而造成交通事故的发生，而路上尽管有一定的秩序规范，但它不仅缺少对隐患的制约能力，而且对路面秩序的控制能力也明显不足。

## 1.4　道路交通安全防治措施的研究进展

道路交通事故的预防是一个系统工程，应着眼于人、车、路的全过程管理，着眼于环境、信息、技术、教育、法规等管理，以抑制和降低事故的发生率，全面提高道路交通安全水平，减少死亡人数和经济损失，最终实现整个道路交通系统的安全、通畅和高效。

交通安全的影响因素很多，但据调查研究发现，公路设计是影响交通安全的主要因素之一。良好的线形及平整坚固的路面、合理的建筑物设计以及清晰的渠化交叉口等都能够为驾驶员提供良好的视线条件及行驶条件，保障交通安全。如果是公路的线形有缺陷、路面的抗滑性能比较差、建筑物的构造不规范等都可能给驾驶员的行驶带来一定的阻碍，从而引起道路交通安全事故的发生。因此，在进行公路设计时，要充分考虑驾驶员的驾驶习惯，保障设计能够提供给驾驶员足够的信息，并且要充分考虑驾驶员的心理，给予驾驶员充分的反应时间，从而保障交通安全。

由于道路交通安全造成的巨大社会影响和经济损失，国内外都对道路安全问题进行了深入的研究。这其中比较重要的一环是事故黑点（一定长的路段、交叉口、匝道等）的鉴别。因为只有找到真正危险的路段或地点，才能使得公路的安全改造项目发挥最大的成效，做到大幅度地减少事故或防患于未然。

### 1.4.1　道路交通管理对策

1. 加强道路基础设施建设

加大道路基础设施建设投入力度，完善交通安全配套设施，可以缓解混合交通矛盾。一方面要提高道路技术标准和路面质量；另一方面要改变投资渠道和建设方式。大量增加交通安全设施，改善交通环境，增加交通标志、信号灯和隔离设施等，给交通参与者提供安全、通畅、舒适的交通环境。

2. 强化对道路的管理

对于高等级公路主要是加强路面巡查和路况自动化监控措施的应用，控制超速和强行超车；在大雾和雨雪天气要进行路面疏导和控制车速，防止超高、超宽、超长、超重等车辆在高速公路上行驶。在中低级公路管理中，要及时对路面安全状况进行检查，有计划地对危险路段、路口进行改善。对新建道路在设计、施工、验收中，严格按照道路建设规范要求进行，安全防护设施和安全标志的设置要严格按规范和标准规定设置，经有关部门验收后投入使用。

3. 提高道路（环境）安全性措施

（1）提高道路设计的安全性；

（2）高危碰撞地点的补救措施：增加防滑路面、改进照明条件、提供中央安全区或安全岛、增加标志或标记等；

（3）在道路新建和改建中，应进行稳静化处理。如在道路中增加减速垫，交叉口垫高，路段中采取中间隔离和机非隔离，路口设置车流渠化岛等。

### 1.4.2 建立公路应急救援系统和实施道路安全评价制度

1. 建立公路应急救援系统

公路应急救援系统（ESSR）包括：救援系统、消防系统、巡警系统、公路拖车服务系统、特种危险物品处置系统和紧急维护系统等。为确保公共设施安全及公路交通畅通，ESSR 系统有其至关重要的作用。交通事故紧急救援系统利用快捷的信息传递方式，使公安交通管理人员和救援人员能够迅速赶到现场，对突发事件进行及时、有效的处理，减少交通事故对道路交通的影响，使整个路网的众多人员和车辆受益。

2. 实施道路安全评价制度

道路安全评价已经成为道路交通安全保障系统的重要组成部分，其主要作用有：减少交通事故发生量；降低交通事故伤害程度；提高路网安全性；降低道路交通事故人身赔偿费用；降低完工后的改进需求，减少改进费用；增强道路管理部门和设计者的安全意识。

资料表明，审计一个大型新建工程会增加设计成本的 4%～10%的投资费用。设计成本仅占工程投资的 5%～6%，所以这部分投资的增加是很小的。道路安全评价的收益表现在减少交通事故上，主要指交通事故的避免和事故严重程度的减轻，大大降低了交通事故的赔偿费用和道路建成后的维护改进费用。英国专家研究表明，在审计过的道路上，超过 1/3 的碰撞可以避免，1%～3%的人身伤害可以减少。苏格兰根据经验估计的道路安全评价效益：成本约是 15∶1，新西兰的接近 20∶1。

## 1.5 道路交通安全评价

1. 国外道路安全评价的发展

在英国维多利亚时代，一条新修建的铁路线开通使用之前，政府就会指派特定的工作人员对它的所有方面进行检查，即对铁路网络进行安全审计。在 19 世纪 80 年代，这种独立检查的理念应用到了道路上，用来改善运营道路的安全状况，开始了道路安全评价的历程。英国作为道路安全评价的发源国，其对道路安全评价的成功实践，为其他国家运用该方法奠定了基础。之后，该方法迅速地被世界上许多国家效仿，成为道路交通安全管理的一种重要方法。

美国联邦公路局的道路安全评价指南将道路安全评价定义为：由独立的道路安全评价小组对运营或者将来的道路或者道路交叉口进行的正式安全检查，它能够有质量地估计并报告潜在的道路安全隐患。美国在引进道路安全评价以前，每年的道路交通事故严重，事故的社会损失非常大。为解决道路交通安全问题，在 1994 年，美国联邦公路局（FHWA）发起了一个国际性的道路安全管理手段调查，调查对象主要集中在日本、澳大利亚和新西兰。调查的一个主要发现是，在这些国家实行了安全审计的地方，道路安全评价在改进道路安全性上都是非常有效的，特别是在澳大利亚和新西兰。2006 年，美国联邦公路局首次颁布了道路安全评价手册（FHWA Road Safety Audits Guidelines），对美国道路安全评价的继续开展，起到了很好的指导作用。该手册全面而详细地讲述了道路安全评价的相关内容，强调了道路安全评价与传统安全评价的区别，道路安全评价的阶段、步骤等。

澳大利亚在 20 世纪 90 年代初就开始了道路安全评价。例如，澳大利亚的新南威尔士州，从 1990 年就开始了道路安全评价，目的是为了建设更安全的道路。到 1991 年，道路交通部门（The Roads and Traffic Authority，简称 RTA）颁布了一本道路安全评价手册，要求每年在每个地区对 20%的运营道路进行安全审计。1994 年，澳大利亚和新西兰交通局联合会（Austroads）出版了《道路安全评价》，并于 2002 年出版了第 2 版。

2. 国内道路安全评价的发展

我国目前道路交通安全形势十分严峻，道路安全评价作为改善道路安全状况的一种有效方法，虽然在 20 世纪末就进入了我国，但是到目前为止，并没有像美国、澳大利亚和新西兰等国一样得到规范化和广泛有效的运用。

我国的《公路项目安全性评价指南》将公路安全性评价（Highway Safety Audit，简称 HSA）定义为：从公路使用者行车安全的角度对公路设施的研究、规划、设计成果或现有公路路况影响行车安全的潜在因素进行评价。

道路安全评价作为一种道路安全管理方法，在各国，根据具体情况，都有适合自己国情的定义。但作为一种方法，其定义中如下的基本要素都是不变的：

（1）道路安全评价必须由一支独立的、多学科的专家审计小组进行实地调研；

（2）道路安全评价所考虑的道路使用者为道路所有潜在的使用者，不仅仅是驾驶员；

（3）道路安全评价必须有正式的道路安全评价报告和报告回应。

从时间上看，道路安全评价的历史已有近 20 年，我国道路安全评价的历史也有近 10 年。现在，道路安全评价已经被世界各国认为是一种十分有效的道路交通安全管理方法，我国也一直在重视道路安全评价的应用。

从我国开始研究和实践道路安全评价到现在的近 10 年时间里，已经积累了一些理论成果和实践经验，这必定会为以后的评价工作带来很大的参考价值。但是，目前我国的道路交通安全形势依然严峻，道路安全评价也并没有被正式地广泛应用。由上面的综述可以看到，农村公路、针对行人和自行车的道路安全评价及道路安全评价工作取得的效果等方面，既没有相应充分的研究，更没有应用到实践上。

分析对比我国与其他国家的道路安全评价发展历程和状况，总结起来，为使我国的道路安全评价系统成熟地开展，可加强如下三个方面的研究工作：

（1）道路安全评价的功能研究。具体来说，应该对道路安全评价的功能和投入，根据我国实际情况，结合实例进行详细分析，以使其成为被各方面认同的一种有效的道路交通安全管理方法，让各个地方效仿。

（2）建立适合我国的道路安全评价体系。首先，应该科学规范适合我国的道路安全评价概念；其次，要在各个阶段、各种道路、针对各种潜在的道路使用者进行评价，即除针对道路运营阶段，针对高速公路、一级公路，针对机动车使用者外；再次，要针对低等级公路（特别是农村公路）、城市道路，以及行人和非机动车；最后，要逐步实现道路安全审计的信息化。

（3）道路安全评价管理与制度研究。首先，要颁布权威的、全面的道路安全评价的有关法律、规范或指南。在国家和地方建立道路安全评价管理制度，以规范这种安全管理方法。其次，要进行安全评价人员的认证和培训工作，确保安全评价的质量。最后，可以对道路安全评价的质量进行评价。

# 第2章　道路线形要素与交通安全

## 2.1　道路线形概述

道路所呈现的空间曲线，称为道路中线，即一般所说的路线。而道路线形则是指道路中线在空间内呈现的几何形状。线形是道路的骨架，它控制着整个道路的勘察、测量、设计、施工以及沿线设施等构造物的规模和投资，关系到整个道路质量的好坏，对车辆行驶安全起着决定性作用。道路线形设计是道路建设之本。其建成后，道路线形是长期存在的，要想改变将会带来重大的经济损失。道路线形主要由平面、纵断面、横断面线形组成，其中道路平面指的是道路中线在水平面上的投影；当道路沿中线竖直剖切后再展开的面即为纵断面，横断面指的是道路中线上各点的法向切面。

道路线形与道路交通安全关系密切，是人—车—路—环境构成的复杂动态交通系统的重要组成部分。道路几何线形要素的不合理以及各种不良的线形组合，均可导致交通事故的发生。其中，平面线形导致道路交通事故发生的因素有：直线长度、曲线半径、曲线的变化率、平曲线设置频率、平曲线转角、平曲线超高；纵断面中对道路安全产生影响的因素主要有：直线的坡度与坡长、竖曲线的长度、半径等；横断面导致道路交通事故发生的因素主要有：路面的宽度、路肩宽度与结构。

道路线形设计必须考虑汽车行驶的运动学、动力学要求，也应考虑线形的宜人性要求，在行车时，驾驶员主要通过视觉（80%）、听觉（14%）和触觉（2%）等感觉器官接收信息。美国国家公路交通安全管理局的一项调查显示，驾驶员每行驶 1km，会遇到 300 多种信息，需作出 75 次决策，驾驶员需要一边观察了解前方路段信息情况，一边驾驶汽车使之适应新的道路条件。由于驾驶员顺着直线或某种曲线扫视时，习惯于使视线平顺地、合乎思维地前进，所以为保证行车安全，道路几何线形应该自然流畅。此外，道路线形的宜人性要求也是要考虑的重要因素，如果在道路线形设计中没有充分考虑宜人性要求，行车时驾驶员就会因过于单调而困乏，或者驾驶员心理上感到危险而紧张，增加驾驶操作的负荷度，造成交通隐患。

这就要求设计者在道路设计过程中，应以运动的观点综合考虑平面线形和纵断面线形的各个要素，同时要摒弃静止地、孤立地套用技术标准中各项指标的设计方法，让平纵面相互关联，相邻路段连续协调变化，达到线形几何设计合理的目的。

## 2.2　平面线形与交通安全

路线在水平面上的投影称为平面线形，通常由“平面线形三要素”——直线、圆曲线和缓和曲线组成，图 2-1 所示为某道路的平面线形。现代道路的设计主要是为车辆提供行驶条件的，所以道路线形的设计必须充分考虑汽车的行驶规律，保证道路线形的连续性，为车辆行驶提供舒适条件。

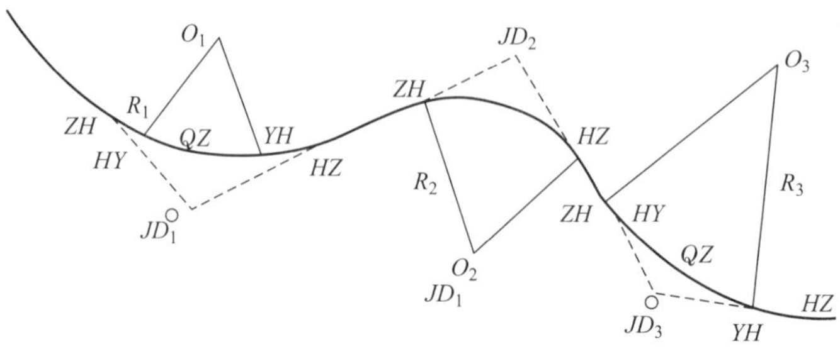


图 2-1　道路线平面线形

### 2.2.1　直线线形与交通安全

作为平面线形之一的直线，给人以简捷、直达的良好印象，在美学上也有自身特点，汽车在直线上行驶时受力简单，方向明确，驾驶操作简易，从测量设计上来讲只需确定两点即可。众多优点让直线在公路和城市道路中广泛应用，相比之下直线也存在众多不足，其线形呆板，与周围环境、地形、地貌协调性差，道路线形的连续性差。直线路段主要通过影响驾驶员在行驶过程中对道路条件的心理承受能力和视觉反应来影响车辆行驶的安全。过长或过短的直线都会诱发交通事故。

1. 长直线

驾驶员一般错误地认为直线是道路上最安全的线形，但事实上过长或过短的直线都存在着安全隐患。直线过长可导致驾驶员反应迟钝、感知力下降而不能合适地调节汽车的行驶状态。从驾驶员的心理角度分析，直线过长，沿途景观会显得平静单调，长时间在直线上高速行驶，易使驾驶员滋生疲倦反应，注意力分散，有时急于加速行驶，但在高速行驶时，驾驶员的动视力会下降，往往会对车距失去判断，造成恶性交通事故。一般来说，动视力比静视力低10%～20%，特殊情况下比静视力低30%～40%。同时，随着行车速度的增加，有效视野范围会变窄，如表2-1所示，不同年龄段驾驶员随行车速度变化的不同动视力也会产生不同变化（图2-2）。长时间在直线上行驶会产生催眠现象，反应变迟钝，从而导致行车中判断失误，对突发情况惊慌失措，处理不当而引发交通事故。

**车速与驾驶员视野范围的关系**　　**表 2-1**

| 行车速度(km/h) | 注视点在汽车前方(m) | 视野(°) |
| --- | --- | --- |
| 40 | 183 | 90～100 |
| 72 | 366 | 60～80 |
| 105 | 610 | 40 |

根据相关统计分析结果，设计时速为100km/h时，直线长度的上限应控制在1500～2000m；超过1500m时直线段上潜在的事故危险程度开始增大；超过2000m时，危险性将快速上升；直线长度超过3000m时，发生事故的概率随着直线长度的增大，将以远超过线性规律的速度提高，其变化趋势如图2-3所示。

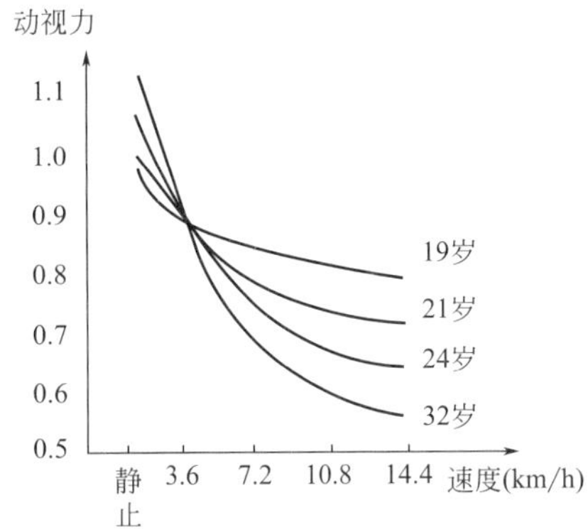


图 2-2　不同年龄段动视力与车速关系图

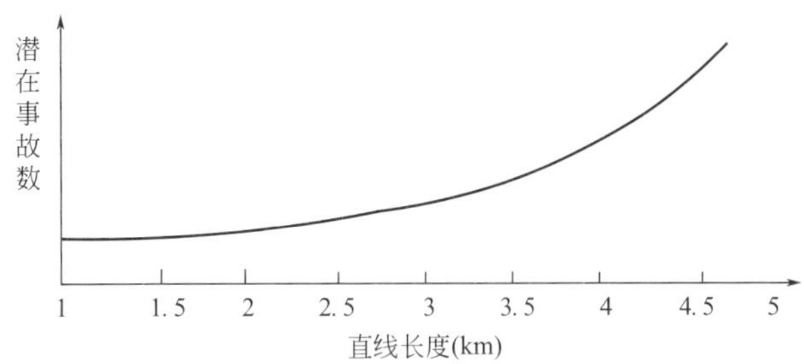


图 2-3　长直线情况下直线长度与事故发生概率曲线示意图

在进行道路设计时，应该慎重采用长直线。我国现行《公路线形设计规范》（以下简称《规范》）规定：直线的长度不宜过长。受地形条件或其他特殊情况限制而采用长直线时，应结合沿线具体情况采取相应的技术措施。我国在道路设计中参照使用国外的经验值，直线的最大长度（单位为 m）为 20*V*（*V* 为设计速度，单位为 km/h），一般情况下应尽量地避免追求过长的直线指标。直线的最大长度，在城镇附近或其他景色有变化的地点大于 20*V* 是可以接受的；在景色单调的地点最好控制在 20*V* 以内。

2. 短直线

同样，直线过短也会影响交通安全，直线过短时易误导驾驶员产生错觉，如图 2-4 所示，互相通视的同向曲线间若插以短直线会形成“断臂”曲线，导致驾驶员产生把直线和两端的曲线看成为反向曲线的错觉，当直线过短时甚至把两个曲线看成是一个曲线。这种线形破坏了线形的连续性，且容易误导驾驶员作出不正确的操作，严重时会偏离行驶轨迹而引发交通事故。

图 2-4　不合理短直线示意图

为保证行车安全，两圆曲线间以直线相连接时，直线的长度不宜过短。《规范》规定：设计速度大于或等于 60km/h 时，同向圆曲线间最小直线长度（以 m 计）以不小于设计速度（以 km/h 计）的 6 倍为宜；反向圆曲线间的最小直线长度（以 m 计）以不小于设计速度（以 km/h 计）的 2 倍为宜。设计速度小于或等于 40km/h 时的山岭重丘公路的特殊困难地段，可适当放宽。在进行平面线形设计时，如果相邻圆曲线间直线长度不满足要求，或者设置直线后，圆曲线半径过小，可以考虑在反向曲线间不设置直线，直接将前后曲线相连。但同向曲线间最好设置满足长度要求的直线。

### 2.2.2 平曲线与交通安全

1.平曲线半径

平曲线主要由圆曲线和缓和曲线组成，当道路直线的方向发生变化时可以设置圆曲线，为了保证直线和圆曲线组成线形的连续性，在中间添加缓和曲线。汽车在平曲线上行驶产生的横向力（离心力）会影响车辆行驶稳定性，使汽车产生侧向滑移或横向倾覆，还易引起驾驶员“惊慌失措”，危害行车安全，横向力的大小可以用变形公式（2-1）表示。从式（2-1）中可以看出其大小与车辆行驶的速度和曲线半径有关，速度越大，离心力越大；相反，曲线半径越小，离心力越大。

$$\mu=\frac{v^2}{127R}\pm i_{\mathrm{h}} \tag{2-1}$$

式中：$\mu$ 为横向力系数；$R$ 为曲线半径；$v$ 为车辆运行速度；$i_{\mathrm{h}}$ 为曲线超高。

横向力的存在会对行车产生种种不利影响，主要表现在以下方面：

（1）危及行车安全。汽车能在弯道上行驶的基本前提是轮胎不在路面上产生滑移，要求横向力系数 $\mu$ 必须小于路面提供的摩阻系数 $f$ ，当 $\mu \geqslant f$ 时，车辆便有滑移、侧翻的危险。

（2）增加了驾驶操纵困难。车辆在弯道上行驶时，轮胎受横向力的影响会产生横向变形，使轮胎与车辆前进方向产生角度偏移，角度越大，驾驶员在方向操纵上难度越大。若横向偏角超过 5° 时，方向盘便不易被稳定操作，可用图 2-5 所示的汽车轮胎横向偏移角解释。

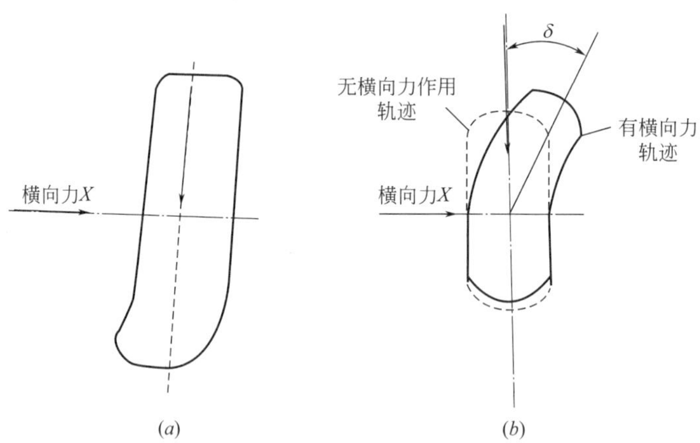


图 2-5 汽车轮胎横向偏移角

（$a$）轮胎横向变形；（$b$）汽车轮迹偏移角

（3）影响驾驶员的舒适性。横向力对驾驶员的直接影响就是横向力的大小还会影响驾驶员的舒适性，根据试验研究驾驶员随横向力系数 $\mu$ 的变化会作出的反应如表 2-2 所示。

综上所述，横向力系数 $\mu$ 取值的大小关系到行车的安全性和舒适性，为了在各等级道路设计中确定合理的道路曲线半径，必须综合考虑各方面因素，确定恰当的 $\mu$ 的取值范围。根据美国国家公路交通安全管理局的研究结果，$\mu$ 的舒适界限为 0.11～0.16，根据不同设计速度取得不同结果，不同运行速度下 $\mu$ 的参考值见表 2-3。

**横向力对驾驶员心理和车辆稳定性的影响** **表 2-2**

| 横向力系数 $\mu$ | 驾驶员心理变化 | 车辆稳定性能 | 行驶安全性 |
|---|---|---|---|
| $\mu<0.1$ | 不感到曲线存在 | 很平稳 | 安全 |
| $\mu=0.15$ | 稍微感到曲线存在 | 尚平稳 | |
| $\mu=0.2$ | 已经感到曲线存在 | 稍微不平稳 | |
| $\mu=0.35$ | 感到有曲线存在 | 不稳定 | 不安全 |
| $\mu\geqslant0.4$ | 感到有曲线存在 | 非常不稳定 | |

**不同运行速度下 $\mu$ 的参考值** **表 2-3**

| 行车速度(km/h) | $\mu$ |
|---|---|
| 40 | 0.15 |
| 60 | 0.14 |
| 80 | 0.12 |
| 100 | 0.12 |
| 120 | 0.10 |

此外，根据统计道路交通事故中有 10%～20%发生在平曲线路段上，并且随着曲率的增大，事故发生率也越大。当曲率大于 10 时，事故率会明显增加，表 2-4 揭示了曲率与交通事故率的关系，从表 2-4 中可以看出，交通事故发生率随曲率增大而增大，为了提供安全的道路交通条件，在条件允许时应尽可能选用较大的平曲线半径。

**曲率与交通事故率的关系** **表 2-4**

| 曲率(%) | 每百万公里交通事故率(%) |
|---|---|
| 0～1.9 | 4.2 |
| 2～3.9 | 4.8 |
| 4～5.9 | 5.6 |
| 6～9.9 | 6.1 |
| 10～14.9 | 21.9 |
| 15 以上 | — |

2. 平曲线半径和邻接线形的安全性分析

交通事故率不仅和平曲线本身的特性，如曲线半径值、转角大小、超高设置是否合理等因素有关，也与连接曲线的线形，如曲线两端的直线段长度、相邻曲线的半径大小等要素有关。在相当长的直线段上连接一个小半径曲线，要比一条弯弯曲曲的路线更危险，因此两条半径值相同的曲线可能由于连接线形不同导致安全情况截然不同。

(1) 平曲线半径和邻接直线长度

车辆在长直线道路上等速行驶一段时间后，由于适应性的影响，驾驶员的速度感减弱，虽然实际车速很高，但主观上觉得车速并不高，从而造成速度判断错觉。这种错觉会给行车安全带来极大的隐患，尤其对于汽车在弯道上行驶时更加不利。车辆在进入弯道以前，驾驶员以为车速已经降低很多，但实际车速并不低，进入弯道后，车辆由于车速过高容易出现侧滑及转向困难等现象。因此，直线不要设置过长，更不能设计出长直线衔接小半径曲线的线形。1995 年 Fink 和 Kremes 从纽约、华盛顿、田纳西州的 563 个平曲线数据分析中得出的结论证实了长直线衔接小半径弯道更加不安全的假设。

通过研究不同曲线半径与邻接不同长度直线路段道路交通事故率，结果如图 2-6 所示，表示了在各个半径分类下不同直线长度对应的百万车每年事故率。从图中可以看出，道路交通事故率在平曲线为 R1 类和直线为 T3 类时达到最大。也就是说，直线段长度对平曲线事故率的影响在曲线半径小于 200m，且直线段长度在 300～500m 时达到最大值；当平曲线半径在 200～340m，直线段长度在 150～300m 时达到第二极大值；对于半径超过 340m 的平曲线，直线段长度对事故率的影响不明显。即直线段长度对半径 200m 以内的平曲线的安全影响最大。研究还得出这样的结论：半径在 200m 以内，邻接直线段长度在 300～500m 的平曲线的事故率比其他曲线高约 50%；半径在 200～340m 范围内，邻接直线段长度在 150～300m 的平曲线的事故率比其他曲线高约 10%。

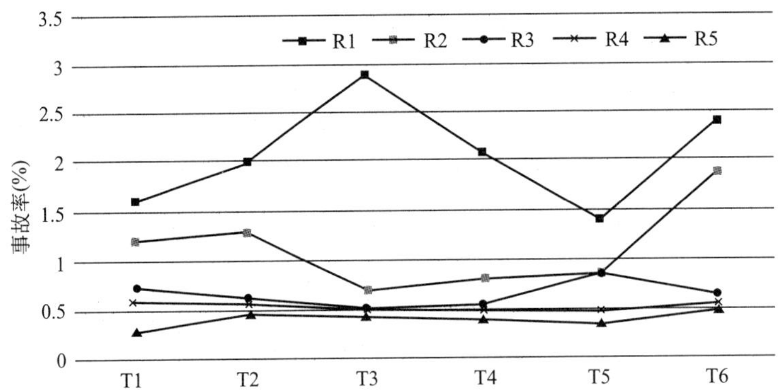


图 2-6　按直线长度分类每百万车每年交通事故发生率

FHWA 的道路安全信息系统（HSIS）对两车道乡村道路上平曲线和直线段长度的安全性关系数据进行研究，分析发生在平曲线上的事故率是否随邻接直线段长度的增加而增加以及其影响随平曲线半径的不同而变化的情况。在分析研究过程中，对研究数据按平曲线半径值和邻接直线段长度进行分类，如表 2-5 所示。

**平曲线半径和邻接直线段长度分类**　　　　**表 2-5**

| 平曲线半径分类 | 范围(m) | 直线长度分类 | 取值(m) |
|---|---|---|---|
| R1 | $0<R\leqslant 200$ | T1 | $0<T\leqslant 150$ |
| R2 | $200<R\leqslant 340$ | T2 | $150<T\leqslant 300$ |
| R3 | $340<R\leqslant 500$ | T3 | $300<T\leqslant 500$ |
| R4 | $500<R\leqslant 800$ | T4 | $500<T\leqslant 1200$ |
| R5 | $R>800$ | T5 | $1200<T\leqslant 2400$ |
| — | — | T6 | $T>2400$ |

（2）几个小半径平曲线相邻接

一般来说，由多个平曲线直接连接的路段要比传统的直线加平曲线路段的安全性高许多，可以用单位长度角度的变化值即曲率变化率（Curvature Change Rate，CCR）反映安全程度。随着 *CCR* 的增加，交通事故率也会增加，但是这种事故增加值会相对较小。*CCR* 可由下面公式表示：

$$CCR = \frac{a}{L} \times 100 \tag{2-2}$$

式中：$a$ 表示曲线转角（°）；$L$ 表示曲线长度（m）；$CCR$ 表示曲率变化率（°/100m）。

（3）平曲线设置频率对安全事故的影响

弯道是线形的重要组成部分，弯道的设置是减少过长直线设计中不可缺少的，但太多的弯道个数会造成环境复杂，强迫驾驶员过多、过快地接收信息，有时采取措施不及时或稍有疏忽便会发生交通事故。

美国道路设计指南中，分析的平曲线设置频率（仅限于半径小于 600m 的小半径曲线）与百万车公里事故率的关系如表 2-6 所示。

**平曲线设置频率与百万车公里事故率的关系** **表 2-6**

| 曲线半径（m） | 每公里曲线数 | 百万车公里事故数 | 曲线半径（m） | 每公里曲线数 | 百万车公里事故数 | 曲线半径（m） | 每公里曲线数 | 百万车公里事故数 |
|---|---|---|---|---|---|---|---|---|
| <175 | 0.3 | 8.2 | 290～580 | 0.3 | 3.06 | >580 | 0.3 | 1.6 |
| | 0.6～1 | 3.7 | | 0.6～1 | 2.62 | | 0.6～1 | 1.87 |
| | 2.5～3 | 2.2 | | 2.5～3 | 1.6 | | 2.5～3 | 1.5 |

平曲线设置频率对交通安全的影响还可以通过弯道密度与事故率的关系来反映。根据多条双车道道路交通事故率［次/(亿车・km)］与弯道个数的关系，分析后发现单位长度的弯道个数，即弯道密度与事故率有很强的相关关系，可用下式表示：

$$p = 0.49S^2 - 3.35S + 8.30 \tag{2-3}$$

式中：$S$ 为弯道密度（个/km）；$p$ 为事故率［次/(亿车・km)］，相关系数为 0.99。该方程是开口向上的抛物线，最佳弯道密度 $S=3.4$ 个/km，即每公里平均约为 3.4 个弯道时，交通事故率最低，否则事故率就会以抛物线形式增加。

（4）平曲线转角方向和大小与交通安全的关系

曲线转角也是公路交通安全的影响因素。我国学者裴玉龙在研究沈大高速公路 1994 年 1 月至 1995 年 6 月间不同的曲线转角对应的亿车事故率散点（图 2-7）时发现：当曲线转角在 0°～45°之间变化时，亿车事故率与转角的关系近似成抛物线形，即随着转角的增大事故率在逐渐降低，当转角增大到某一数值时事故率降到最低值（抛物线的极值点），此时随着转角的继续增大事故率又开始上升，变化规律明显。通过双车道省道 203 线、国道 110 线和国道 210 线部分路段事故率分析路线转角大小和安全的关系。以路线转角大小为横坐标，事故率为纵坐标，利用回归曲线进行拟合。拟合和统计结果也证实了小偏角曲线容易导致驾驶员产生急弯错觉、不利于行车安全这一传统观点。其中，事故率是按百万辆车事故率来计算的，公式如下：

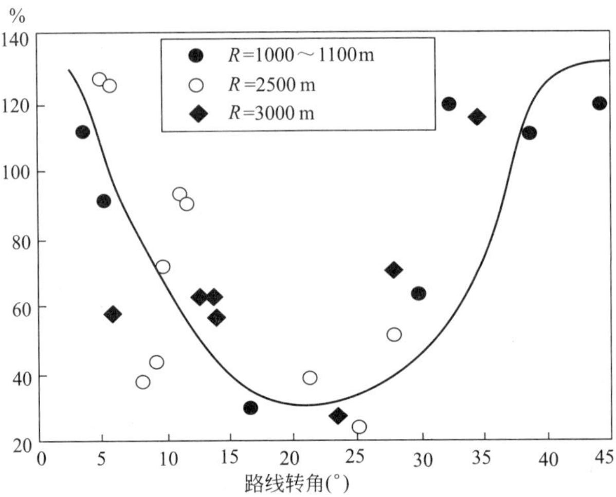


图 2-7　曲线转角对应的亿车事故率散点图

$$A=\frac{B\times 10^6}{M} \tag{2-4}$$

$$M=365\times AADT \tag{2-5}$$

式中：$A$ 表示百万辆汽车的事故率（次/MED），$B$ 表示 1 年内该地区的事故总件数（次），$M$ 表示该地区的机动车保有量（百万车），$AADT$ 表示年平均日交通量（量/d）。

国外的研究成果同样证明了平曲线转角的安全值是 20°，因为转角 20°的平曲线能最好地满足驾驶员的视觉特性和行车视野的要求。由于驾驶员在正常行车状态下，其视点一般集中在高乘宽为 10cm×16cm 的矩形范围内，若曲线转角为 20°，驾驶员不需要移动视线或转动头部就可以充分了解道路及交通情况，同时也提高了行车舒适性，减少了行车疲劳和紧张感。

## 2.3　纵断面线形与交通安全

道路纵断面线形要素主要包括：坡度、坡长、竖曲线半径等。纵断面线形对交通安全的影响也十分显著，往往是导致事故的直接原因。汽车的爬直坡能力是限定纵坡大小的一个重要因素。由于各种汽车构造、性能、功率不同，它们的爬坡能力也不一样，纵坡大小对载重汽车的影响比小汽车显著得多。汽车在陡坡上行时，必然导致车速降低。若陡坡太长，爬坡时会使汽车水箱出现沸腾、汽阻，以致行车缓慢无力，机件磨损增大，驾驶条件恶化，甚至导致发动机熄火；若汽车轮胎与道路表面摩擦力不够，会引起车轮空转打滑，甚至有向后滑溜的危险，发生交通事故。沿长陡坡下行时，由于需长时间减速、制动，也会造成制动器发热失效或烧坏，从而导致交通事故。

### 2.3.1　纵坡度与交通安全

1. 坡度与交通安全

苏联的调查表明：在平原地区、丘陵地区和山区道路上，因道路因素发生的交通事故分别占 7%、18%和 25%。分析坡道上交通事故率高的原因如下：

（1）下坡时，驾驶员为节油而常常采取熄火滑行的操作方法，一旦遇到紧急情况来不及采取应急措施，这类事故约占坡道事故的24%；

（2）在车辆下坡时，由于重力作用使行驶速度过高，制动非安全区过长，遇有紧急情况不能及时停车，这种原因引起的事故占坡道事故总数的40%；

（3）车辆上坡行驶时，由于超越停放或后备功率较小的低速行驶车辆所造成的坡道事故占18%；

（4）由于其他原因引起的坡道事故占18%左右。

2.最大纵坡度

资料表明：当纵坡坡度在2.5%~4%，车辆在下坡时，由于重力和惯性的作用，车辆会以较大的加速度行驶，车速会不断地增加。当坡度大于4%时，驾驶员的心理早就有一定的紧张感，警惕性提高，会提前进行一定的操作，虽然速度还在持续地增加，加速度却是逐渐在减少。表2-7与图2-8都说明：道路的坡度越陡，事故率就越高。

**道路坡度与事故量统计表** **表2-7**

| 坡度(%) | 0~1.99 | 2~3.99 | 4~5.99 | 6~8 |
|---|---|---|---|---|
| 事故量(次/亿车公里) | 27.51 | 39.76 | 112.43 | 124.26 |

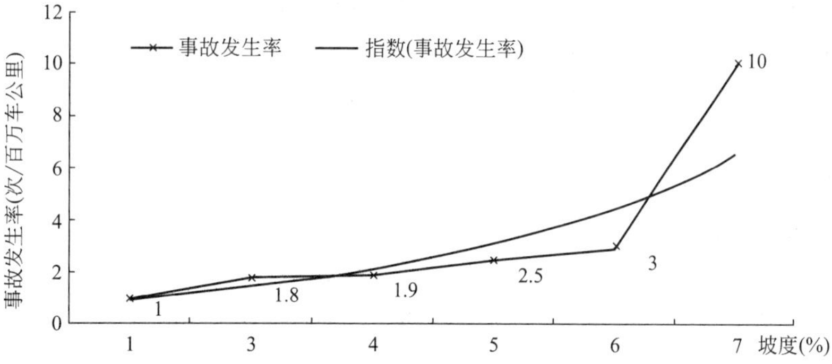


图2-8 纵坡度与道路交通事故率的关系

汽车的爬坡能力是限定纵坡大小的一个非常重要的因素。由于各种汽车构造、性能、功率不同，它们的爬坡能力也不一样，纵坡大小对载重汽车的影响比小汽车显著得多。汽车在陡坡上行时，必然导致车速降低，如果载重汽车车速降低过多，必然会导致不同车辆间的车速相差太大，导致超车和追尾事故的发生。沿长陡坡下行时，由于需长时间减速、制动，也会造成制动器发热失效或烧坏，从而导致交通事故。

调查发现，在上坡行驶时，事故主要分布在上坡道上的凸起部分与过了坡顶后紧接着的路段；下坡行驶时，事故则主要分布在纵断面的下凹部分，因为该处车辆的行驶速度达到了一个较高的数值。同样，国家在道路设计中规定了设计速度与道路纵坡的关系，如表2-8所示。

**各级公路的最大纵坡** **表2-8**

| 设计速度(km/h) | 120 | 100 | 80 | 60 | 40 | 30 | 20 |
|---|---|---|---|---|---|---|---|
| 最大纵坡(%) | 3 | 4 | 5 | 7 | 7 | 8 | 9 |

3. 最小纵坡度

在挖方路段以及其他横向排水不良的路段，为保证路面雨水能顺利排出，保证车辆行驶的安全性，道路的纵坡不宜过小，应大于 0.3。南方地区降雨量较大，尤其要注意这个问题。

## 2.3.2 坡长与道路交通安全

1. 最大坡长

坡长对交通安全的影响，依赖于坡度对安全的影响，坡长主要起到对坡度的影响放大或减小的作用。纵坡越陡，坡长越长，对汽车的影响也越大。主要表现在以下两方面。

(1) 上坡

1) 从车速与通行能力方面

汽车上坡时，因为连续的长坡，使汽车在上坡时要频繁换挡，增加了驾驶员的负担，且当以一定的速度行驶一段时间后，发动机会发热，水箱中的水亦随之升温，甚至会沸腾起来，这时汽车的行驶速度开始降低，油耗变大，动力性能差的汽车甚至会出现熄火的现象。若汽车轮胎与道路表面摩擦力不够会引起车轮空转打滑，甚至有向后滑溜的危险。特别是对单位质量功率低的大型车来讲，其行驶速度降低过多，车速与小汽车的速度差较大，一是容易使超车频繁增加，二是小汽车行驶自由度减小，造成上坡路段运行中的车辆速度大幅度降低，服务水平降低，影响道路通行能力。而这些状况与上坡路段的坡度大小及坡长的长短有直接的关系，坡度越大、坡长越长，速度降低得就越多，也就越容易出现上述情况。

2) 从视觉效果方面

过长的纵坡，易使驾驶员对坡度判断失误。当一段长而陡的下坡路段连接一段较平缓的下坡时，驾驶员会误认为下一路段坡度为上坡，从而采取加速行驶的错误操作。所以，在公路设计中，必须对不同坡度值的上坡路段的长度作出限制。

(2) 下坡

下坡时，因惯性的作用，车速会变得越来越快，这时驾驶员就需不断地踩制动器，使车速不致增加太快而产生不安全的后果。但频繁制动会使制动效能降低，再加上驾驶员心理紧张，也很容易导致事故。坡度越大，坡长越长，车速增加越多，驾驶员踩制动器就越频繁，也就越容易导致事故。所以，长而陡的下坡也是很不安全的。从安全行驶的角度出发，必须对不同坡度值的下坡路段的长度也作出限制。

国内外的事故资料均表明，下坡路段的事故发生频率明显高于上坡路段，特别是长大下坡路段。对下坡路段的事故原因进行分析发现，肇事车辆 60%以上为大中型货车，一般多发生在下坡方向的坡底路段，且越靠近坡底段，因制动失效而引起的事故就越集中。车辆在下坡路段由于连续的刹车制动，造成刹车片发热，磨损严重，从而导致刹车失灵。而对于长大下坡与小半径平曲线的不利组合情况，往往由于线形条件超出了驾驶员对前方道路情况的预料，形成事故频发点。

因此，为了车辆在纵坡路段行驶的安全性、舒适性以及连续性，必须根据不同设计速度设置合理坡度和坡长，《公路工程技术标准》JTG B01—2014（以下简称《标准》）对各等级道路的最大纵坡和最大坡长作了规定，见表 2-9。

**不同等级公路的最大纵坡和最大坡长** **表 2-9**

| 设计速度(km/h) | | 120 | 100 | 80 | 60 | 40 | 30 |
|---|---|---|---|---|---|---|---|
| 最大纵坡(%) | | 3 | 4 | 5 | 6 | 7 | 8 |
| 最大坡长(m) | 3 | 900 | 1000 | 1100 | 1200 | — | — |
| | 4 | 700 | 800 | 900 | 1000 | 1100 | 1200 |
| | 5 | — | 600 | 700 | 800 | 900 | 1000 |
| | 6 | — | — | 500 | 600 | 700 | 800 |
| | 7 | — | — | — | — | 500 | 500 |
| | 8 | — | — | — | — | 300 | 300 |

对于高速、一级公路，当连续陡坡由几个不同坡度值的坡段组合而成时，应对纵坡长度受限制的路段采用平均坡度法进行验算。即

$$i_{均}=\frac{\sum l_i \cdot i}{\sum l_i} \tag{2-6}$$

式中：$i_{均}$表示连续陡坡路段的平均纵坡（%）；$l_i$ 表示坡度为 $i$ 路段的实际长度（m）。当连续纵坡大于坡长限制值时，应在不大于《规范》规定长度处设缓和坡段，用以恢复在陡坡上降低的速度和保证安全。《标准》规定缓和坡段的纵坡坡度应不大于 3%，其长度应不小于该级公路相应的最短坡长。缓和坡段宜设置在平面的直线或较大半径的平曲线上，以便充分发挥缓和坡段的作用，提高整条道路的使用质量。在必须设置缓和坡段而地形又困难地段，可以将缓和坡段设于半径比较小的平曲线上，但应适当增加缓和坡段的长度，以使肝和坡段端部的竖曲线位于该小半径平曲线之外。这种要求对提高行驶质量、保证行车安全是完全必要的。

2. 最小坡长

从汽车行驶平顺性和布设竖曲线的要求出发，如果坡长过短，变坡点增多，汽车行驶在连续起伏地段产生颠簸，车速越高越感突出。因此，相邻两竖曲线的设置和纵面视距等也要求坡长应有一定的最小长度，通常按 9s 行程计算。现行《标准》规定，各级公路最短坡长应按表 2-10 选用。

**各设计时速对应的最短坡长** **表 2-10**

| 设计速度(km/h) | 120 | 100 | 80 | 60 | 40 | 30 | 20 |
|---|---|---|---|---|---|---|---|
| 最短坡长(m) | 300 | 250 | 200 | 150 | 120 | 100 | 60 |

可以说，纵坡设计中最重要的一环就是纵坡和对应坡长的选择，在山岭区的路线尤其如此。从安全和行车的角度出发，纵坡应越小越好，但减小纵坡必然会造成土石方量和其他工程数量的增多。如何协调工程经济与技术指标之间的矛盾，找到两者最好的结合点，也是设计者需要反复思考、比较的问题。

## 2.3.3 竖曲线与交通安全

纵断面上相邻两条纵坡线的交点为变坡点，为保证行车安全、舒适及视距的需要，在坡段的转折处需设置一段竖曲线来缓和。竖曲线分为凸形竖曲线和凹形竖曲线。

竖曲线对道路交通安全的作用

（1）缓和冲击

汽车行驶在竖曲线上时，产生径向离心力。这个力在凹形竖曲线上是超重，在凸形竖曲线上是失重。这种超重与失重达到一定程度时，旅客就会有不舒适的感觉，同时对汽车的悬挂系统也有不利影响，因此要对离心加速度加以控制。根据试验，认为离心加速度限制在 0.5～0.7$m/s^2$ 比较合适。

（2）对视距的影响

设置凸形竖曲线可减小因纵坡变化而产生的盲区。但如果凸形竖曲线半径太小时，同样会阻挡驾驶员的视线，驾驶员不易发现前方情况，容易发生碰撞。当凸形竖曲线设置的曲线半径很小时，如图 2-9 所示，由于其两头都是上坡段，汽车是在作爬坡运动，驾驶员视野是朝斜上方观察前方的汽车，当汽车快到凸形竖曲线的坡顶时，司机的视距就受到极大的限制，他的视野就出现小段的盲区，这时的视距只有几米，一旦对向出现逆道行驶的车辆，双方都处在措手不及的状态，极易发生交通事故。Olsonetal 在 1984 年通过数据分析也指出在凸曲线上由于视距不足导致的事故率高达 52%。凸形竖曲线半径越大，提供的行车视距就越大。在任何道路上，可获得的视距应大于等于停车视距。

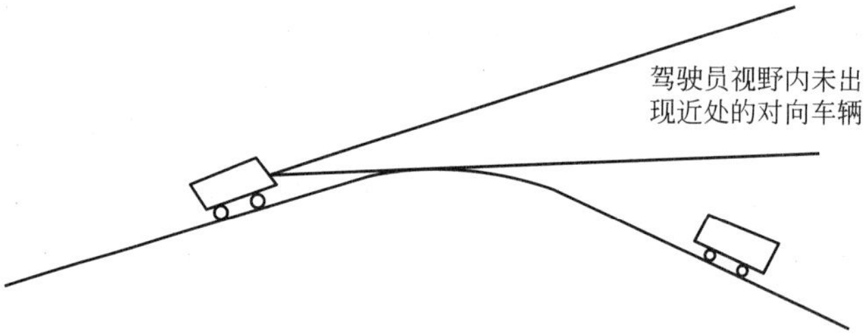


图 2-9　不合理的竖曲线对司机视野影响的示意图

在凹形竖曲线上，白天视线通畅，但在夜间汽车的车灯照射范围受到阻碍。另外，在凹形竖曲线上行驶时，驾驶员的视线受到上跨天桥、路树等东西阻挡造成视线受阻，视距不能满足要求。这一情况对重型车辆情况尤为严重，因为其驾驶员视线高于客车驾驶员，如图 2-10 所示，一方面司机为了冲上对面的上坡会提前加速以获得较大的汽车动量，另一方面汽车下坡行驶时的司机视线会更贴近路面，这就减少了司机的行车视距。有很多的凹形竖曲线设在铁路桥的下面，桥梁也使司机的视野变得更狭小。

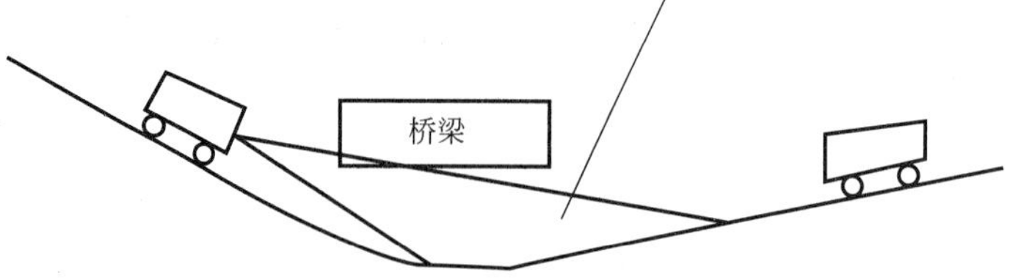


图 2-10　不合理的凹形竖曲线对司机视野的影响示意图

美国人扬格在加利福尼亚的调查中发现竖曲线上的视距和交通事故的关系，如表 2-11 所示。

**视距与交通事故的关系** **表 2-11**

| 视距(m) | 交通事故率(1/100km) |
|---|---|
| 240 以下 | 1.5 |
| 240～450 | 1.2 |
| 450～750 | 0.8 |
| 750 以上 | 0.7 |

因此，在竖曲线设计时，要充分考虑竖曲线的半径，竖曲线半径越大，视距越能得到保证。另外，从平纵线形组合设计的要求以平包竖来考虑，通常可根据变坡点处的平曲线长度来确定竖曲线半径。竖曲线除了要保证有足够大的半径外，还要保证有足够的长度。因为当坡度角较小时，计算得到的竖曲线长度往往较短，在这种曲线上行车时会给驾驶员造成一种急促的折曲感觉。汽车在竖曲线上行驶，当坡度角较小时，竖曲线的长度就小，汽车在其上行驶时冲击较大，舒适性较差，驾驶员容易在视觉上形成纵断面线形突然转折的感觉，从而增加不安全感。而且，从直坡段进入竖曲线和从竖曲线进入直坡段，很短的时间内，要经历两次加速度的突变，这也不利于行驶的舒适性，从而对安全行车造成影响。

(3) 对道路排水能力的影响

小半径的凹形竖曲线可能会出现道路积水问题，不能顺利地将积水排出。竖曲线除了要有合理的半径外，还应保证有足够的长度，无论竖曲线是否采用了较大的半径，如果使用的竖曲线的长度较短，在这样的道路线形上行驶时会使驾驶员产生急速变坡的感觉。据事故资料统计显示，在竖曲线半径相同的情况下，凸形竖曲线上发生的道路交通事故率高于凹形竖曲线上发生的道路交通事故率。

《规范》对于竖曲线最小长度的规定主要是按 3s 行程确定的，竖曲线的最小长度见表 2-12。

**竖曲线的最小长度** **表 2-12**

| 设计速度(km/h) | 120 | 100 | 80 | 60 | 40 | 30 | 20 |
|---|---|---|---|---|---|---|---|
| 最短坡长(m) | 300 | 250 | 200 | 150 | 120 | 100 | 60 |

## 2.4 道路交叉口设计与交通安全

### 2.4.1 公路平面交叉口安全现状

交通事故造成的伤亡是全球共同关注的问题。而公路平面交叉路口则是公路交通事故的集中发生地，如能有效改善平交路口的交通安全性，即可有效提高公路的交通安全。在发达国家，平交口的交通安全已受到极大的重视，对交通安全技术的研究已广泛深入；而在中国，公路平交口的交通安全性较差，交通安全技术也相对落后，因此研究公路平交口的交通安全设计对降低公路交通事故率和死亡率具有重要意义。本文旨在分析中国公路平交口的交通安全现状，针对所存在的交通安全问题，确定影响公路平交口交通安全的主要因素，结合中国公路特征和发展趋势，并运用先进的接入管理技术，提出了改善公路平交口交通安全，提高通行能力和运行效率的公路平交路口安全设计方法，以实现公路平面交叉口总体交通安全效益最优化，创造安全、高效、文明、和谐的公路交通系统。

公路平面交叉口汇集了来自各个方向的交通，是公路使用者转换行驶路线的枢纽，在公路网系统中居于核心地位，也是交通事故集中的地方。主要原因是来自多个方向的各种机动车、非机动车、行人穿行其中，驾驶人在通过平交口时要在短时间内完成一系列复杂的操作，包括读取交通指示、遵循交通控制、实施转向、避开行人和非机动车等，每一次操作的失误都有可能导致交通事故的发生。据统计，2003 年，中国的公路上共发生交通事故 389773 起，造成 80589 人死亡、300694 人受伤。城市道路发生交通事故 277734 起，造成 23783 死亡、171480 人受伤。公路与城市道路交通事故起数比为 1.4∶1，而公路交通事故死亡人数是城市道路死亡人数的 3 倍，公路上平均每 5 起事故死亡 1 人，城市道路上平均每 12 起事故死亡 1 人。可见，中国道路交通安全形势非常严峻，死亡人数呈上升趋势。2001 年以来，连续三年交通事故的年死亡人数都超过 10 万人，平均每天死亡 300 人，公路交通安全与城市道路相比更突出，特别是发生在交叉口的交通事故，在导致人员伤亡的交通事故中，约占 50%。因此，探求公路平面交叉口的交通安全改善设计，不仅有助于道路通行能力的有效发挥，而且对中国道路交通安全状况的改善具有重要意义。

针对公路平面交叉口的交通安全设计，国内外交通工程人员进行了大量的研究工作，提出了一系列旨在改善和评价公路平面交叉口交通安全的技术。其中，有些技术已经相当成熟，有着较为坚实的理论基础和工程实践经验；有些技术刚刚提出不久，尚需实践检验，但有着较为广阔的应用前景。下文主要从中国公路平面交叉口交通安全影响因素的分析入手，对现有的公路平面交叉口交通安全技术进行分析，并运用先进的接入管理技术，提出了改善公路平面交叉口交通安全、提高通行能力和运行效率的公路平交路口安全设计方法。

### 2.4.2 平面交叉口交通安全因素分析

公路平面交叉口交通安全是一个非常复杂的问题，既涉及机动车、非机动车、行人之间的相互冲突，又涉及车辆、行人与交叉口环境之间的相互作用；既受公路交叉口道路交通环境条件的影响，又受公路交叉口交通参与者的制约。

公路平面交叉口交通环境主要包括：交叉口几何特征、交叉口支路接入和交叉口交通运行条件。交叉口几何特征主要包括交叉口相交道路的交角、平纵横线形，视距、车道宽以及车道划分、渠划等因素，是决定公路平面交叉口交通安全的主要因素。交叉口支路接入是指交叉口附近区域支路接入的数量、接入位置和接入方式，它对公路平面交叉口的交通冲突和严重程度有着重要影响，也是影响交叉口交通安全的关键因素。交叉口交通运行条件是指由标志、标线、信号灯等交通管理与控制设施所组成的交通运行环境；良好的交通运行条件可以弥补交叉口几何特征方面的缺陷，减少交通冲突的数量、降低交通冲突的严重程度，引导交通流平稳有序地通过公路平面交叉口，提高公路平面交叉口的交通安全水平。

公路平面交叉口的交通参与者主要包括机动车、非机动车和行人，其物理特征、行为特征和时空分布特征对公路平面交叉口的交通安全有重要影响。

公路交叉口道路交通环境应符合交叉口交通参与者的特征和需求，遵循以人为本的思想，根据交通参与者的特征合理设计和营造道路交通环境是提高公路交叉口交通安全的核心内容，通过分析交通事故的环境诱因并加以消除，从而使公路交叉口交通安全得以改善，交通安全水平得以提高。

### 2.4.3 平面交叉口交通安全设计分析

公路交叉口交通安全技术，按应用的方式，主要可以划分为三类：公路交叉口交通安全诊断技术、公路交叉口交通安全改善技术、公路交叉口交通安全评价技术。这三类技术之间相互紧密联系，共同构成公路交叉口交通安全技术体系。

公路交叉口交通安全诊断技术是利用非事故预测、通过现场调查方法判断交通事故产生的可能原因，然后根据实践经验和理论经验分析科学评价交叉口的安全隐患，提高交通安全的预防性，为交叉口交通安全改善措施的提出指明方向。

公路交叉口交通安全改善技术主要包括交叉口几何设计技术、交叉口接入管理技术和交叉口交通控制技术，它们分别通过改善公路交叉口的几何特征、支路接入和交通运行条件而改善公路交叉口的道路交通安全，是交叉口更好地服务于道路使用者的安全要求，减少交通冲突的数量，降低交通冲突的严重程度，从而达到提高公路交叉口交通安全的目的。公路交叉口交通安全改善技术以交通安全改善措施为基础，与交叉口交通安全诊断技术有着直接的联系，针对交通安全的每一个问题，交通安全改善措施都有一个或多个改善措施与之对应，也即针对公路交叉口交通安全诊断技术的分析结果，交通安全改善技术就可以提出与之相匹配的交通安全改善措施，并对各项改善措施的效果进行分析，确定改善措施的效益和成本，为公路交叉口交通安全改善方案的制订提供支持。

公路交叉口交通安全评价技术可分为交通事故评价技术和交通冲突评价技术。交通事故评价技术以交通事故的统计数据为分析的基础，意义明确、可靠，是广为接受的评价方法，但由于交通事故数据需要长时间的积累，其应用范围受到一定程度的制约。交通冲突评价技术通过观测人员对公路平交口交通冲突发生的频率和严重程度进行观测而实现对其交通安全状况的评价。交叉口评价技术必须根据交叉口交通安全诊断技术和改善技术的实际需要开展研究。

交通安全诊断技术和改善技术提出各种可能的公路交叉口交通安全问题和改善措施，交通安全评价技术则根据要求分析和界定交通安全问题的严重程度，获取、积累和分析交叉口交通安全改善措施的改善效果；交叉口交通安全改善技术的研究也必须和交叉口交通安全诊断技术的研究有机地融合起来，对于诊断技术所提出的每一交通安全问题，改善技术都要有相应的改善措施。通过交通安全技术之间的紧密衔接，不同技术有机地联系起来，成为一个完整的、紧密联系的技术体系，该体系如图 2-11 所示。

### 2.4.4 平面交叉口交通安全改善设计

公路平面交叉口交通安全改善设计主要包括几何设计、接入管理、交通控制技术。交叉口几何设计与交通控制技术的发展经历了较长的历史时期，形成了较为成熟的技术体系。交叉口接入管理技术对交通安全的改善有着重要的作用，该技术与交叉口几何设计和交通控制技术有着密切的联系，它的发展历史较短，但有着很好的工程应用价值。这些不

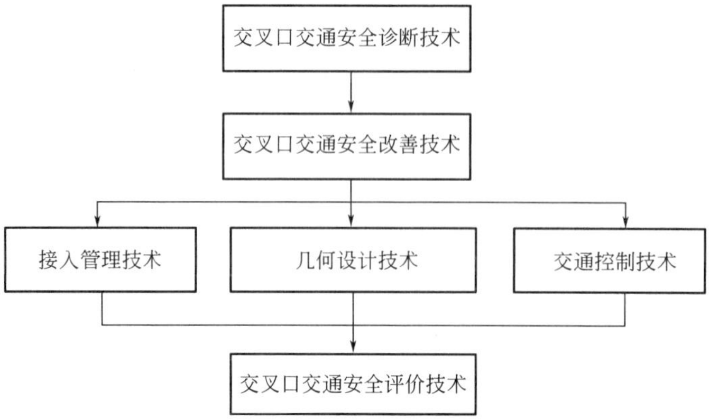


图 2-11　公路交叉口交通安全技术体系

同的改善技术之间相互补充、密切联系，共同构成了公路交叉口交通安全改善技术体系。

1. 平面交叉口接入管理技术

（1）接入管理技术的定义与目的

接入管理技术（Access Management Technology）是对道路交叉口、分割带开口、立交及路段上接入道路的选位、设计、管理与控制所开展的全面、系统的技术整合。该技术在美国等发达国家得到了广泛的应用，对我国公路安全的改善有着重要的应用价值。中国公路网中很多低等级公路，都是以支路的形式存在的，它们往往通往一个村庄、一个小型商业区等。还有很多商店、住宅、饭店等个体建筑的出入口与公路直接相连，可想而知，在这样的情况下，交通事故的隐患和交通冲突非常严重。目前，我国对低等级公路接入高等级公路的管理机制混乱，管理水平低下，在这种情况下，可接入管理技术的应用显得非常迫切。

（2）接入管理技术的意义

1）合理的接入管理技术可以减少交通事故、提高道路的通行能力、减少出行时间和延误。

2）采用接入管理技术可以延长道路的使用年限，节约大量的改建、扩建资金。

3）接入管理技术不仅能够减少交通拥挤、提高公众的安全感，还可以美化环境。

（3）接入管理技术的应用

常用的接入管理技术主要有渠划、交叉口间距、干道周围设施出入口和交叉口间距、干道周围设施出入口形式、中央分隔带形式、左转车道、右转加掉头代替直接左转、主干道平行道等，本文主要阐述平面交叉口功能区接入管理、路段接入管理和交通流导入三个方面的内容。

1）交叉口功能区接入管理

功能区接入管理技术主要指在交叉口功能区范围内实施的接入管理技术。这些技术主要包括：功能区内接入道路的关闭、功能区内接入道路的出入控制、功能区内接入道路的接入顺序、功能区内接入道路与交叉口进口道直接相交的处理、功能区内接入道路的合并、交叉口 U 形转弯、功能区内接入道路的间接左转和功能区内的间接回转，图 2-12、图 2-13 所示分别为交叉口功能区 U 形转弯及间接左转示意图。

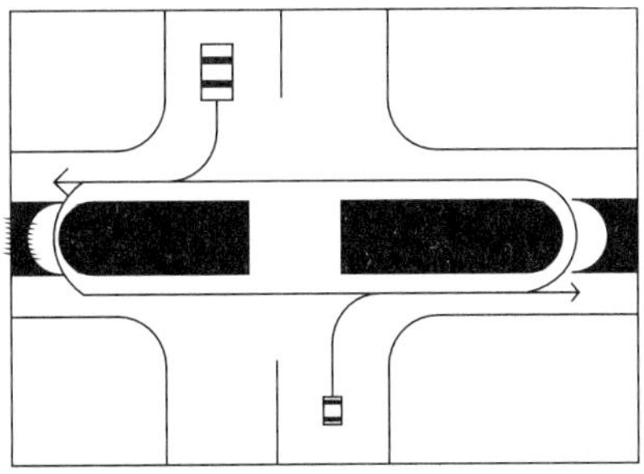

图 2-12　交叉口 U 形转弯设计

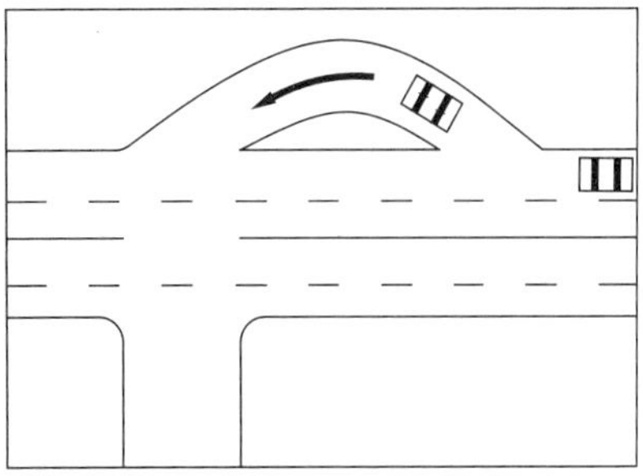

图 2-13　交叉口左转弯示意图

2）路段接入管理

路段接入管理是指对交叉口功能区范围外的接入点进行交通组织，使其对被接入道路的影响降至最低的同时接入点本身通行效率最大化。常用路段接入管理方法包括以下四种：

① 利用中央分隔带及其开口实现对接入点的管理；

② 设置 U 形转弯替代直接左转弯；

③ 分隔路段冲突区域；

④ 关闭/合并路段不必要接入，如图 2-14 所示。

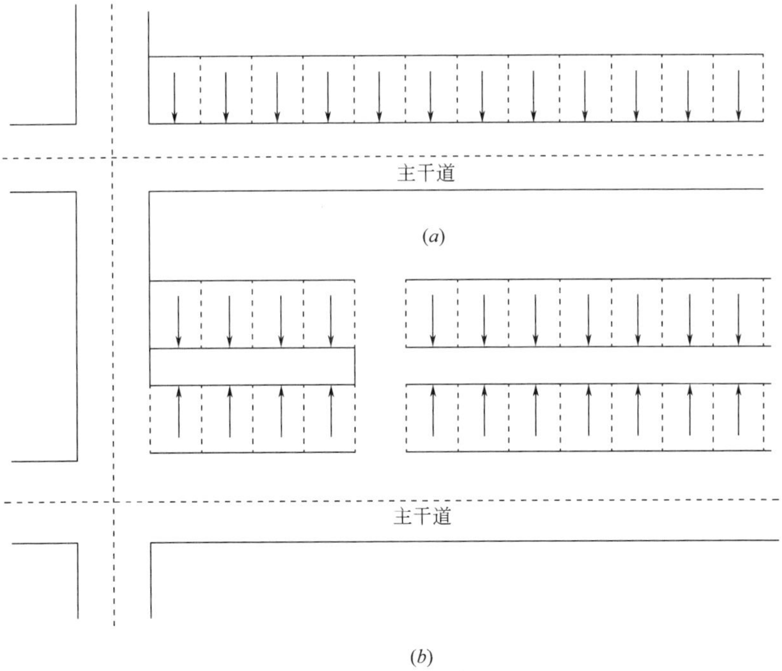


图 2-14　合并/关闭路段不必要采用

（a）避免采用的形式；（b）推荐采用的形式

3）交通流导入

交通流导入主要包括：支路接入长度、宽度、坡度以及支路交通渠划的设计，图 2-15、图 2-16 所示分别为支路接入长度的示例图，图 2-15 表明支路长度不足会造成的运行后果，支路长度不足，排在前面欲进入支路的机动车会减速、偏离车道、停车等，造成后继车辆不可避免地会减速、排队、偏离车道或停车，从而带来主路的安全隐患；图 2-16 所示为长度合适的支路示意图，合适的支路长度设计必须满足机动车从支路进入主路时远离主路的交通环境，避免和主路后继车辆的交通冲突；当从主路进入支路时，避免和支路的交通流发生冲突。

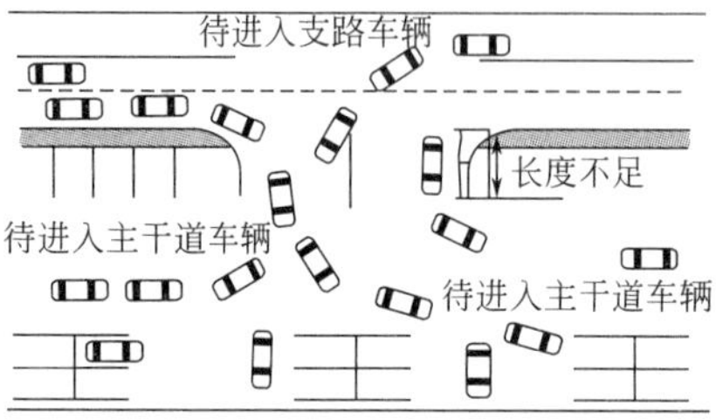


图 2-15　支路长度不足

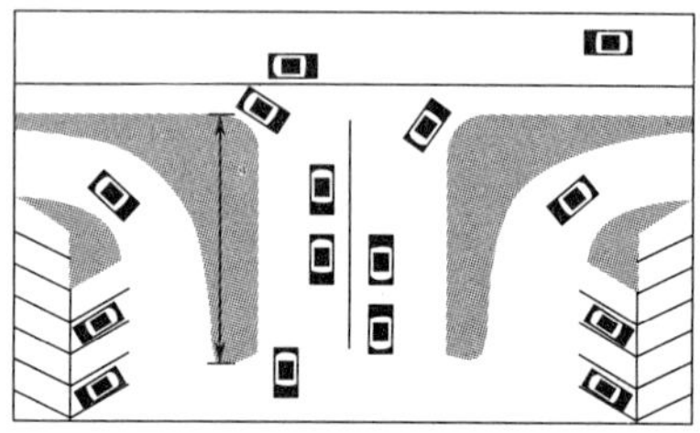

图 2-16　支路长度合适

2. 平面交叉口几何设计

公路平面交叉口几何设计的方法主要是从安全的角度对各设计要素提出设计要求，通过合理的几何设计引导交通参与者更为安全地运行，减少交通事故。几何设计的主要内容包括：交叉口视距设计、交叉口辅助车道设计、交叉口渠化设计和弱势群体的安全保护措施。

（1）视距设计

视距是平面交叉口几何设计的一个重要设计参数，对交叉口的安全运行有着重要影响。良好的视距能够满足车辆在交叉口进口道以及整个交叉区域内平稳地完成加减速、排队、转向、穿越等一系列复杂的运行；而不良视距则会导致潜在的交通冲突。

国内的《公路路线设计规范》JTG D 20—2006 以及《公路工程技术标准》JTG B01—2014 要求公路平面交叉口的视距都应满足各自进口道停车视距的标准，即简单地以停车视距来规范交叉口视距。但是不同交通控制类型的交叉口，由于交通运行特征的不同，其对视距的要求也不尽相同。因此，有必要具体研究不同交通控制类型的交叉口视距，图 2-17 所示为平面交叉口视距三角形示意图，其中 $D_r$、$D_t$ 为停车控制交叉口的转向视

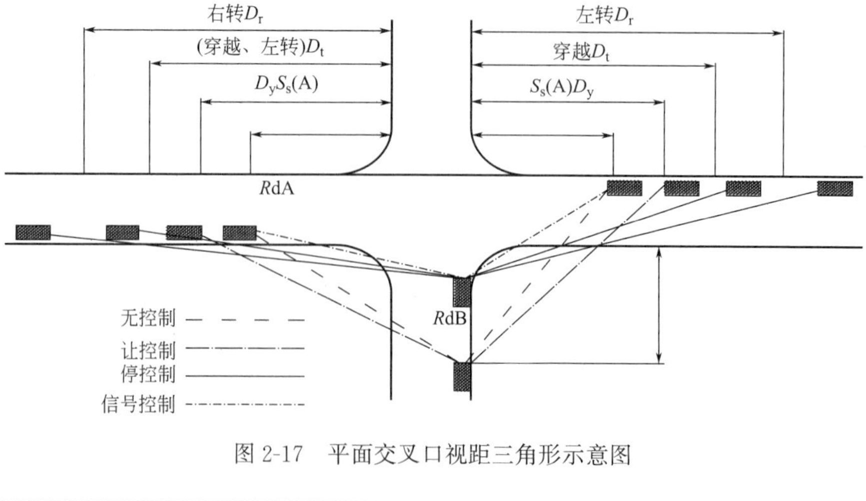


图 2-17　平面交叉口视距三角形示意图

距和穿越视距，$D_y$ 为让控制交叉口的穿越视距，$S_s$ 为无控制和信号控制交叉口的停车视距要求。

（2）辅助车道设计

平面交叉口辅助车道设计的内容主要包括：左转偏置车道、左转加长车道、设有隔离的左转偏置车道、左转加速车道、右转偏置车道、右转加长车道、设有隔离的右转偏置车道和右转加速车道。不同等级的公路对辅助车道的设置及长度设计都有着不同的要求。

（3）渠化设计

渠化是交叉口几何设计的重要组成部分，渠化设施能够更加规范交叉口交通的组织与运行。常规交叉口渠化的内容主要包括：交叉口停车相位设置、机动车导向设置、进口道分隔道设置和导流岛设置。

（4）弱势群体的安全保护措施

交叉口交通事故中涉及行人和自行车的交通事故比例较大，而且事故导致死亡率最高，如何保护行人和自行车行驶安全是几何安全设计的一个重要内容。弱势群体安全保护设施主要包括人行道、非机动车道、人行横道、人行视距、中央分隔带、侧分带和人行保护岛。

3.平面交叉口交通控制技术

交通控制设计主要包括信号灯控制、标志、标线控制的设计。交通控制就是对交叉口的交通流进行合理的引导，优化交通流在空间和时间上的分布，以提高交叉口的安全水平。

（1）信号灯控制设计

信号灯控制主要是在兼顾效率的同时，从交通安全的方面进行考虑，其设计内容主要包括：交通控制方式选择、左转相位设计、绿灯间隔时间设计和信号灯安全保障设计。

（2）标志、标线控制设计

道路交通标志、标线是根据道路功能的划分，对进入交叉口的车辆进行合理的引导，规范进入交叉口的车辆和行人的行为，减少交通冲突。其设计内容主要有：交通标志、标线设置原则，交叉口交通标志、标线安全设置应满足的条件，交叉口交通标志、标线设置方法等。

研究表明：无论是交叉口接入管理技术、交叉口几何设计、交叉口交通控制技术，都对改善交叉口的交通安全有着非常重要的作用，这些技术是相辅相成的，互为因果，影响因素错综复杂。传统的设计、控制和管理技术只能在一定的程度上减少交通流的冲突数或降低冲突的严重程度，很难将三者结合起来进行系统的优化，无法达到交叉口安全效益最优的目的。本研究将三种技术紧密地结合起来，构成公路交叉口交通安全技术体系。公路交叉口几何设计技术和接入管理技术是改善公路交叉口交通安全的基础，对于车辆速度、视距以及冲突点的数量和分布有着重要的影响；交通控制技术必须在合理的几何设计和接入管理的基础上，才能得以有效的发挥，同时交通控制技术能够补充、支持和拓展几何设计技术和接入管理技术，强化后者，并弥补后者所带来的缺陷和不足。

# 第3章　道路组合线形设计与交通安全

## 3.1　道路组合线形与视距安全

为保证行车安全，驾驶人员应能随时看到前方一定距离的路程，一旦发现前方道路有障碍物、对向来车或出现紧急情况，能够及时采取措施，避免碰撞，这一最小的距离称为行车视距。它是道路使用质量的重要标准之一，分为：停车视距、会车视距、错车视距、超车视距四种类型。行车视距直接影响着行车的安全与舒适，它在人、车、路这个动态系统中扮演着重要角色。在实际行驶过程中，线形所提供给司机的动态视距越大越好，有助于减少司机的精神紧张感与频繁操作方向盘的体力负荷，减少心理压抑，增强安全感和舒适感；反之，则增加体力负荷和精神负荷，心理受压抑，脉搏变动和血压变动大大增强，安全感和舒适感也大大降低。为此，设计时应充分考虑线形对行车视距的波动。平原区的高速公路一般都是高填土路基，无侧向障碍阻挡行车视距，并且平曲线半径取值一般都较大且有相当大的长度，所以平面线形对行车视距的影响较小。但是平原区地势平坦，经济发达，相应的沟渠河流纵横，路网交织复杂，这就造成了路线上构造物众多。如果主线上跨支线，构造物间距又密集，则会造成纵断面上线形高低起伏，凸竖曲线对行车视距造成的阻碍是不可避免的，因此，线形设计时应该充分考虑凸形竖曲线对行车视距的影响。对于设计速度为120km/h的高速公路，线形设计时对视距的控制指标主要是保证停车视距不小于210m。

### 3.1.1　视距的类型

（1）停车视距是指当汽车在道路上行驶时，驾驶员在离地1.2m高处，看到前方路面上0.1m高的障碍物，从开始刹车至达到障碍物前完全停止所需要的最短距离。它是相应设计车速下汽车行驶安全的重要保障条件之一，也是公路线形几何设计最基本的控制依据之一。早在20世纪20年代中期停车视距就引起了人们的重视，直到1940年，停车视距的重要性不断得到加强，但是并没有得到彻底理解，只是强调让司机看到前方车辆时要有充分的时间去采取必需的行动。1940年美国的AASHTO提出了计算停车视距的方法，并对物体高度和司机眼睛高度及反应时间作了规定。近年来，研究人员在寻找用有效的工程造价来解决与停车视距相关的行车安全问题，主要聚焦在凸形竖曲线上停车视距对行车安全的影响。高速公路和一级公路只需评价停车视距。

停车视距：

$$S_t = S_1 + S_2 + S_3 = \frac{V}{3.6}t + \frac{1}{2gf}\left(\frac{V}{3.6}\right)^2 + S_3 \tag{3-1}$$

式中：$S_1$表示司机的反应距离（m）；$S_2$表示制动距离（m）；$S_3$表示安全距离，一般取值5～10m；$V$表示行车速度（km/h）；$t$表示司机的反应时间，一般取值2.5s；$f$表示轮胎与地面的纵向摩擦系数。

（2）会车视距指在同一车道上两对向汽车相遇，从相互发现时起，至同时采取制动措施使两车安全停止所需的最短距离。会车视距也是由双方司机的反应距离、双方汽车的制动距离和安全距离三部分组成。一般用公式 $S_h=2S_t$ 表示。

（3）错车视距是指在没有明确划分车道线的双车道道路上，两辆对向行驶的汽车相遇，发现后即采取减速避让措施并安全错车所需的最短距离。

（4）超车视距是指在双车道公路上，后车超越前车时，从开始驶离原车道之处起，至可见逆行车道并能超车后安全驶回原车道所需的最短距离。超车视距 $S_c$ 分为全超车视距和最小超车视距。如图 3-1 所示，全超车视距 $S_c=d_1+d_2+d_3+d_4$，最小超车视距 $S_c=2/3d_2+d_3+d_4$。

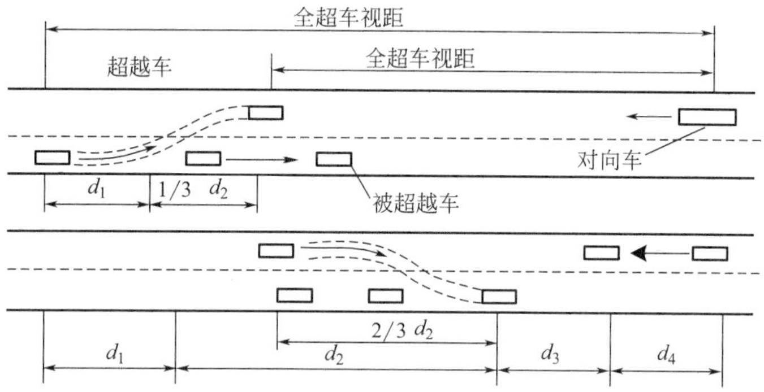


图 3-1　超车视距计算示意图

双车道公路的会车视距应达标，同时应在一定间距路段内提供超车条件，超车路段长度占路线总长度之比应满足超车需要。如果超车问题考虑不当，比如说超车带在路线中分配不均或设置过少，就会造成在有的路段要么汽车排长队缓慢跟行，要么强行超车发生危险。一般来说，双车道公路宜在 3min 的行驶时间里，提供一次满足超车视距要求的超车路段，超车路段长度应不小于路线总长的 10%～30%。

### 3.1.2　容易引发视距不足的路段

1.平面曲线段

由于弯道内侧有边坡、建筑物、树木、道路设施等，阻碍驾驶员视线，使得视距满足不了要求，从而成为视距不足路段。有时尽管原设置的视距是足够的，但路边的绿化树、花草长期得不到及时清理，也会造成视距不足。在弯道内侧如果设有道口（或小路），当地的行人、车辆、牲畜频繁出入道口，尽管驾驶员已发现并采取措施，但由于距离不足，还是会造成很大的危险。

2.凸形变坡路段

在纵断面为凸形路段，上下坡连接处的竖曲线上，驾驶员的视线常受到阻碍。当竖曲线半径较小时，视线受阻严重，视距满足不了要求，成为视距不足的路段。

3.凹形变坡路段

纵断面为凹形的路段，在上下坡连接处的竖曲线上，白天视线通畅，而在夜间汽车的车灯照射范围受到阻碍，驾驶员的视线受到上跨天桥、路、树等东西遮挡造成视线受阻，视距满足不了要求。

### 3.1.3 行车视距与交通事故率的关系

从美国统计的交通事故率与行车视距的关系曲线可以看出（图 3-2），交通事故率随着行车视距的增加而降低。当视距小于 100m 时，事故率随视距减小而显著增加；当视距大于 200m 时，事故率随视距增加而缓慢降低；当视距大于 600m 时，事故率基本不再变化。因此，100m 可以作为事故率可容许极限点，200m 是事故变化率的转折点。

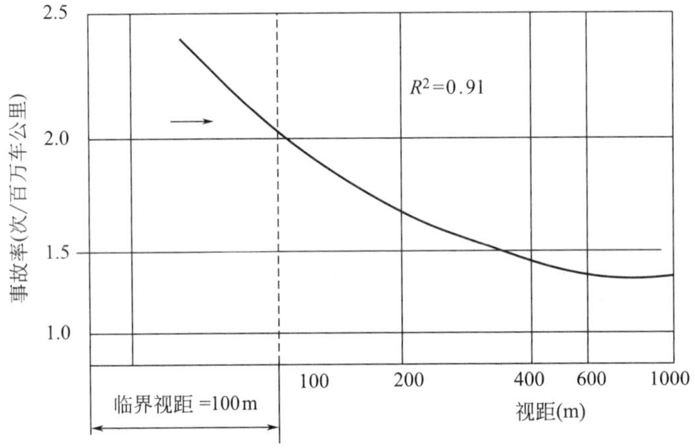


图 3-2 行车视距与交通事故率的关系

国内外公路交通事故统计资料表明，公路平面线形上视距不足反映出来的道路交通事故数量，没有纵断面线形上的视距不良反应的明显。而竖曲线的视距越短，交通事故越频繁。

《公路工程技术标准》中要求各级公路在平面和纵断面上的停车和超车视距不应小于表 3-1 中的规定。

**各级公路在平面和纵断面上的停车和超车视距** **表 3-1**

| 公路等级 | 高速公路 | | | | 一级公路 | | 二级公路 | | 三级公路 | | 四级公路 | |
|---|---|---|---|---|---|---|---|---|---|---|---|---|
| 行驶速度(km/h) | 120 | 100 | 80 | 60 | 100 | 60 | 80 | 40 | 60 | 30 | 40 | 20 |
| 停车视距(m) | 210 | 160 | 110 | 75 | 160 | 75 | 110 | 40 | 75 | 30 | 40 | 20 |
| 超车视距(m) | — | — | — | — | — | — | 550 | 200 | 350 | 150 | 200 | 100 |

### 3.1.4 视距不足应采取的措施

在受地形地物限制的地方，为了满足视距要求，要增加的工程量较大时，可以采用费用较低的方法（如设立交通标志或强制分道行驶等措施）确保安全。一般采取的措施有：

（1）对妨碍视距的建筑、植物予以拆（清）除。

（2）对视线不良的道口、岔路予以封堵、调整。

（3）设置限速、禁止超车等禁令标志。

（4）路面中线标划双实线或采用强制分道，禁止驶入对向车道。

（5）设置减速鸣号等诱导标志。

## 3.2 组合线形与交通安全

驾驶员的工作负荷随着视距的降低和复杂的线形几何条件而增加。当平曲线和凸形竖曲线结合时，由于视距的降低和汽车不得不在三维空间行驶，从而大大增加了驾驶员的工作负荷。如果平纵组合还包括一些驾驶员意料不到的情况，那么工作负荷会增加得更多，这样就会导致驾驶员采取不安全的操作行为，导致行车速度发生很大变化，从而降低道路安全水平。因此，平纵线形组合是否合理，对行车安全影响极大。

### 3.2.1 平面线形组合对交通安全的影响分析

交通事故率不仅和平曲线本身的特性（如曲线半径、转角大小、曲线长度等）有关，也与相邻曲线的线形组合情况，如连接曲线的直线段长度、相邻曲线的半径大小等要素有关。对于在相当长的直线段上连接一个小半径曲线的情况来说，它要比一条弯弯曲曲的路线更危险，因此两条半径值相同的曲线可能由于平面线形组合情况的不同而导致截然不同的安全情况。

1. 长直线接小半径平曲线

长直线和小半径平曲线的组合情况，大多出现在平原向重丘区或山岭区的过渡地带。从技术和经济指标方面进行选线时，平原区有条件采用规范许可的小纵坡长直线；重丘区、山岭区因地形、地质和工程量的限制有时不得不采用大纵坡与小半径曲线相连。

车辆在长直线道路上等速行驶一段时间后，由于适应性的关系，驾驶员的速度感会减弱，虽然实际车速很高，但主观上感觉车速并不高，从而造成速度判断错觉。这种错觉将会给行车安全带来极大的影响，对于弯道行驶尤为不利。车辆进入弯道以前，驾驶员主观认为车速已降低很多，但实际车速并不低，进入弯道以后，车辆由于车速过高容易产生侧滑及转向困难等情况。另一方面，载重车尤其是超限运输车辆从小纵坡直线驶入到有较大纵坡的小半径曲线时，速度急减，造成不同车辆之间存在较大速度差，导致追尾和超车事故的发生。因此，直线不要设置过长，更不能设计出长直线衔接小半径曲线的线形。Fink 和 Krammes 在 1995 年从纽约、华盛顿和田纳西州的 563 个平曲线数据分析中得出的结论也证实了长直线衔接小半径弯道更加不安全的假设。

在平面线形设计中，要避免长直线尽头接小半径圆曲线。正向来看，长下坡会使车速增大，造成转向时车速过快，司机反应时间过短，使车辆冲出道路范围。但如果避免不了，应在长直线尽头设置避险车道。反向来看，车辆在小半径曲线上行驶，车速会较小，如果曲线后接一段长上坡，汽车为克服坡度，速度会进一步降低，进而影响通行能力和交通安全。

2. 几个小半径平曲线相邻接

一般来说，由多个平曲线连接组合形成的路段要比直线加平曲线路段的安全性高。但当连续几个平曲线半径均较小时，形成了连续急转弯线形。这会给驾驶员造成不便，在短时间内，驾驶员需要连续反复急打反向盘，同时离心力大小或方向也会产生连续或反复的变化，给乘客的视觉、心理和舒适性等带来不良影响。

### 3.2.2 纵断面线形组合对交通安全的影响分析

1.短距离内多次变坡

研究表明，车辆运动按某一种方式作持续累加与延续，是造成车辆发生交通事故的根源之一，而造成车辆运动的不良累加与延续的往往是多种线形组合的区段及衔接区段。汽车在短距离内反复凹凸的路段上行驶时，由于道路反复起伏所产生的超重与失重的频繁变化，会导致乘客感觉不适；同时，对驾驶员来讲，容易产生较多的视觉盲区，从而引发交通事故。

2.长陡坡后接缓坡的线形

下坡行驶到坡度变缓的路段时，由于周围景观与路面倾斜度降低所造成的影响，驾驶员会产生上坡的错觉，采取提速冲坡动作。通过在坡道两旁设置交通标志，可以减少这种错觉的产生。同样，在上坡时，也会因为中途坡度变缓而误认为上坡结束，开始下坡了，从而盲目换挡。这些错误的操作都会诱发交通事故。

### 3.2.3 平纵线形组合对交通安全的影响分析

1.直线与纵断面的组合

（1）平面直线与纵断面直线的组合

从视觉心理分析来看，由于这种线形单调、枯燥，在行车过程中视景无变化，容易使司机产生疲劳和超车频繁，因而在组合时一般应避免这种情况。但在交通比较错综复杂的路段，采用这种线形要素是有利的。但要避免长直线与陡坡的组合，因为二者都容易使车速增大，造成超速行驶。

为了调节单调的视觉，增进视线诱导，设计时可用划行车道线、标志、绿化、注意与路旁建筑设施配合等方法来弥补。

（2）平面直线与竖曲线组合

直线上一次变坡是很好的平、纵组合。但直线中断距离内两次以上变坡会形成反复凹凸的“驼峰”和“凹陷”，线形既不美观也不连贯，使驾驶员的视线中断，驾驶员不能及时看清前方的路况，容易造成操作不及时或操作错误，受到竖向离心力的反复变化影响，引起心理不适和操作失控，从而引发交通事故。要避免在驾驶员的视域内出现反复变化的线形。因此，美国有关专家建议，驾驶员在任何一点所看到的纵断面线形上的方向变化不应超过三个。

2.平曲线与纵断面的组合

（1）平曲线与纵断面直线的组合

只要平曲线半径选择适当、平面的直线与圆曲线组合恰当，视觉效果是良好的。汽车在这种路线上行驶，可以获得较好的路旁景观，且景观逐步变化使驾驶员感到新鲜，方向盘操纵舒适。但如果平面线形组合不当，如形成断臂曲线，或平曲线半径较小，都将在视觉上产生扭曲现象。在这种线形组合中，要避免陡坡和急弯的组合。一方面，两者会使合成坡度过大，容易出现车速过快、来不及转弯而冲出道路的翻车等交通事故；陡坡易使上坡的货车因汽车动力原因而速度减慢，导致后面的车辆超车要求增多，陡坡与急弯组合，超车易发生刮擦、碰撞等交通事故，给行车安全带来一定的影响。另一方面，陡坡区段易受弯道内侧等障碍物的影响，形成视距阻碍区，转弯半径较小的平曲线与陡坡组合的路段常为事故多发地段。为避免线形的反复变化，美国有关专家建议，驾驶员在任何一点所看到的平面线上的方向变化不应超过两个。

（2）平曲线与竖曲线的组合

当竖曲线与平曲线组合时，竖曲线宜包含在平曲线之内，且平曲线应稍长于竖曲线，这种布置通常称为平曲线与竖曲线的对应。平曲线与竖曲线完全对应能够保证视觉上的连续性，使驾驶员一看就觉得是顺滑而美观的线形。若将竖曲线的顶点设在平曲线的起点上，就不能给驾驶员一个顺滑的视线诱导，看起来公路好像断了似的，而且在纵断面的凹部底点附近排水困难；若在一个平曲线中设几个竖曲线时，就会使驾驶员感觉公路被分成了几段。这些都是由于平曲线与竖曲线对应不当而产生的。

配合较为理想的线形是竖曲线起讫点最好分别位于平曲线两头的缓和曲线上，其中任一点都不要放在缓和曲线以外的直线段上，也不要放在圆弧之内。若平竖曲线半径都很大，则平竖曲线的位置可不受上述限制。若做不到竖曲线与平曲线较好地配合，而两者半径都小于某限度时，宁可把平竖曲线拉开相当距离使竖曲线位于直线上。

（3）平竖曲线大小均衡

平曲线与竖曲线在一起时，其技术指标之间的大小匹配应当均衡，不能一个大而缓，另一个小而急。一个长的平曲线内有两个以上竖曲线，或一个竖曲线内有两个以上平曲线，看上去都很别扭。根据德国的计算，若平曲线的半径小于1000m，竖曲线半径约为平曲线半径的10～20倍，便可达到均衡的目的。其协调关系见表3-2。

**平曲线与竖曲线半径的均衡** **表3-2**

| 平曲线半径(m) | 竖曲线半径(m) | 平：竖(%) | 平曲线半径(m) | 竖曲线半径(m) | 平：竖(%) |
|---|---|---|---|---|---|
| 600 | 10000 | 16.6 | 1100 | 30000 | 27.3 |
| 700 | 12000 | 17.1 | 1200 | 4000 | 33.3 |
| 800 | 16000 | 20.0 | 1500 | 6000 | 40.0 |
| 900 | 20000 | 22.2 | 2000 | 100000 | 50.0 |
| 1000 | 25000 | 25.0 | — | — | — |

3.线形要与地形、地物及景观相协调

为实现公路建设的可持续发展，现代公路建设对景观设计日趋重视。良好的景观设计，可以使公路和自然景观融为一体，给驾驶员和乘客创造舒适感和美感。此外，从交通心理学的角度讲，公路景观设计的好坏，会直接或间接地对驾驶员的心理产生影响，从而影响到道路行车安全。行车实践表明：在空旷的地段设置长直线线形，因景观单调，不能有效地诱导驾驶员的视线，极易诱发事故。因而，公路的设计应坚持与自然景观相协调的原则，以使驾车环境对驾驶员的驾驶行为从心理和生理两方面产生积极作用，以利于行车安全。

安全是道路景观设计的基础和前提，景观的布设应突出强调道路行车安全感。如何消除司乘人员在行车过程中产生的压抑、恐惧、压迫等不良感受，是线形设计、景观布设、绿化布设的重要内容。如在高速公路的下坡与转弯处应在安全视距范围内安排一定的视觉要素，如绿化等，以使驾驶员的视点能随之变化；在高填方弯道外侧边坡植树，既可以使曲线变化非常明显，又可以减轻行车时的恐惧心理，起到增加安全感的作用。

4.线形要连续、统一，考虑驾驶员的心理需求

直线或大平曲线上的纵断面不得存在驼峰、暗凹、跳跃等使驾驶员视线中断或忽上忽下的线形，否则会造成驾驶员视线不连续，受到竖向离心力的反复变化影响，引起心理不适和操作失控。要避免在驾驶员的视域内出现反复变化的线形，无论是平面线形上的方向变化，还是纵面线形上的坡度变化，都会使线形外观不连贯，形成视线盲区和错觉，使驾驶员产生紧张感，影响行车舒适和安全，图 3-3 所示为内蒙古自治区内的省道 203 的视线不良组合。因此，美国有关专家建议，驾驶员在任何一点所看到的平面线形上的方向变化不应超过两个，纵坡线上不应超过三个。

图 3-3　内蒙古自治区内的省道 203 线形组合不良视距路段

5.平纵线形设计应避免的组合

（1）避免竖曲线的顶、底部插入小半径的平曲线

如果在凸形竖曲线的顶部有小半径的平曲线，不仅不能引导视线而且容易导致急转方向盘致使行车危险。在凹形竖曲线的底部有小半径的平曲线，便会导致出现汽车加速而急转弯，同样可能发生危险。

（2）避免将小半径的平曲线起、讫点设在或接近设在竖曲线的顶部或底部

若将凸形竖曲线的顶部设在小半径平曲线的起点，便会产生不连续的线形，从而失去了视线引导作用。而将凹形竖曲线的底部设在小半径平曲线的起点，除了视觉上扭曲外，还会造成下坡尽头接急弯的不安全组合。

（3）避免使竖曲线顶、底部与反向平曲线的拐点重合

这类组合都不同程度地扭曲外观，前者不能正确引导视线，会使驾驶员操作失误；后者路面排水不畅，积水影响行车安全。

（4）避免在长直线上设置陡坡或曲线长度短、半径小的凹形竖曲线

前者易超速行驶，危及行车安全；后者使驾驶员产生坡底道路变窄的错觉，导致高速行驶中的制动操作，影响行车安全。

（5）避免急弯与陡坡的不利组合

急弯与陡坡组合在一起，会使事故数量剧增。表 3-3 为德国高速公路事故调查资料显示的弯道与陡坡相结合路段产生的交通事故率统计表。

弯道与坡道组合下交通事故发生率（次/亿车公里）统计表　　表 3-3

| 平曲线半径(m) | 坡度(%) | | | |
|---|---|---|---|---|
| | 0～1.99 | 2～3.99 | 4～5.99 | 6～8 |
| >4000 | 28 | 20 | 105 | 132 |
| 3000～4000 | 42 | 25 | 130 | 155 |
| 2000～3000 | 40 | 20 | 150 | 170 |
| 1000～2000 | 50 | 70 | 185 | 200 |
| 400～1000 | 73 | 100 | 192 | 233 |

（6）避免小半径的竖曲线与缓和曲线的重合

对凸形竖曲线而言，这样的组合诱导性差，事故率较高；对凹形竖曲线而言，这样的组合容易造成路面排水不良，影响行车安全。

## 3.3　错觉线形组合

在公路线形设计中，所采用的指标不仅应满足标准和规范的要求，同时还应该考虑到驾驶员在行驶时视觉的特殊性。当汽车行驶速度较高时，驾驶员的视觉特性对其驾驶行为和行驶速度影响很大，易使驾驶员出现错觉、幻觉。线形设计不当时，这种情况会更严重。在线形设计中，应结合驾驶员的动视觉特点，设计出在视觉上保持连续和流畅的公路线形，尽量避免采用易使驾驶员产生错觉的线形，从而给驾驶员提供一个宽松和愉悦的驾驶环境。

1. 线形错觉

同向曲线之间插入较短的直线段时，在视觉上容易产生将直线和两端连接的曲线看成反向曲线的错觉，当直线过短时甚至把两个曲线看成是一个曲线，造成驾驶员操作失误。

2. 弯道错觉

试验表明，弯道可见部分越小，驾驶员就越会低估其曲率。在实际道路上，对于不超过半圆的圆弧线形，总觉得它的弯度比实际弯度小；对于同样曲率半径的弯道，前方容易看清楚时，也会产生弯度小的错觉，容易使驾驶员盲目高速行驶，对行车安全极为不利。在蛇形弯道行驶中，由于视线方向不断改变，会产生弯道更为弯曲的错觉，这又会使驾驶员过多、过急地转向，也会引发交通事故。

3. 坡道错觉

下坡行驶到坡度变缓的路段时，由于路边景物与路面倾斜度降低所造成的影响，驾驶员会觉得下坡已完，开始上坡了，如果在坡道两旁设有交通标志，驾驶员可以根据交通标志来克服这种错觉；但在没有交通标志的坡道上，驾驶员极容易采取提速冲坡动作。同样，在上坡时，也会因为中途坡度变缓而误认为上坡结束，开始下坡了，从而盲目换挡。这些错误的操作都会诱发交通事故。

# 第4章　我国道路设计的一般流程

随着我国道路交通安全问题的日趋严重，道路设计中的缺陷也越发引人重视。道路设计者的任务就是在调查研究、掌握大量材料的基础上，设计出有一定技术标准，满足行车要求及力学性能，同时满足线形连续、指标均衡、视觉良好、景观协调、安全舒适等要求，使道路曲线与地形和车辆的行驶轨迹达到完美组合的线路。道路设计程序中线形衔接、道路运营评价等方面均存在不同程度的问题。

## 4.1　道路勘测设计程序

1. 道路基本建设程序

道路工程作为国民经济的基本建设项目，其建设全过程包括：道路网规划、道路勘测设计、道路施工及养护四个环节。

根据我国《公路工程基本建设管理办法》规定，道路的基本建设程序为：

（1）根据长远规划或项目建议书，进行可行性研究。

（2）根据可行性研究，编制计划任务书（或设计任务书）。

（3）根据批准的计划任务书，进行现场勘测，编制初步设计文件和概算。

（4）根据批准的初步设计文件，编制施工图和施工图预算。

（5）列入年度基本建设计划。

（6）进行施工前的各项准备工作。

（7）编制实施性施工组织设计及开工报告，报上级主管部门审批。

（8）严格执行有关施工的规程和规定，坚持正常施工秩序，做好施工记录，建立技术档案。

（9）编制竣工图表和工程决算，办理竣工验收。

道路工程的基本建设程序框架图如图 4-1 所示。

2. 道路勘测设计程序

（1）工程可行性研究

工程可行性研究是基本建设前期工作的一项重要内容，是基本建设程序的组成部分，是建设项目立项和编制设计任务书的主要依据。道路工程可行性研究的任务是：在对地区社会、经济发展及路网状况进行充分调查研究、评价预测和必要的勘测工作的基础上，对项目建设的必要性、经济合理性、技术可行性、实施可能性等方面进行综合性的研究论证，推荐最佳方案，进行投资估算和经济评价，为建设项目的决策和审批提供科学的依据。

道路建设项目可行性研究报告的主要内容应包括：

1）概述（或总论），包括建设任务的依据、历史背景、研究范围、主要内容及研究的

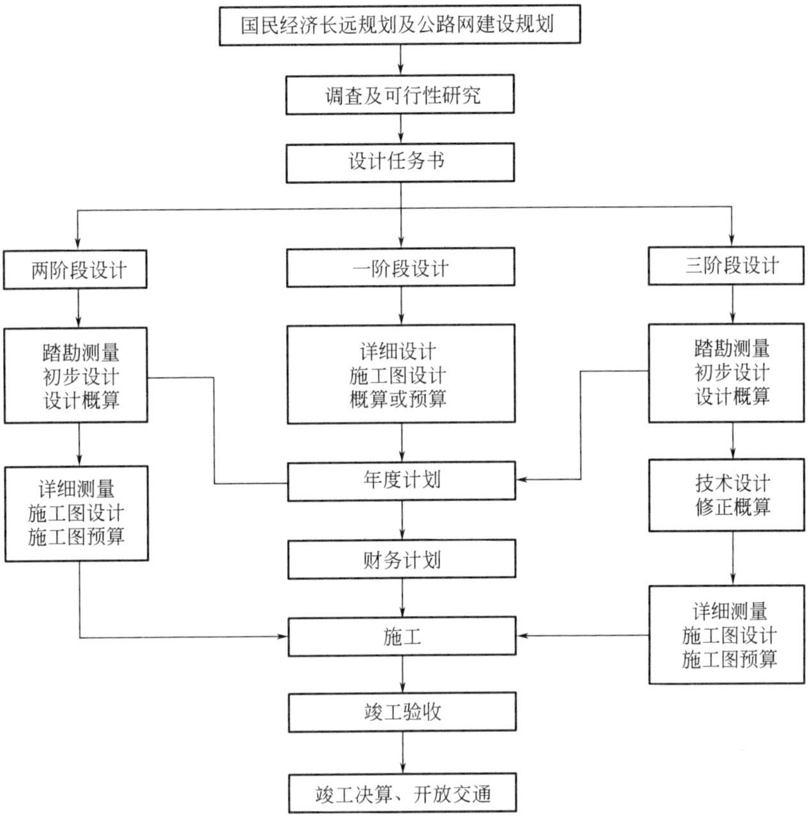


图 4-1　道路工程的基本建设程序

主要结论等；

2）现有道路技术状况评价，包括区域运输网现状和存在的问题、拟建道路在区域运输网中的作用、现有道路技术状况及适应程度等；

3）经济与交通量发展预测，包括项目所在区域经济特征、经济发展与公路运量、交通量的关系、交通量的发展预测；

4）建设条件和方案比选，包括调查沿线自然条件和社会条件，进行方案比选，提出推荐方案走向及主要控制点和工程概况，对环境影响作出分析并编制环境影响评价报告；

5）建设规模与标准，包括项目建设规模和采用的等级及其主要技术指标；

6）投资估算与资金筹措，包括主要工程数量、公路建设与拆迁、投资估算与资金筹措等；

7）工程建设实施计划，包括勘测设计和工程施工的计划和要求、工程管理和技术人员的培训等；

8）经济评价，包括运输成本等经济参数的确定，建设项目的直接经济效益和费用的估算，进行经济评价敏感性分析、建设项目的间接经济效益分析。对于贷款项目还要进行项目的财务评价。

根据上述研究结果，通过综合分析评价，提出技术先进、投资少、效益好的建设方案。

（2）设计任务书

道路施工前的勘测设计工作是根据批准的设计任务书及有关标准、规范进行的。设计任务书是由提出计划的主管部门下达或由下级单位编制后再按规定上报审批。设计任务书应根据批准的工程可行性研究报告进行编制。设计任务的基本内容包括：

1）建设依据和意义；

2）建设规模和性质；

3）路线基本走向和主要控制点；

4）工程技术标准和主要技术指标；

5）设计阶段及各阶段完成时间；

6）建设期限和投资估算，对分期修建项目应提出每期的建设规模和投资估算。

7）施工力量的原则安排；

8）附路线示意图、工程数量、钢材、木材、水泥用量和投资估算表。

设计任务书经上级主管部门批准后，如对建设规模、期限、技术等级和标准以及路线基本走向等重大问题有变更时，应报原批准机关审批。

3.勘测设计阶段

道路勘测设计应根据项目的性质和要求分阶段进行。交通部《公路工程基本建设项目设计文件编制办法》（交公路发［1995］1036号）规定，公路工程基本建设项目可以采用一阶段设计、两阶段设计或三阶段设计。

初步设计应根据批准的设计任务书（或测设合同）和初测资料编制。

（1）一阶段设计

对于技术简单、方案明确的小型建设项目，可以采用一阶段设计，即根据批准的设计任务要求，一次作详细测量并编制施工图设计文件。

（2）两阶段设计

公路工程基本建设项目，一般应采用两阶段设计，即初步设计和施工图设计。

1）第一阶段（初步设计）。根据审批的设计任务书，进行踏勘测量，并编制初步设计文件。其主要任务是：选定设计方案、技术，按工程数量和主要材料数量，提出施工方案，编制设计概算并提供方案说明和有关的图表资料。初步设计在选定方案时，应对路线的走向、控制点和方案进行现场核查，征求沿线地方政府和建设单位的意见，基本落实路线布置方案。一般应进行纸上定线，并赴实地核对，落实并放出必要的控制线位桩。对复杂、困难地段的路线、互通式立体交叉、隧道、特大桥、大桥的位置等，一般应选择两个或两个以上的方案，进行同深度、同精度的测设工作和方案比选，提出推荐方案。

2）第二阶段（施工图设计）。根据批准的初步设计和审批意见，进行详细测量，并编制施工图设计文件。其主要任务是：对审定的设计原则、设计方案、技术决定进一步具体化，最终确定各项工程数量和尺寸，提出文字说明，提供满足施工需要的图表资料及施工组织计划，并编制施工图预算。

（3）三阶段设计

对于技术上特别复杂而又缺乏经验的建设项目或建设项目中的个别路段、特殊大桥、互通式立交、隧道等，必要时应采用三阶段设计，即初步设计、技术设计和施工图设计。

其中的技术设计主要是对重大而又复杂的技术难题通过科学实验、专题研究，加深勘探调查及分析比较，解决初步设计中未能解决的问题，落实技术方案，计算工程数量，提出修正的施工方案，修正设计概算。其深度介于初步设计和施工图设计之间。

## 4.2 交通安全设施的流程和原则

### 4.2.1 交通安全设施的规划原则

公路交通安全设施参照国家标准都有各自的规划设置原则，具体体现如下：

（1）对于交通标志而言，其规划设置一般应遵循合理设置原则、一致性原则、相互配合原则、排列有序原则、避免冲突原则以及重点突出原则等。

（2）对于路面标线而言，最重要的是要与相应路段的标志协调一致，并根据不同路段的具体情况，充分考虑道路的横断面形式，设置合理的线宽以及线形组合。其他方面的具体原则应符合《道路交通标志和标线》GB 5768—2009 中的要求。

（3）对于护栏而言，其规划设置应在充分考虑道路行车安全的前提下，并考虑道路美化等方面的因素，合理选择护栏的形式。

（4）对于视线诱导设施而言，就研究的范围主要是突起路标、轮廓标，轮廓标的设置应视具体的路况条件而言。一般情况下，在视线不良、急弯或车道宽度有变化以及连续急弯陡坡等路段应设置轮廓标；但在一些比较特殊的状况下，诸如事故多发地段、天气恶劣等，应设置高反观性能的轮廓标。

（5）对于避险车道而言，应根据具体的设计要求及路况确定避险车道的位置、长度及坡度、其他附属设施。

（6）对于减速设施而言，其规划设置一般遵循针对性原则、配套性原则等。

就公路交通安全设施的规划设置，从宏观方面来讲，其主要遵循如下几个原则：

（1）在对公路的交通安全设施系统进行规划时，应根据道路的等级、线形等，结合道路所处地区的具体情况，这些具体情况大致是指地形、气候等因素，从预先确定的多个备选方案中选取最优的方案。

（2）交通安全设施规划应注重其所能发挥的近期作用，并使其与其他道路系统相适应，协调发挥作用。

（3）交通安全设施在充分考虑当地的具体条件的前提下，应尽量同国内外先进水平看齐，使其保证先进性。

（4）交通安全设施的规划投资方面应该合理。

（5）最重要的是，交通安全设施应能使公路最大范围地发挥其作用，保障行车的安全性及可靠性。

### 4.2.2 交通安全设施的设计标准

1. 交通标志

道路交通标志是用图形符号、颜色和文字向交通参与者传递交通管理信息的一种交通管理设施。一般设置在路侧或道路上方。道路交通标志给道路使用者以确切的道路交通情报，使道路交通达到安全、畅通、低公害和节约能源的目的。

交通标志的设计标准如下：

（1）公路交通标志的各项要求（分类、形状、图案、颜色、文字、规格等）应符合现行《道路交通标志和标线》GB 5768—2009 的规定以及相应设计文件的规定。

（2）交通标志不应带有任何广告色彩，不能分散驾驶员的注意力。其所提供的信息应全部与交通管理有关（除旅游区标志、服务设施标志外）。

（3）公路交通标志设置位置应该合适，尽量不要占用公路建筑。且交通标志的设置应清晰易见，不能受树木、广告牌等其他障碍物的遮掩，以影响标志的视认性。

（4）对于交通标志的版面设计，应使其版面保持清晰易辨，避免过于复杂，从服务的角度出发进行设计，在此条件下考虑美观方面的因素。

（5）交通标志采用何种支撑方式，应该视具体情况而定。具体应以《公路交通安全设施设计细则》为准。

（6）为了满足交通标志的视认要求，交通标志板可采用逆反射材料来制作。

（7）交通标志的结构设计应按承载能力极限状态和正常使用极限状态进行设计，并应同时满足构造和工艺方面的要求。

（8）交通标志的尺寸关系着标志牌的整体构造，对视认性也有着很大的影响。易知，随着行车速度的增加，驾驶员对标志的视认度也越来越低。由此可知，交通标志的尺寸与行车速度密切相关，如表 4-1～表 4-3 所示，根据计算的行车速度合理确定交通标志的尺寸。

**警告标志尺寸与计算行车速度的关系** **表 4-1**

| 计算行车速度(km/h) | 100～200 | 71～99 | 40～70 | <40 |
|---|---|---|---|---|
| 三角形边长 $A$(cm) | 130 | 110 | 90 | 70 |
| 黑边宽度 $B$(cm) | 9 | 8 | 6.5 | 5 |
| 黑边圆角半径 $R$(cm) | 6 | 6 | 4 | 3 |
| 衬底边宽度 $C$(cm) | 1.0 | 0.8 | 0.6 | 0.4 |

**禁令标志尺寸与计算行车速度的关系** **表 4-2**

| 计算行车速度(km/h) | | 100～120 | 71～99 | 40～70 | <40 |
|---|---|---|---|---|---|
| 圆形标志 | 标志外径 $D$(cm) | 120 | 100 | 80 | 60 |
| | 红边宽度 $a$(cm) | 12 | 10 | 8 | 6 |
| | 红杠宽度 $b$(cm) | 9 | 7.5 | 6 | 4.5 |
| | 衬边宽度 $c$(cm) | 1.0 | 0.8 | 0.6 | 0.4 |
| 三角形标志 | 三角形边长 $a$(cm) | — | — | 90 | 70 |
| | 红边宽度 $b$(cm) | — | — | 9 | 7 |
| | 衬边宽度 $c$(cm) | — | — | 0.6 | 0.4 |
| 八角形标志 | 标志外径 $D$(cm) | — | — | 80 | 60 |
| | 白边宽度 $b$(cm) | — | — | 3.0 | 2.0 |
| | 衬边宽度 $c$(cm) | — | — | 0.6 | 0.4 |

指示标志尺寸与计算行车速度的关系 **表 4-3**

| 计算行车速度(km/h) | 100～120 | 71～99 | 40～70 | <40 |
|---|---|---|---|---|
| 圆形直径 $D$(cm) | 120 | 100 | 80 | 60 |
| 正方形边长 $A$(cm) | 120 | 100 | 80 | 60 |
| 长方形边长 $A\times B$(cm) | 190×140 | 160×120 | 140×100 | — |
| 单行线标志(长方形边长)$A\times B$(cm) | 120×60 | 100×50 | 80×40 | 60×30 |
| 会车先行标志(正方形边长)$A$(cm) | — | — | 80 | 60 |
| 衬边宽度 $C$(cm) | 1.0 | 0.8 | 0.6 | 0.4 |

(9) 按规定，公路的指路标志应采用汉字，但是可根据需要与其他文字并用（表 4-4、表 4-5）。

汉字高度与计算行车速度的关系 **表 4-4**

| 计算行车速度(km/h) | 100～200 | 71～99 | 40～70 | <40 |
|---|---|---|---|---|
| 高度(cm) | 60～70 | 0～60 | 40～50 | 25～30 |

其他文字与汉字的高度关系 **表 4-5**

| 其他文字 | | 与汉字高度($h$)的关系 |
|---|---|---|
| 拉丁字或少数民族文字高度 | 大写 | $1/2h$ |
| | 小写 | $1/3h$ |
| 阿拉伯数字 | 字高 | $h$ |
| | 字宽 | $0.6h$ |
| | 笔画粗 | $1/8h$ |
| 公里符号高度 | K | $1/2h$ |
| | M | $1/3h$ |

2. 路面标线

路面标线是指在道路的路面上用线条、箭头、文字、立面标记、突起路标和轮廓标等向交通参与者传递引导、限制、警告等交通信息的标识。其作用是管制和引导交通，可以与标志配合使用，也可单独使用。

路面标线的设计标准如下：

(1) 对于必须设置交通标线的公路（二级及以上等级的公路）应设置交通标线。对于其他的公路，可设也可不设交通标线，但是也要视具体要求，根据道路线形、等级以及道路的交通事故类型与数量等决定。

(2) 交通标线的颜色、选用类型等应符合《道路交通标志和标线》GB 5768—2009 的规定和相应设计文件的规定。对于选定的具体类型的交通标志，其尺寸、设置位置等应符合相应的标准和规定。

(3) 导向箭头属于道路标线的一种，应根据具体的情况，在需要设置的地方设置。比如，在互通式立体交叉出入路口处，应设置导向箭头，其设置长度、重复次数与设计速度的关系如表 4-6 所示。

**导向箭头设置与设计速度的关系** **表 4-6**

| 设计速度(km/h) | 120、100 | 80、60 | 40、30、20 |
|---|---|---|---|
| 导向箭头的长度(m) | 9 | 6 | 3 |
| 重复设置次数 | ≥3 | 3 | ≥2 |

(4) 对于交通标线的材料，应根据其逆反射值、防滑值、抗污性能、环保性能、与路面的附着力及性价比等综合考虑，根据各种标线材料的适用条件不同，结合道路的具体情况，考虑采用何种材料。可参考表 4-7 所示简单选用。

**交通标线的材料** **表 4-7**

| 材料 | 常温溶剂型标线材料 | 热熔型标线材料 | | | 双组分标线材料 | | 水基型道路标线材料 |
|---|---|---|---|---|---|---|---|
| 分类 | — | 热熔刮涂型 | 热熔喷涂型 | 热熔振荡型 | 喷涂型 | 结构型 | — |
| 适用条件 | 高速公路上一般不再使用 | 高速公路虚线等要求标线物理寿命较长的标线施工 | 颗粒大，不适合热熔刮涂施工的路面，高速公路旧路面实线，2～3 年内有待翻新的路面，二次涂敷 | 事故多发地段，对道路的轮廓认识性要求较高的场所，高等级道路转弯处、边线、导流处等处，城市道路的人行道、车道中心线 | 高速公路、城区道路标线，其他要求反光亮度高、反光持续性好的场所 | 事故多发地段、要求对道路的轮廓认识性高的场所，高等级道路的边线、转弯处、导流处、桥梁、隧道等处，其他任何要求反光的场所 | 高速公路，新建一、二级公路的标线，原有旧标线的养护施工 |

(5) 道路标线的制作一般应满足视认性高、耐磨性强、防滑性好、施工方便、价格适当以及环保等要求。

(6) 交通标线沿横断面之间的距离以及其沿纵向之间的距离应根据具体的道路等级来确定，并且符合相应规范以及设计文件的规定。

(7) 交通标线的涂料应符合现行《路面标线涂料》JT/T 280—2004 和《道路交通标线质量要求和检测方法》GB/T 16311—2009 的要求。对于要求较高的高等级公路应采用反光型涂料。

(8) 对交通标线宽度的规定见表 4-8。

**交通标线的宽度** **表 4-8**

| 设计速度(km/h) | | 车行道边缘线(cm) | 车行道分界线(cm) | 路侧中心线(cm) |
|---|---|---|---|---|
| 120、100 | | 20 | 15 | — |
| 80、60 | 高速、一级公路 | 20 | 25 | — |
| | 二级公路 | 15 | 10 | 15 |
| 40、30 | | 15 | 10 | 15 |
| 20 | 双车道 | — | — | 10 |
| | 单车道 | — | — | — |

3. 护栏

通常认为，公路上设置护栏是为了减少交通事故，提高交通安全性。其实不然，最重要的是关于护栏的防撞机理。护栏的防撞机理是："通过护栏和车辆的弹塑性变形、摩擦、车体变位来吸收车辆碰撞能量，从而达到保护驾驶员和乘客生命安全的目的"。护栏与其他道路保障设施的显著区别是以护栏和车辆自身的破坏（变形）来防止更严重的伤害事故发生。

护栏的设计标准如下：

（1）一般护栏的高度应满足表 4-9 的要求。

**护 栏 高 度** **表 4-9**

| 护栏类型 | 从地面到相应顶部的高度(mm) |
|---|---|
| 缆索护栏 | 950 |
| 箱梁护栏 | 700 |
| 波形梁护栏 | 755 |

（2）路侧护栏存在一个最小长度，可参考表 4-10 设置。

**路侧护栏的最小设置长度** **表 4-10**

| 公路等级 | 护栏类型 | 最小长度(m) | 公路等级 | 护栏类型 | 最小长度(m) |
|---|---|---|---|---|---|
| 高速公路、一级公路 | 波形护栏 | 70 | 三、四级公路 | 波形护栏 | 28 |
| | 混凝土护栏 | 36 | | 混凝土护栏 | 12 |
| | 缆索护栏 | 300 | | 缆索护栏 | 120 |
| 二级公路 | 波形护栏 | 48 | | | |
| | 混凝土护栏 | 24 | | | |
| | 缆索护栏 | 120 | | | |

（3）护栏的形式选择应符合《公路交通安全设施设计细则》中的规定。

4. 视线诱导设施

视线诱导设施是指沿车行道两侧设置，用于明示道路线形、方向、车行道边界及危险路段位置，诱导驾驶员视线的设施。目前，在道路上广泛使用的视线诱导设施有轮廓标、突起路标线形诱导标（导向标）等。

突起路标通常称为路钮或道钉，按颜色可以分为白、红、黄等几种，按反光面又可以分为单面和双面突起路标，从功能上可以分为常规路钮及防除雪路钮等。

突起路标的设计标准如下：

（1）对于突起路标的位置，应根据具体道路情况合理设置，一般规定不得侵入车行道，且应符合《道路交通标志和标线》GB 5768—2009 的规定。

（2）突起路标的外观颜色应符合《道路交通标志和标线》GB 5768—2009 的规定。

（3）突起路标与标线配合使用时，应选用主动发光型或定向反光型，其颜色与标线颜色应一致，布设间隔应为 6～15cm，宜设置在标线的空挡中，也可根据实际情况适当加密。

（4）一般情况下，突起路标应高出路面，一般在 10～25mm 左右。

轮廓标是指沿道路两侧边缘设置的、用于指示道路前进方向的、具有逆反射性能的交通安全设施。

轮廓标的设计标准如下：

（1）轮廓标反射体的颜色有白色和黄色两种。按行车方向，配置白色反射体的轮廓标应安装于公路右侧，配置黄色反射体的轮廓标应安装于公路左侧；轮廓标不得侵入建筑界限以内。

（2）轮廓标的高度标准设置为 70cm，最大设置高度为 120cm，最小设置高度为 60cm。

（3）轮廓标的设置间距参考表 4-11 和图 4-2 所示。

**轮廓标设置间距表** **表 4-11**

| 曲线半径(m) | 曲线段内设置间距(m) | 曲线段前后的设置间距(m) | | |
|---|---|---|---|---|
| | | *A* | *B* | *C* |
| <30 | 4 | 4.5 | 7 | 15 |
| 30～89 | 8 | 13 | 22 | 45 |
| 90～179 | 12 | 15 | 26 | 48 |
| 180～274 | 16 | 18 | 30 | 50 |
| 275～374 | 20 | 27 | 45 | 50 |
| 375～999 | 30 | 36 | 50 | 50 |
| 1000～1999 | 40 | 45 | 50 | 50 |
| >2000 | 50 | 50 | 50 | 50 |

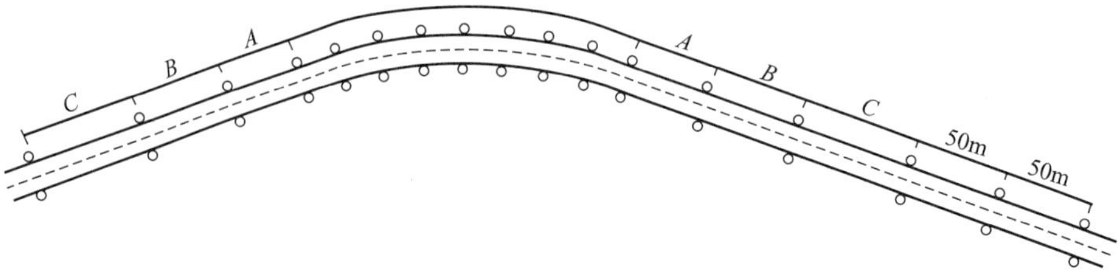


图 4-2 轮廓标设置图

5. 避险车道

避险车道是指在长陡下坡路段行车道外侧增设的供速度失控车辆驶离正线安全减速的专用车道。

避险车道的设计标准：

（1）对避险车道位置的确定，要根据具体的道路情况来设置，一般考虑的道路因素为纵坡坡度。例如，当长下坡与小半径曲线组合出现时，应该视情况考虑增设避险车道。

（2）避险车道的入口速度，在地形十分优良的条件下，可选用 130～140km/h 左右；一般情况下可以查阅以往事故资料，之后以得到的最大的驶入速度为设计入口速度。

（3）避险车道制动床材料应是干净的、不易被压实的且具有较高滚动阻力的材料。

（4）避险车道的坡度至少要比极限坡度的 9%要大些，但是就车辆的安全因素而言，避险车道的最大坡度宜以12%～14%为最佳。

(5) 为了保证交通安全，在条件允许的情况下，避险车道的宽度应尽可能宽些。但也应考虑造价的问题，宽度不能过大。根据相关资料，推荐避险车道的宽度至少为10～12m。

(6) 对于引道的长度，在条件允许的条件下，应该尽可能长，应该保证能够有2～3s的行程。

(7) 避险车道附属设施的设计也应该满足一定的标准。

6.减速设施

减速设施包括视觉减速设施、提醒减速设施以及强制减速设施，其中最常见的是强制减速设施中的减速带。

减速设施的设计标准如下：

(1) 根据具体路段的公路等级、线形、车流构成等具体条件综合分析确定，确定应该选择何种减速设施。

(2) 减速设施必须与其他交通工程设施配套使用，诸如指示标志、标线等，并且协调好它们之间的关系，从而确保其使用安全性和高效性。

## 4.3 道路设计中存在的问题

1.道路线形组合的协同性与道路交通安全

道路运输系统是一个由人、车、路、环境所组成的动态系统，系统依赖的基础条件是道路。道路交通安全的可靠性不仅与道路的平竖线形、纵坡度大小有关，还与道路设计时选定的几何线形之间的组合是否协调密切相关。由于地形的复杂性，因此，任何一条高速公路的任何路段均存在着道路线形组合，且不同路段其线形组合是不相同的。任何路段在设计时所选用的每一种线形单独而言，一般都符合设计规范，但将多种线形组合在一起，其综合效应是否满足道路交通安全，则需针对具体路段进行分析评价。其中，常见不良线形组合有以下两种。

(1) 道路线形骤变

长直线的末端设置小半径平曲线。长直线和小半径平曲线的组合，多处于平原向重丘区或山岭区的过渡地带。从技术和经济指标方面进行选线时，平原区有条件采用规范许可的小纵坡长直线；重丘区、山岭区因地形、地质和工程量的限制有时不得不采用大纵坡与小半径曲线相连。在此类道路线形组合中行车的特征是载重车尤其是超限运输车辆从小纵坡直线驶入有较大纵坡的小半径曲线时，速度急减。而小型车由于驾驶员在长直线行驶时容易超速，进入弯道后减速缓慢，造成相邻车辆存在较大速度差，很容易发生车毁人亡的追尾事故。

(2) 纵断面凹凸反复组合衔接

在一平面曲线内，如果纵断面反复凹凸，即形成只能看见脚下和远处，而看不见中间凹陷的线形，这样的线形容易发生事故。

车辆平动、转动的某种突变，或车辆的运动按某种方式作持续累加与延续，是造成车辆发生交通事故的根源之一。在道路上，能够造成车辆运动突变的，往往是道路线形按某种方式衔接的过渡点；而造成车辆运动的不良累加与延续的往往是多种线形组合的区段及衔接区段。

道路线形组合情况良好，可有效地减少交通事故的发生。优良的道路几何线形组合设计应保持视觉连续性，能使驾驶员自觉地对车辆行驶状态进行及时调整，并使驾驶员在遇到紧急情况时能及时采取安全措施。

因此，道路交通安全是整个人—车—路—环境系统信息运行处理的综合表现，系统中道路因素处于基础性地位，其对安全的影响形式多样并且客观存在。道路的平、纵线形和其中的几何要素，以及在其基础上产生的不同线形组合形式是影响交通安全的主要原因。优良的道路几何线形组合设计应为：保持视觉连续性，使驾驶员对车辆运行状态能够良好掌握并及时自觉地对车辆行驶状态进行必要调整，在遇到紧急情况时有时间采取安全措施以避免事故的发生。

2.缺少完善的道路线形质量评价

对于如何评价道路线形质量，在我国的标准和规范中只作了定性描述，没有明确的定量指标和具体方法，执行起来有一定的随意性，更无全方位的评价体系，造成线形质量无检查依据和评定标准，使公路存在隐形安全问题，导致我国道路交通事故率居高不下，对社会、经济影响极大。尽管近几年国内外对道路线形质量评价给予了高度重视，并作了大量研究，但可以发现多数研究只是对道路线形设计阶段的检查与评价，对道路形成后线形使用质量的评价很少。而且评价多是从道路线形质量的单一方面进行，如只是从安全性角度，并没有综合考虑线形的舒适性及经济性等，导致评价结果有失偏颇，影响着道路线形质量评价的合理性。道路线形质量评价是一个多目标、多层次的决策问题，它涉及安全、经济、舒适、环境等诸多因素的综合分析和比较，需要建立一个综合的评价体系来实现道路线形质量的系统化评价。综合评价指标如图4-3所示。

道路线形质量综合评价指标结构体现道路线形使用质量的内涵。由指标体系结构可以看出，这一指标体系在空间上反映体系空间布局和结构，在数量上反映其规模，在层次上包含了公路线形使用质量构成要素的各个方面，以及反映了质量评价指标的选取范围。因此，我国应建立完善的道路综合评价体系，包含道路线形设计阶段的安全评价与道路运营期的综合评价。

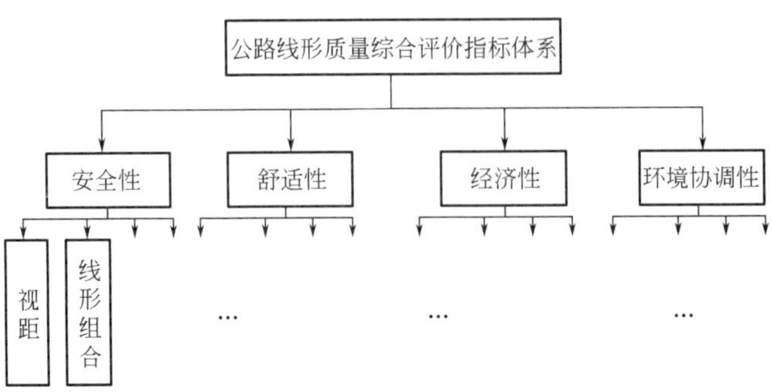


图4-3 道路线形质量综合评价指标框图

3.新建道路无试运行阶段

我国新建道路还未有道路试运行环节，因此为了保障道路安全运营，一方面应保证建设质量，另一方面在投入运营之前应保证道路与车辆之间、道路与驾驶员之间的充分磨合，使道路系统的稳定性和安全性达到一定水平，试运行可以作为道路正式开通运营前的一个检验环节。新建道路试运行应包括道路系统的整体稳定性、驾驶员行车视野及舒适度、路面行驶安全性、应急预案等方面。

4.低等级公路缺少良好的运营管理系统

道路运营管理是指在道路建成竣工之后的使用期间，为了充分发挥道路功能，使其最有效率地为社会提供服务所进行的一系列管理活动。道路运营管理是为道路使用者提供服务的一种手段。

目前，我国高速公路具有相对完善的运营管理系统，但对于低等级公路，缺少良好的、完善的运营管理系统。高速公路运营管理所涉及的主要活动内容有路政管理、养护管理、交通安全管理、收费管理、信息监控管理和服务管理 6 个方面。

（1）路政管理：根据国家的有关法律法规，维护高速公路财产安全和路权不受侵犯。这包括对违章利用、侵占、污染、毁坏高速公路及其附属设施的行为进行查处；对公民、法人和其他组织占用、利用公路及超限运输等事宜进行审批与管理；对施工养护作业现场秩序进行维护，恶劣天气条件下的交通管制，故障车辆的牵引拖带，事故现场的救援清障和高速公路的环境保护等。

（2）养护管理：根据交通部制定的高速公路养护标准和作业规范，尽可能采用新技术、新工艺，对高速公路及其附属设施进行经常性的保养、维护，对突发性因素造成的损坏进行及时修复，对影响交通的路障进行及时清理，总之，以最经济的方式保证高速公路经常处于完好状态，确保高速公路的畅通。

（3）交通安全管理：根据国家制定的有关法律法规，为了维护高速公路的交通秩序，保障交通安全和行车畅通，对在高速公路上行驶的道路使用者的行为所进行的约束和管理的活动。主要包括交通事故处理，维护交通秩序，合理引导、组织交通流，实施道路清障和救援服务等。也包括对违章司机的宣传教育、违章处罚等。

（4）收费管理：根据国家有关规定，对高速公路使用者收取通行费工作的管理，主要包括合理布设收费站点，制定合理费率，对收费设备、收费人员及财务进行管理，实施收费稽查、杜绝营私舞弊，采用科学、高效、先进的收费方式，提高服务质量。最终实现收取足额的通行费，以保证高速公路建设资金的偿还及管好运营时支出的各种费用。

（5）信息和监控管理：通过现代化的电子设备对高速公路的运行状况随时进行监视与控制，完成信息的收集、传输、处理，以指导行驶车辆完成对高速公路的最佳使用。信息管理是使用有线的和无线的传输设施，对高速公路上一切有关的信息实现无盲区的即时即地的顺畅传输，形成高真实、高效率、高水平的信息网络。监控管理是通过对数据采集与设备的监测，并将各种信息和控制命令及时地反馈给高速公路行驶车辆和用户，引导道路使用者遵守、熟悉和适应高速公路上的行车环境，最终达到减少事故、安全畅通。

（6）服务管理：依托高速公路为使用者提供餐饮、休息、加油、维修、通信、停车、洗车及医疗救助等服务活动的管理。另外，也包括对依托高速公路资产的综合利用与开发，而展开的土地开发、房地产开发、广告经营等活动所进行的管理活动。上述管理活动，尤其是提供各种服务集中在高速公路服务区，因此也称服务区管理。其目的是向使用者提供热情、舒适、方便、周到的各种服务。

# 第5章　道路线形缺陷与事故多发路段

## 5.1　道路线形与事故黑点

道路线形是道路的骨架，它控制着整个道路的路基、桥涵、交叉口、沿线设施等构造物的规模和投资，同时，对汽车行驶的安全、舒适、经济和车辆的通行能力起着决定性作用，它是车辆安全行驶的基本条件，直接关系到车辆行驶的安全性。道路线形的不当设计往往会造成线形技术缺陷，形成道路事故黑点，增加交通事故发生的概率。分析道路线形缺陷产生事故黑点的原因，可以为不良道路线形的改造和治理提供决策帮助。

### 5.1.1　事故黑点的定义

事故黑点（Accident-Prone Location，Hazardous Locations，Black-Spots）为事故多发地点，即通常所说的交通事故易发生地点。一般人们认为，如果在一段路上一段时间内发生了多于 3 次的交通事故，那么就可以认定为该处的道路在某种程度上给驾驶员造成了一个不可靠的行驶条件，降低了行车的安全性。第十六届国际道路安全会议的报告中指出，虽然近三年间发生交通事故 3 次或者 3 次以上的路段只占道路网络总长度的 0.25%，但其上发生的交通事故总数却占了 25%。为此，事故多发位置对研究交通事故与道路的关系具有典型意义，它是事故的集中表现，事故达到一定数量特别是事故的某些特征重复出现。从安全工程和安全管理的角度可以把交通事故黑点分为以下几类（图 5-1）：

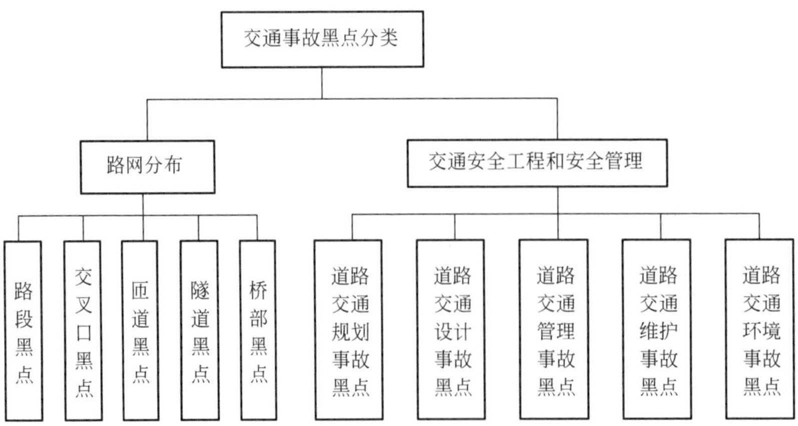


图 5-1　交通事故黑点分类

（1）道路交通规划事故黑点：由于道路交通规划不合理所造成的某区域事故明显密集分布；

（2）道路交通设计事故黑点：由于道路交通设计不合理所造成的某路段及交叉口事故

显著密集分布；

（3）道路交通管理事故黑点：由于道路交通管理及安全设施布局不合理所造成的某路段及交叉口事故显著密集分布；

（4）道路交通维护事故黑点：由于道路维护不及时所造成的某路段及交叉口事故显著密集分布；

（5）道路交通环境事故黑点：由于道路交通环境影响及干扰所造成的某路段及交叉口事故显著密集分布。

道路交通规划事故黑点，往往造成规划路网系统性黑点问题；道路交通设计事故黑点，一般引起局部黑点问题；道路交通管理事故黑点，往往引起某一区域事故黑点问题；道路交通维护事故黑点，一般是某一点问题，也可能是某一段或某一区域问题；道路交通环境事故黑点，往往表现为局部特性。

从单个道路交通事故来看，它的发生具有很大的偶然性，虽然可以找到最直接的诱发原因，但实际上是车辆、驾驶员和道路等诸多因素综合作用的结果。如果事故的发生与道路因素基本无关，则事故的发生是随机的。换句话说，从事故的道路分布来看，如果沿道路每一处运行环境均不存在缺陷，事故与道路因素无关，则事故沿道路的分布是随机的。虽然不能说道路上零星分布的交通事故与道路无关，但如果在道路的某些点或路段事故呈现集中的特点（特别是某一事故类型呈现集中特点），则可以肯定地说这些道路交通事故与道路交通环境显然存在某种联系，常与道路线形、交叉口设计、交通安全设施和道路周边环境等因素密切相关。从道路多发位置的具体分析来看，它所占道路的长度通常很短，却集中了比例较大的交通事故，具有极大的危险性。

国外对事故黑点一直没有可广泛接受的定义，大都根据国家自身的情况来定义事故黑点，例如挪威对事故黑点的定义是：长 100m 的路段内，4 年发生 4 起以上人员伤亡的交通事故。对黑段的定义是：长 1km 的路段内，4 年发生 10 起以上人员伤亡的交通事故。英国从事故次数和事故类型、事故发生时间和日期、道路长度或区域大小来定义交通事故多发地段，其规定如下：在 0.1km 范围内，1 年发生过 4 次事故，称为危险地点；在 0.3km 长的路段上，3 年中发生过 12 次事故，称为危险位置；在 1km 范围内，1 年内有 40 次或 40 次以上的事故，称为事故易发地区。在国外没有一个统一的定义，通常有较大的随意性。国内将事故黑点多表述为“事故多发位置”、“事故多发段”或“事故多发点”。国内学者经过近年对此问题的不断探讨，对事故黑点的基本概念和内涵形成了较为一致的认识：事故黑点是指：受道路条件、交通条件、气候环境等因素的影响，在一个较长的时间段内（通常为 1～3 年），发生交通事故的数量和特征与其他正常点相比明显突出或者存在潜在安全隐患的点。

交通事故黑点的定义各国有所不同，美国的《交通运输工程手册》对交通事故黑点的定义是：在给定的统计周期内，路网中某些地点对应某种算法得到的交通事故发生水平评定指标明显高于类似地点、类似交通状态下区域路网上的平均指标。澳大利亚的《道路安全工程指南》中将事故多发位置定义为：道路系统中具有无法接受的高事故发生率位置。

归纳起来，道路交通事故黑点是指，在一定的时间内，发生的交通事故的指标具有统计学意义的超过规定阈值的位置（点、路段或区域）。或从道路规划、设计的角度出发，事故黑点为在一定条件下，道路条件对驾驶技能要求远远超出了正常驾驶员驾驶技能的位置（点、路段或区域）。

就单个交通事故而言，是偶然的。从我国的事故统计资料看，90%以上是由人的原因引起的，只有不到1%归于“路”的因素。但实际上人们知道，交通事故是人—车—路—环境这个系统综合作用失调的结果。如果事故与路无关，事故发生随路的分布应呈现随机状态。但是如果路上某一点路段频繁发生交通事故，则很难说明事故的偶然性，很难说呈现事故高发的某一点的道路环境或这一点前一段距离路段的道路环境与此无关。所以，事故相对多发路段及附近路段的道路特征、交通特征的分析对改善事故相对多发路段的安全状况非常重要。运营期道路，一般根据事故分布规律，找出道路本身容易使驾驶员发生误操作的原因，进行有针对性的改善。所以，事故相对多发路段的判别是运营期道路主要的安全评价内容之一。另外，针对这些路段研究，可以发现事故与道路特征的关系，从而更广泛地提高其他道路的交通安全性。

### 5.1.2 道路线形与事故黑点

道路线形设计是否合理，不仅关系到行车速度和道路通行能力，而且严重影响道路行车安全，道路线形设计缺陷的存在也是造成交通事故黑点的一个重要原因，往往会诱发大量交通事故，造成严重后果和损失。国内外大量交通事故多发路段的存在也充分说明了不良道路线形对交通安全的危害，深入分析各道路事故多发路段的线形特点、道路交通事故的原因，可以为交通事故黑点的改造和预防提供良好的思路。

交通事故在道路空间上的分布有分散型和密集型两种。分散型分布的事故多与驾驶员及其他道路使用者的不安全行为有关；密集型分布的事故则多与道路条件和交通环境有关，如急弯陡坡、视距不良、交通量过大等路段。事故密集型分布的路段，通常称为事故多发点或事故多发路段。在这些路段上单位时间里每公里发生的交通事故次数大大高于该条道路的平均值。特定地点发生的大量交通事故成因常具有明显的突出性。从不同地点事故成因采取针对性措施抑制事故发生的目的出发，事故成因分析主要应侧重于道路状况及附属设施的缺陷；其次，应考虑人、车及交通环境的因素以作为交通管理部门制定管理措施的依据。

1. 事故特征分析

通过对鉴别出的事故黑点进行分析，总结出道路事故黑点实际表现出的主要安全性问题，包括七个方面，按照在事故黑点中所占的比重分为：交叉口问题、道路集镇化、混合交通严重、视距不足、线形指标不良、断面变化、路面条件不良。

（1）交叉口问题

道路交叉口比较密集，这里的交叉口包括与三条路相交的主要道路交叉口，对于居民家门口连接到道路上的出入口，应当将其中的大部分封闭。在主要道路交叉口处，很多标志、标线不够清晰和明确。有的路口有黄闪灯，有的只是采用在路口两侧设立反光柱，来提示司机，但除此之外，没有其他的交通管理措施，事故经常发生。在部分交叉口的视距三角形内，还存在遮挡视线的违章建筑，尤其是当交叉口相交于弯道时，更容易引发交通事故。

道路上存在有支路、小路非常集中的路段。有相当多的乡村小路与道路直接连接，产生了很多的小支路口，而且小路口很隐蔽。大量的支路、小路密集路段的两侧往往是民居集中的地方，沿线会有很多行人、自行车和其他非机动车在道路上行驶，而且由于道路上没有划车道边缘线，行人、自行车等非机动车经常会进入机动车道内，造成事故。

（2）道路集镇化

集镇化程度高的路段两侧，行人、集镇内的机动车、非机动车、载客的机动三轮车都对道路上正常行驶的过往车辆产生威胁。行人横穿道路，集镇内的机动车随意变更车道，载客的机动三轮车任意违章行驶，路边车辆乱停、乱放，这些都是集镇化路段存在的问题。

例如，安徽省省道 314 沿线所经过的较大的集镇有藏汉、围屏、薛津、丹阳及博望。在集镇段里交通构成复杂，车种多，交通秩序混乱，在此情况下，路两侧的乱停车更加剧了集镇段的交通问题。相应的道路两侧农贸市场内商贩随意摆摊设点，侵占行车道，也严重影响了道路上正常行驶的车辆安全。

（3）混合交通严重

路段上交通方式复杂，机动车、自行车、行人在没有任何分隔设施的情况下，混合行驶。由于车速离散程度高，速度不均衡而互相产生干扰，经常发生恶性交通事故。沿线有学校、集镇、农贸市场等，交通秩序混乱，尤其是在上下班高峰，各种机动车、非机动车、行人一起涌上行车道，对道路上正常行驶的车辆干扰非常大。

（4）视距不足

路段的平曲线或者竖曲线半径过小，不满足视距要求，或者弯道内侧视距范围内存在遮挡视线的构筑物，容易导致交通事故。安徽省省内 205 国道当涂段即存在视距不足造成的事故黑点，如图 5-2 所示。

图 5-2　安徽省省内 205 国道视距不良黑点路段

（5）线形指标不良

线形组合设计与衔接方式相关性的处理，易产生事故黑点问题。例如：312 国道武进蚌埠路口环岛设计半径过大，与环岛衔接的路段，没有进行缓和曲线处理，造成干线上行车不顺畅，驾驶员疏忽，行车速度稍快，驾驶员来不及转向。1997 年 7 月至 1998 年 4 月仅 9 个月，该处就发生冲上环形岛和冲下路基的大小事故 36 起，伤 18 人，直接经济损失 30 万元。南京段栖霞境内的长江路 13 接主线有 2％的超高的外侧，支线在 20m 的距离范围比主线外侧低 2m，在 2000 年度此路段发生的交通事故有 212 起，造成的经济损失达 125.3 万元。

（6）断面变化

这里的断面变化主要分为两种情况：第一种是断面宽度的更替。当道路断面宽度变窄，由宽入窄时，驾驶员容易因为突然的不适应，造成判断失误，引起事故。第二种是路面情况的变更。如在313国道安徽与江苏交接段，有部分路段路面破损严重，造成车辆行驶不稳定，产生事故黑点。

2.事故黑点成因确定

根据以上的黑点特征分析，每类事故成因均可反映一定的设计安全性问题。而事故黑点反映出的主要安全性问题又具体包括两方面，即直接反映方面：包括线形指标不良、视距不足、断面变化等，该类别事故黑点问题直接与路段或交叉口的设计要素相关联，设计改良即可消除安全性问题。间接反映方面：包括道路集镇化、混合交通严重等，该类别事故黑点问题仅为表象，需要通过分析进一步确定引起问题的深层设计因素，从而从源头上消除事故隐患。

各类事故黑点对应的设计成因如表5-1所示。

**交通事故黑点与原因** **表5-1**

| 黑点比例排序 | 黑点安全特征 | 设计成因及重点 | |
|---|---|---|---|
| | | 成　因 | 重　点 |
| 1 | 交叉口问题 | 交叉口设计不足 | 交叉口密集 |
| 2 | 道路集镇化 | — | — |
| 3 | 混合交通严重 | — | — |
| 4 | 视距不足 | 视距设计不良 | 停车视距不足 |
| 5 | 线形组合 | 路线设计不良 | 线形组合不良 |
| 6 | 断面变化 | 路线设计不良 | 断面变化 |

其中，路线设计方面的原因有以下几个：

（1）长直线段。长直线段往往容易使驾驶员高速行驶，在长直线段，大半径曲线段之间或是前后一旦出现小半径平曲线，往往使得来不及操作方向盘，极易造成事故。这种路段还会使驾驶员行车单调乏味、注意力分散、疲劳感增加、反应能力降低，影响行车安全。另外，在长直线之后出现孤立的曲线，也将导致交通事故多发。

（2）平曲线。平曲线半径对行车安全的影响很大，车辆行驶在小半径曲线上时的稳定性和安全舒适性比较低，而这样的地方往往又是视距不良地段，容易造成对向撞车或急刹车翻车事故。另外，若小半径路段前后线形较好，车辆以较高车速行驶，一旦到达曲线路段时减速不及也会造成事故，或由于离心力作用，汽车将产生横向倾覆与侧向滑移。

随着平曲线半径的增大，事故率在降低。因此，各级道路的最小平曲线半径，一般情况下应尽量采用大于或等于规范一般最小半径。当地形条件或其他特殊情况限制时，方可采用规范极限值。另外，若曲线长度过短、偏角过小，也易导致事故多发。这主要是因为汽车在曲线上行驶，若曲线长度很短，则操作方向盘必须很快，离心加速度急剧变化，行车安全难于保证。在交角很小的情况下，即使曲线半径很大，驾驶员也感到曲线很短，使方向盘操作失误。根据美国华盛顿州5年的有关调查数据可知，对于相同的曲率变化率，曲线越长交通事故数越大。

(3) 纵坡。纵坡的坡度大小直接影响行车速度和安全。大的纵坡对载重汽车行驶很不利，上坡会使车速减慢，妨碍高速行驶，使超车增多、安全性降低；长的下坡会使刹车过热、制动失灵、调档失控，也易发生事故。道路的坡度越陡，事故率越高：在－2％～＋3％之间，事故率没多大差别；在坡度超过＋3％时，事故率有再次增加的趋势，如果纵断面线形在短距离内反复凹凸，就会出现线形被中断，形成能看见近处和远处、但看不见中间凹处的线形。在这种情况下，驾驶员视觉上不通透，从而放慢车速，因而引发追尾撞车事故。再者，若凹曲线半径太小，汽车沿凹形竖曲线行驶时，在重力方向受到离心力作用而发生颠簸和引起弹簧负荷增加，导致车辆机件损坏、失灵，也容易引起事故的发生。

凸形竖曲线的半径和长度过小、过短，车辆行驶在其上会发生行车跳动，易导致车辆受损和交通事故发生。另外，若爬坡车道起点位置通视不良，驾驶员辨认不出爬坡车道，误认为是一条行车道，小汽车驶入就会追尾撞上载重车，造成交通事故。终点位置视距不清晰，车辆驶出爬坡车道时，很难安全进入行车道上的车流之间隙。另外，位于城镇附近的道路，由于非机动车和行人较多，非机动车辆爬坡能力较低、制动性和稳定性较差，若未考虑行人和非机动车辆的通行，易导致行人、非机动车与机动车的事故多发。

(4) 平纵组合。道路线形是以平、纵组合起来的立体线形而映入驾驶员眼帘的。对于行车速度要求较高的道路，平面线形和纵面线形都不应单独设计，而应相互组合。如果平纵组合不好，不但有碍于各自优点的发挥，而且还会加剧两方面的缺点。平曲线与竖曲线在一起时，若一方大而缓、而另一方小而急，这样的线形会失去作为视觉诱导和给驾驶员心理准备的作用，极易发生交通事故。短直线介于两个同向弯曲的圆曲线之间形成所谓的断背曲线，不仅对操纵方向盘不理想而且易产生错觉，把线形看成为反向曲线，从而有可能导致交通事故的发生。

在凸形竖曲线与凹形竖曲线的顶部或底部插入急转弯的平曲线，前者，因没有视线引导而必须急转方向盘；后者，在超出汽车设计速度的地方仍然需要急转方向盘，这些都是非常危险的。在凸形竖曲线的顶部或凹形竖曲线的底部设置断背曲线。在前者的情况下，视线失去诱导的效果，在道路上行驶的车辆，除去有挖去坡面的情况，好像突入空中的状态，给驾驶员以不安的感觉。而且，因接近顶点才知道线形开始向相反的方向弯曲，故在操纵方向盘时也是非常紧张的。而后者会形成排水不畅，看起来道路是扭曲的，也有使人视觉产生偏差的缺点。为确保道路行车的安全性，线形组合的各部分应该协调。直线段和弯道相协调时，直线段不宜过长。长直线段行车方便，但驾驶员会精神不振，注意力下降，再则现在汽车很快就可增速，在平直路面上不易觉察，所以位于长度大于 4.8km 直线段末端的平曲线上的行车事故数，就比在短直线段末端的平曲线上高 25％。

(5) 视距条件。足够的视距和清晰的视野，是保证安全行车的重要因素。速度和行车路线的选择，取决于驾驶员能看清前方道路及其周围的瞬时环境，并有足够远的视距，以便高度准确地预测道路的线位方向、纵坡，选择车道和避让其他车辆及路上障碍物，在紧急状态时能及时停车和避开危险。若道路沿线视野和视距条件不足，容易导致交通事故多发，使得相应路段成为事故黑点，这些点往往是平曲线处、竖曲线处、平竖曲线重叠处，挖方和山嘴暗弯、桥头曲线、隧道洞口曲线、弯道内侧等处。视距越短，则交通事故也越频繁。

## 5.2 济南“怪坡黑点”路段线形分析

### 5.2.1 背景介绍

如图 5-3 所示，济南“怪坡”路段为地处济南市经十路与二环东路结合处以南，从山东财经大学门口南 300m 开始到扳倒井村以北，共计 2.5km 的弯坡道路段。该“怪坡”路段，北接燕山立交桥（二环东路高架快速路与经十路立交桥），中间与旅游路和开元隧道相交，南部直通南部山区，是济南市与南部山区沟通的重要交通干道。该怪坡路段路幅宽度为 35～50m，路段沿线视线基本良好。该道路自从 1993 年投入使用以来，交通事故接连不断，据不完全统计，到 2000 年在这段路上发生的交通事故就有 50 多起，死亡近 60 人，成为济南市道路交通的重大事故隐患。如图 5-4 所示，2001 年 7 月 17 日在怪坡路段发生重大交通事故，一辆自卸式大货车沿东外环路由西向东行驶，行至东外环“怪坡”处时，制动失效，撞断交通护栏及交通信号灯杆及两根高压线杆，后发生侧翻。该事故造成三人当场死亡、六人重伤，车辆、交通护栏、信号灯杆和高压电缆严重损坏。

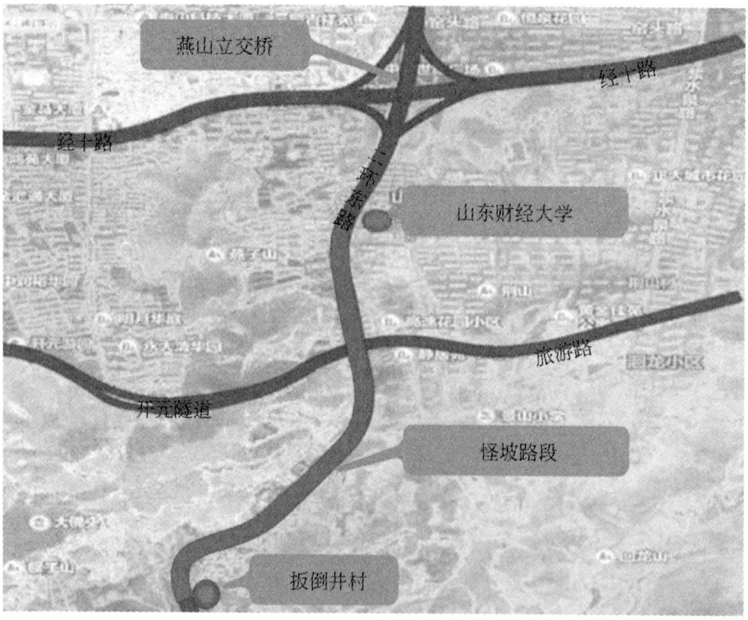


图 5-3　济南怪坡区域位置图

该路段频频发生交通事故，因此，人们给这段坡道起了个名字叫“怪坡”。为了减少该路段交通事故的发生，交通管理部门曾投入大量的人力、物力，采取多项措施，先后在该“怪坡”路段增设水泥隔离墩，将车道分离，增加限速标志牌，将该路段车速限制为小车 30km/h、大车 20km/h，并于 2010 年对怪坡路段两侧山体实施爆破，以实现道路环境协调。尽管采取了大量措施和手段，但效果不明显，“怪坡”路段依然频繁发生交通事故。表 5-2 所示为近几年怪坡路段交通事故统计。

图 5-4　济南“怪坡”路段交通事故

近几年怪坡路段交通事故情况统计　　表 5-2

| 事故发生时间 | 事故发生类型 | 伤/亡人数 | 事故原因 |
|---|---|---|---|
| 2016 年 4 月 20 日 | 碰撞 | 2/— | 刹车失灵 |
| 2016 年 4 月 11 日 | 连环碰撞十几辆车 | —/— | 小货车刹车失灵 |
| 2013 年 9 月 4 日 | 大货车侧翻 | 2/— | 路况不明/车速较快 |
| 2013 年 6 月 21 日 | 大货车相撞 | 1/— | 刹车失灵 |
| 2013 年 6 月 5 日 | 农用车碰撞 | 1/— | 刹车失灵 |
| 2012 年 3 月 10 日 | 车撞向路侧行人 | 1/1 | — |
| 2011 年 8 月 27 日 | 6 车追尾相撞 | 2/— | — |
| 2011 年 3 月 13 日 | 多车相撞 | 1/— | — |
| 2010 年 1 月 21 日 | 多起连环相撞 | —/— | 雨雪天气 |
| 2009 年 6 月 14 日 | 厢式货车侧翻 | 2/— | — |
| 2009 年 5 月 22 日 | 多车相撞 | 4/1 | 半挂刹车失控 |
| 2009 年 4 月 16 日 | 多车相撞 | 2/1 | 大货车刹车失控 |

资料来源：济南市交通运输管理局和济南交警大队。

### 5.2.2 “怪坡”路段特征分析

1.“怪坡”的路况

济南市南部多山，地形条件复杂，二环东路坡多、坡度大，急弯路、连续弯路比较多，而且道路线形条件的组合设计难以达到国家规定的技术标准。图 5-5 所示为怪坡路段，从南向北看，*A* 点以南是上坡路段，*A* 点处于坡顶与弯道结合处，从 *A* 点到 *D* 点全部为下坡路段，*A* 点到 *B* 点约 500m，且坡度较陡，*B* 点到 *C* 点约 400m，坡度较小，从 *C* 点到山东财经大学门口 *D* 点是长度约为 1.5km 的长下坡路段，且坡度较陡。

图 5-5 济南市怪坡路段示意图

2. 路段驾驶调查

通过调查多位通过该处的驾驶员和了解其实地驾驶体验，一致认为，汽车从 *A* 点向 *D* 点行驶时，*AB* 段路坡陡而长，行驶一段时间后，接近 *B* 点，感觉坡陡的危险感觉减少，认为坡度在逐渐减小，视觉上观察到 *BC* 段路为上坡路段，*CD* 段路是较大的下坡路段。图 5-6 是驾驶员在 *BC* 路段同一断面处视角，(*a*) 图是由南向北车道，(*b*) 图是由北向南车道，从图中可以看出两个方向驾驶员视角均为上坡路段，显然驾驶员视觉感应与道路真实状况在 *BC* 路段存在较大差异。

(*a*)　　(*b*)

图 5-6 “怪坡”路段场景图

(*a*) 由南向北车道；(*b*) 由北向南车道

### 5.2.3 交通事故多发的原因分析

由表 5-2“怪坡”路段近几年的交通事故情况可以看出，大部分交通事故是由刹车失灵造成的。表面上看刹车失灵是车辆故障，然而刹车失灵在该路段频繁集中地发生，往往可以反映一定的内在规律，这与该路段的道路环境条件是密不可分的。要找到事故多发的原因，就必须深入分析该路段的道路环境条件。

1.道路线形复杂，驾驶员产生视觉误差

“怪坡”的迂回起伏，使驾驶员在驾驶中产生了多种心理错觉：坡度错觉和速度错觉。心理错觉是人对外界事物的不正确的知觉，或者人在观察事物时，由于心理方面的因素，而错误地得到了一些虚假的信息；坡度错觉是驾驶员处于两个不同坡度的坡段时所出现的一种错觉。如图 5-7 所示，车辆由南向北行驶，先后经过 A 坡、B 坡和 C 坡三处下坡路段，A 坡和 C 坡要大于 B 坡（即图 5-7 中 $\alpha$、$\gamma$ 要大于 $\beta$），汽车在 A 处视角，可以观看到 B 坡为上坡路段。这种现象的产生除了两个坡的坡度差较大外，还与驾驶员视线过于集中于路面也有关系。因为视线过于集中于路面，没有观察到路边树木、电线杆等路外的参照物，就不能准确判断所行驶的路面是上坡还是下坡。速度错觉是指驾驶员在行驶时，特别是在下坡时，对所驾驶车辆速度的错误判断。有关研究表明，车速越快，错误判断的幅度就越大。这是因为驾驶员在平路行驶时，驾驶员脚踏油门的力的大小对应一个车速，并且成为一种习惯。当脚踏油门的力很小或者不踩油门踏板时，驾驶员可能会感觉到车速很低。所以，许多驾驶员在下坡时或者在高速公路上滑行时总感到“车速慢”，就是速度错觉造成的。

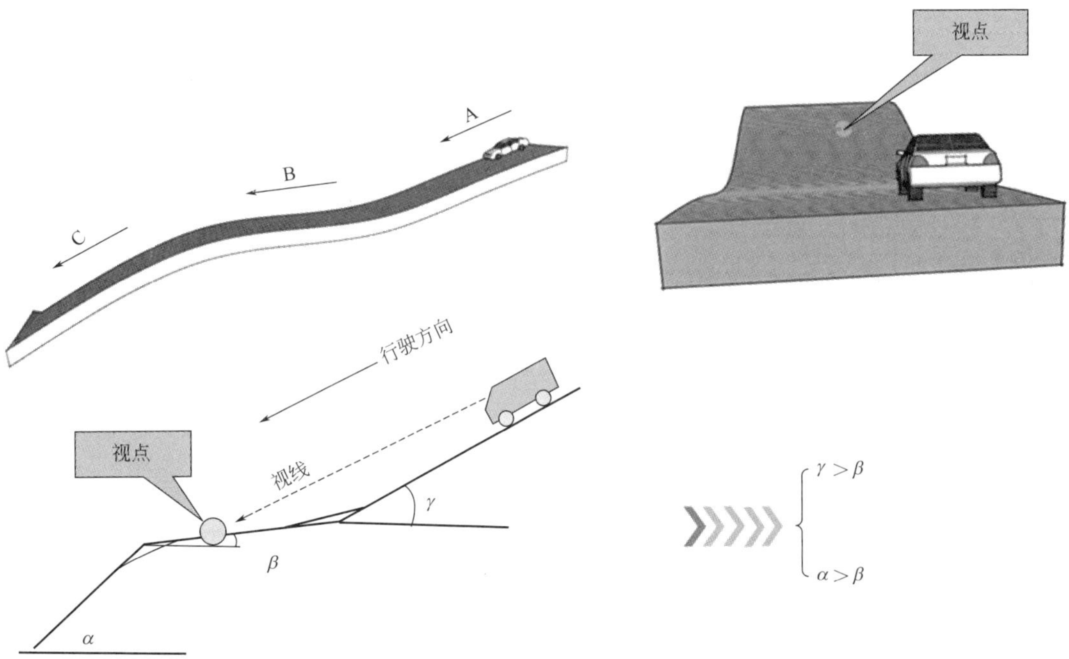


图 5-7 济南“怪坡”效果分析图

由两种错觉可以看到，当汽车行驶到 A 坡时，由于较长时间的行驶，坡度大、危险性高的感受变低，很容易产生速度错觉：感觉车速并不是很快，而且这个速度是可以掌握的；转入 B 坡后，由于两坡的坡度差较大，容易产生坡度错觉，感觉是“上坡”。同时，长时间的下坡心理上感到压抑，遇到 BC 上坡时，心理上可以得到宣泄。另外，当行驶到 BC 坡时，汽车的下滑力减小，驾驶员感觉汽车行驶有了“阻力”。因此，驾驶员在此多认为是“上坡”。而经过C坡时，又是一个大的坡度，速度错觉使驾驶员失去警觉，当行驶到人车拥挤的D段需要减速的时候，才意识到车速过高，一旦出现意外情况，往往已经来不及采取制动措施。

2.连续制动导致制动力衰减

济南市二环东路南延，从南部山区到“怪坡”路段全长15km左右，由南向北多下坡路段，如果不采取断续制动，长时间的下坡，会使制动器的摩擦片摩擦频繁，导致制动器出现过热现象，使制动力明显下降。山东是丘陵地区，济南市的长坡路更是稀少，驾驶员往往对此缺乏足够的心理准备。在经过“怪坡”时，难以及时地采取防范措施，致使在需要减速时由于制动衰减而出现不能停车或不能减速的后果。尤其外地驾驶员，对当地道路状况不熟悉，很容易进行错误驾驶，引发交通事故（图5-8）。

图5-8　下坡与上坡错觉场景图

3.“怪坡”地处交通要道，交通流量大

“怪坡”地处济南市东部与南部结合处，是南部山区进出济南的重要通道，也是济南市东部地区交通流量最大的路段。如果没有防范意识或者不能预料到这段路的危险性，往往当汽车行驶到这段人车密集区时易发生交通事故。

### 5.2.4　类似交通怪坡

除济南“怪坡”外，该类道路线形设计在国内外并不少见，该类“怪坡”在工程设计中符合国家设计规范的技术要求，却在感观上造成视觉误差，屡屡诱发交通事故，是典型的道路不良线形设计，在实际道路线形设计中应尽量避免该类组合。表5-3所示是国内外几处由于道路线形设计不良造成视觉误差，形成的“怪坡”汇总。

国内外道路线形怪坡汇总表 表 5-3

| 名　　称 | 地理位置 | 修建时间 |
|---|---|---|
| 山东济南“怪坡” | 济南市二环东路 | 1993 年 |
| 山东费县“怪坡” | 费县马田公路 | 2002 年 |
| 福建厦门“怪坡” | 厦门市文增路 | 2013 年 |
| 山西霍州“怪坡” | 观堆村高速公路桥 | 2004 年 |
| 安徽马鞍山怪坡 | 马鞍山市濮塘山区 | — |
| 陕西西安怪坡 | 西安博物馆附近 | 1997 年 |
| 新疆哈密怪坡 | 303 省道距哈密市区 30 多公里处 | — |
| 韩国怪坡 | 韩国的济州岛天马牧场附近的 516 国道 | — |

## 5.3　327 国道巨野—嘉祥事故多发路段

### 5.3.1　背景介绍

如图 5-9 所示，危险路段位于 327 国道。这是一条从山东菏泽出发、通到江苏连云港的高速公路，全程 424km。327 国道 77～87km 处，去年共发生交通事故 200 余起、死亡 67 人。车辆追尾碰撞是主要事故形态，小型客车、大型客车是主要肇事车型。这段 10km 长，号称国内十大高危路段的国道，正好位于从菏泽巨野至济宁嘉祥的路程中。与 2013 年相比，2014 年该路段交通事故起数增加 280%，事故死亡人数增加 190%，车辆追尾碰撞是主要事故形态，占 71.5%，小型客车、大型客车是主要肇事车型，事故起数分别占事故总起数的 60.5%和 24.9%。

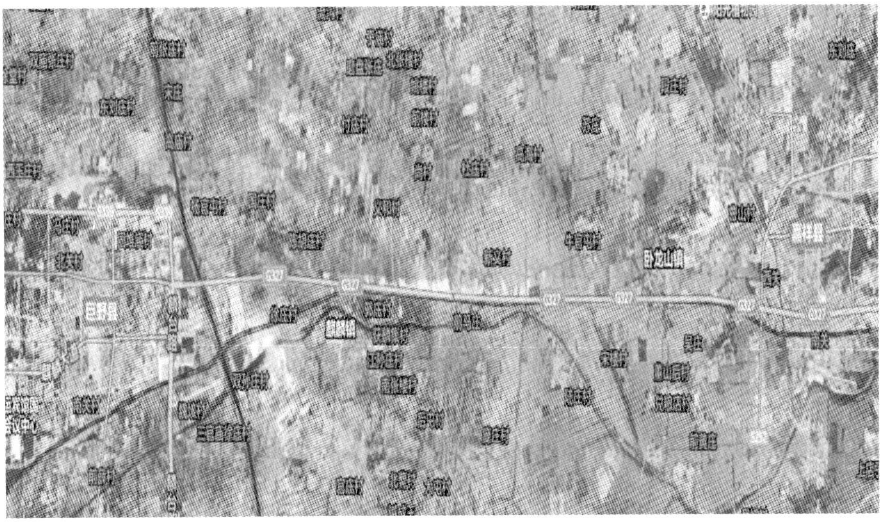


图 5-9　巨野—嘉祥段卫星图

在 2014 年前后都进行了 327 国道的改造，现在国道上路面基本平整，图 5-10 所示为 327 国道现状图。路面中间有隔离带，隔离带中间具有多处开口。国道线形基本是直线

图 5-10　327 国道路段现状图

型，车辆速度很高。车流量大，而且外地车辆比较多，这也是由于此路段是连接菏泽与济宁的主要干道。从卫星图也可以看出，国道两侧村庄密布，而且有好几个村庄直接横跨国道两侧。另外，两侧植被密布，且附近植被也很茂密，根本看不见树木后面的交叉口。道路交叉口红绿灯或者减速标志很少，主要依靠驾驶员与行人的自我约束和管理。

### 5.3.2 路段调查分析

这一位于嘉祥与巨野交界处的 10km 的高危路段，在两县有不同的状态。在巨野段，国道两侧村庄路口，设有提示附近有村庄的交通指示牌，提醒司机路过时谨慎慢行，国道中央并未加装隔离栏。行驶至嘉祥段时，国道中央出现了隔离栏，但国道两旁并未设立相关提示标识。绿化带里的大型植物会影响司机的视线，尤其是靠道路内侧行驶时，等到能清晰地看清掉头的车辆时也就几十米的距离了。如果车速在 80km/h 左右，刹车不及时的话，发生刮擦事故的几率是很高的。在嘉祥段，几乎每个村口，隔离栏都预留出了缺口，方便附近村民和车辆通过，在卧龙庄镇路段，最密集处，近百米的隔离栏中出现了 5 个缺口。在这一延伸 10km 的高危路段，国道上除了通行的机动车，还有大量非机动车、农用车横穿马路。据调查显示，农用车、非机动车不按规定行驶——横穿马路、随意调头、逆向行驶是造成交通事故多发的主要原因。

在这个机动车调头处，虽然放置了两个不太明显的道路安全警示桩，但是并未设置明显的车辆调头警示牌或道路安全警示灯，经常行驶于这条路段的司机可能会清楚这段路程，但是对于外地的车辆或者新手司机，经过此路段肯定会对他们造成不小的困扰。道路北边还有一处加油站，转弯调头的车辆不在少数。据加油站的工作人员介绍，这段时间出现了几起车辆刮擦事件，虽然没有造成人员伤亡，却也非常危险。

经过对 327 国道的调查与分析可知，它属于一级公路。故选用交通事故风险评估和公路风险评估进行排查。根据《公路安全生命防护工程技术实施指南》的要求，由于资料不具备三年的交通事故的统计数目，所以用事故多发地点段和公路条件识别进行代替。由于在 2014 年发生交通事故 200 起，死亡人数 67 人，已经达到了交通事故多发段的判别要求，所以此处是交通事故多发段。此处属于行人、自行车、摩托车、农用车或交通环境对行车造成安全隐患的交通环境复杂路段，故属于高公路风险路段。

交通标志、标线是根据我国与交通标志、标线相关的法律，遵守规范的设置要求，综合考虑路段的道路条件、交通条件、环境因素，设置的完善的、位置正确的、合理的标志、标线。在此路段两侧分布着众多村庄，且开口较多，但是提醒标志比较少。同样，路侧居民楼和商业楼比较多，按照要求，路段两侧的楼房要与国道有一段的安全防护距离，但该路段两侧安全净空多数被占用，如图 5-11 所示。

图 5-11　道路两侧净空被占用

根据我国公路平面交叉口最小间距的要求，一级公路干线的一般值是 2000m，最小值是 1000m。但是根据调查，此处交叉口间距严重不合格，最密处竟然达到了 100m 的地方有 5 个缺口，分析认为这是造成交通事故频发的主要原因。分析原因不难发现，由于当地的居民渴望通过公路经过最短的距离，绕行太远会很不方便，但是站在交通安全的角度来看，缺口太多则会严重影响道路交通的安全水平。

在经历了众多的交通事故后，国道限速依然没有改变。与国道相交的多数是乡道，公路等级低，交叉口的植被密集及其他设施导致了视距不足。因此，在高速行驶的车辆中的驾驶员若不能在停车视距内看到乡道上的车辆，则极有可能导致发生侧面碰撞和追尾事故。

路段处于村庄密集地区，国道变成了村民的优先选择路段。但由于外地车辆在经历此路段以外的国道的较高服务水平以后，对速度的理解具有惯性，不能对在路上具有较多的自行车、摩托车、农用车作出反应。另外，居民的受教育程度不高，安全意识比较低，不能遵照有关法律、法规的要求在国道上行驶，也为道路交通增加了风险。图 5-12 所示为农用三轮车穿行于机动车道。

图 5-12　农用三轮车穿行于机动车道

### 5.3.3　建议措施

针对该路段实际情况，短期内线形为不可变因素，为最大限度地避免交通事故的发生，保证行车人员的生命、财产安全，根据分析研究，对两路段提出以下处治对策：

（1）设置减速装置，降低车辆行驶速度。设置热熔式振荡标线，此标线造价低且施工方便、快捷，对交通影响较小，施工时可随下坡距离的增加逐渐减小标线间距，以加强标线的减速效果。

（2）更换交通安全标志版面，考虑到中央分隔带宽度（50cm）受限，无法满足增设门架式指路标志基础宽度（至少 120cm）要求，故改变标志版面形式，以提高司乘人员的辨别能力；在路侧增设太阳能仿真警车，以提高警示效果；完善和新建交通标志、标线，特别是在交叉口附近，根据需要设置红绿灯。

（3）更换中央分隔带护栏形式，增强分隔带的防撞性能，减少次生事故发生率。减少路中隔离带的缺口，严格按照相关规范、标准设置。

（4）综合考虑交通运输效率的影响，对此路段进行速度限制，并增设电子设备。

（5）对此路段的乡道路口进行改造，保证良好的视距。

（6）进行安全教育宣传，增强居民的安全意识。

## 5.4　104 国道济南“界首桥”高危路段

### 5.4.1　界首桥路段概况

济南“界首桥”位于长清区的张夏镇至万德镇之间，约在 104 国道 533～540km 处，共计大约 7km 的路段，这 7km 路段就跨越两市，以 538.8km 处为界，往东的 1.2km 属于泰安辖区，其余的 5.8km 则属于济南，如图 5-13 所示，西边紧挨着京沪高速，被两道铁路线给穿过。此段公路南接泰安的迎宾大道，靠近泰安市区，是连接济南长清区与泰安市的一个重要的交通干道。104 国道山东境内 533～540km 路段，2014 年共发生交通事故 298 起、死亡 80 人。与 2013 年相比，该路段交通事故起数增加 230%，事故死亡人数增加

9.6%。该路段事故形态以车辆侧面碰撞事故为主，占 64.5%。表 5-4 列出了 2013～2014 年界首桥事故统计，小型客车、摩托车、重型货车是主要肇事车型，事故起数分别占 50.4%、19.1%和 15.1%。2012 年 11 月 6 日早 5 时许，104 国道界首桥附近发生惨烈一幕：一辆面包车追尾一辆货车，面包车车头撞得面目全非，司机当场死亡，现场比较惨烈。记者赶到 104 国道界首桥附近时，事故车辆已被拖离现场，地上有明显的血迹、面包车车身碎片和玻璃，车辆从这里经过时都减速绕行。事故现场前方是一处限高架，限高架上有“限高 4.5m”字样，路中间石柱上有限速 20km 的交通警示牌。图 5-14 所示为界首桥事故现场。

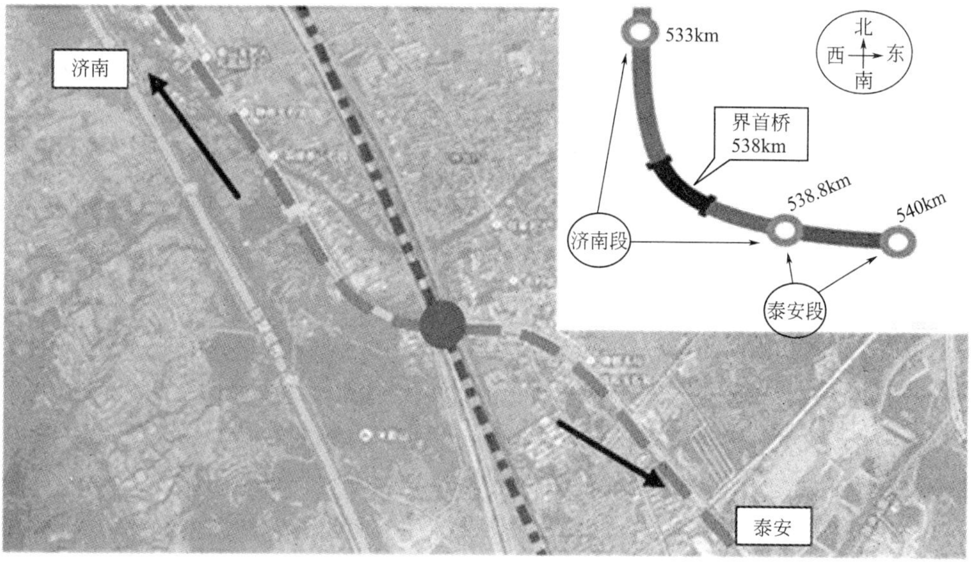


图 5-13　界首桥事故段示意图

**近两年界首桥交通事故情况统计**　　**表 5-4**

| 时间 | 事故数(起) | 死亡人数(人) | 事故的主要形式 | 事故车辆种类 |
|---|---|---|---|---|
| 2014 年 | 298 | 80 | 侧面碰撞 | 摩托车、重货车、小客车 |
| 2013 年 | 91 | 73 | 侧面碰撞 | 摩托车、重货车、小客车 |

该路段交通事故频发，由于每年都会有大量的交通事故，所以走过的车辆驾驶员会对这个地方印象非常深刻，加上较多的红绿灯和铁道路口的存在，所以车辆在经过此处时速度比较慢。虽然车速慢，但每年的交通事故依然非常多。2013 年泰安曾进行了 104 国道泰安绕城西线改建工程。泰安市政府网站信息显示，该工程起点位于 104 国道界首桥北约 760m 处（济南市长清区境内），经济南市长清区，泰安市岱岳区粥店、天平、夏张、满庄四个乡镇，终点位于满庄镇西河村东北（钢材大市场北侧），并于此处并入现 104 国道，路线全长 28.098km，其中济南境内 2.085km，泰安境内 26.013km。按双向四车道一级公路标准建设，设计速度 80km/h，路基宽度 24.5m，估算投资 11.95 亿元。整个 104 国道长清辖区长度不到 40km，中间隔离护栏最多时有 197 处开口。警方随后做了大量工作，专门封堵这些开口。经过警方努力，截至目前已封堵了 78 处，缩减了 73 处开口的长度，目前还剩下 121 条开口。“通过封堵和缩减这些护栏开口，有效降低了安全隐患，明显遏

图 5-14　界首桥事故现场

制了事故发生几率。”

### 5.4.2 “界首桥”路段特征分析

界首桥位于济南市与泰安市搭界处，更靠近泰安市。界首桥路段国道是双向四车道道路。此处路段处于泰山山脉的分脉，104 国道界首桥路段左右两侧的地势崎岖。因此，在界首桥附近平坦的地区是高速公路、铁路以及乡道等道路的最佳选择。从界首桥到泰安一段路的 104 国道道路平坦，且线条笔直，到了界首桥附近有一个转弯角度比较大的 S 形弯道，在经过 S 形弯道后，又是一段笔直的路段。因此，分别来自于泰安市和济南市的车辆在到达界首桥之前经过的都是路况比较良好的路段。在 S 形弯道靠近泰安市的一端，有一个乡道——界马路穿过 104 国道，且没有设置红绿灯或者让行标志。界马路穿过 104 国道以后，又经过了一个迂回，在 S 形弯道中间有一次穿插。在弯道中还有两条铁路穿插。穿插的形式是以抬高 104 国道的方式修建高桥。这样就使得两个方向的来车在经历了较长时间的比较高的速度行驶后，会突然经历一个急转弯和爬坡。

该路段附近商店较多，多是以一些石材为主的旅游商品店，一些店家更是把商品摆到了路边上，图 5-15 所示为 104 国道路边实况图。路侧的两边没有防护设施，只是长有一些杂草的小沟。经过统计和调查发现，经常发生事故的路段在 S 形弯道靠近泰安一端的一个龙门架附近。在龙门架附近的一段，有一个废弃的铁道横穿 104 国道，此处路面有损坏且有较深的凹陷。

根据计算，普通轿车在横向力为 0 的情况下速度为 60km/h，重型货车速度为 57km/h，104 国道全线限速 80km/h，这为该段的交通安全带来隐患，建议为该段路段单独设置限速，并设置警示牌。

### 5.4.3 交通事故多发的原因分析

1. 地处两地交界处，直线型路易超速，车流集中，机非混行

从济南出发沿 104 国道南行向泰安，在长清区万德镇境内就能找到位于路西侧 533km

图 5-15　104 国道路边实况图

处的标示碑。由此继续行驶 4km 左右，有一处东向弯路，驶过此地的界首桥后，104 国道转向东，经过 540km 处后，这条国道笔直进入泰安市区。公安部交管局通报中的 104 国道 533～540km 路段横穿济南、泰安两地，在一处加油站附近，分别立有济南和泰安的界碑。"这 7km 路段就跨越两市，以 538.8km 处为界，往东的 1.2km 属于泰安辖区，其余的 5.8km 则属于济南。"该路段双向车流都比较集中，且车速较高，一些私家车时速可达百公里以上。更让人担心的是，在该路段行驶的车辆，还有各种吨位的大货车和摩托车、电动车甚至自行车。该路段东西走向，长约 10km，沥青路面，平直视线良好，基本为长直线。从 104 国道 537km 处往前，有一段坡路。道路东侧的车辆下坡时多超速行驶，作为连接济南和泰安的重要通道，104 国道上的车辆确实较多。"其中，泰安段道路较宽，进入济南境内后道路变窄，但车流却并未减少，再加上车速较快，所以存在安全隐患。"尤为让人担心的是，该路段未实行"机非分离"，机动车与非机动车混行的情况下，更易发生事故。

2.缺少警示标志，沿途村庄都较多，隔离护栏开口多

尽管被公安部列为 2014 年度十大高危路段之一，但该路段并无醒目的警示标志。即便是在弯道、下坡处的 538km 处，也没有提示。与其他国道显著不同的是，104 国道线 533～540km 处尽管在中间设置了隔离护栏，但护栏却被频频设置开口，经常有行驶车辆在道路中间转弯变换行驶方向。在这 7km 路段上，护栏开口多达 20 多处。整个 104 国道长清辖区长度不到 40km，中间隔离护栏最多时有 197 处开口。在 104 国道长清辖区内，平均算下来每公里护栏开口有 3 处多。辖区面积大，共管辖 8 个街道办事处和 76 个行政村，共计 75000 多人。104 国道穿过整个中队辖区，将诸多村落串联起来，道路穿村而过，导致上路行人较多。和隔离护栏被大密度开口一样，104 国道线 533～540km 路段两侧，也留有或大或小的密集路口，这些便捷出口与 104 国道连接，形成小丁字状路口。仅在公安部交管局通报的这 7km 路段一侧，大小开口就达 115 处之多。探访中记者就发现，不时有小型客车从沿路的商铺、门店中驶出，还有周边居民驾驶摩托车稍微减速后从并不

显眼的小路口内开出，进入 104 国道线后驶向远方。早前 104 国道该路段两侧曾有大量饭店密集，因此各家都在门前预留了可以进出车辆的路口，如今虽然不少已关门，但这些路口却还存在。还有的商户，直接将等待出售的玉石摆上路边，占去了原本并不宽敞的路面空间。

### 5.4.4 改善措施

来自管辖该路段的济南和泰安两地民警的数据统计显示，虽然事故发生频率并无通报中那样密集，但眼下仍然存在的安全隐患，也引起了当地警方的重视。

长清交警大队万德中队材料显示，当地已把 104 国道的 536.5～537.5km 段，列为道路交通事故多发地。该材料在分析该路段的道路安全隐患时表示，“属直线型道路，路面平坦，无遮挡，过往车辆极易超速行驶。且该路段是京沪高铁上的公路桥引桥，系坡道，由南向北的车辆下坡，也极易超速，存在极大的交通安全隐患，极易发生交通事故。”

建议增设超速抓拍电子警察设备、限速标志、规划实施减速振荡带等，作为重要交通道路，104 国道还承担着济南城建砂石运送的重要任务，该路段中的界首桥，最大承重只有 50t，也存在安全隐患。因此，也要进行安全排查，然后进行整改。对路侧两边的商店进行整改，减少国道的开口数量。

# 第6章　道路线形安全评价的发展

## 6.1　安全预测和评价技术的发展

### 6.1.1　安全预测技术概述

安全预测技术是以正确的理论为指导，在调查研究和掌握资料的基础上，运用一定的方法和手段，对事物未来的发展趋势、方向和可能的状态作出科学的评判和正确的推断的科学。

自从第二次世界大战以来，预测技术和方法每十年都有一次大的飞跃，总体看来大致经历了四个阶段。

1.经验判断时期（1945～1955 年）

这个时期在计算机问世以前，预测人员依靠自己的经验和推理能力进行预测，虽然他们的历史数据很少，但是他们的预测结果发挥了一定的作用。

2.单变量分析时期（1955～1965 年）

电子计算机的出现给各门科学带来了深刻的变革，预测技术也因此获得了飞速发展，开始出现了以计算机为基础的预测方法，如指数平滑预测分析方法等。

3.多变量分析时期（1965～1975 年）

经过反复研究，专家学者们不仅发展了多重相关和回归分析，而且发展了中期和长期预测模型。

4.综合分析时期（1975 年至今）

在人们受到 20 世纪 70 年代中期的经济危机创伤之后，预测技术进入了一个崭新的时期。预测技术成为了系统全方位预测，是客观模型和主观判断相结合，科学与“艺术”相结合的综合预测方法。

在我国，安全预测技术始于 20 世纪 70 年代末期，21 世纪初才形成一定规模。目前，还没有统一的认识和方法，安全预测尚未成为安全管理决策中的一部分。

经过几十年的发展，安全预测技术取得了较大的成绩，主要方法（按照时间的发展顺序）有如下几种。

（1）直观判断预测方法

直观判断预测方法主要有个人判断法、专家会议法、调查判断法、前导指示法等。

（2）灰色模型预测方法

它是基于模糊数学的灰色系统的非唯一性理论，进行预测的方法。

（3）回归分析方法

这种方法具体考察与变量密切相关的影响因素，通过对影响因素的分析，解释变量；

对数据进行收集，选择预测模型；然后对模型进行计算，得出预测结果。它也成为因果性探索预测。

（4）交叉影响分析方法

它是利用专家的主观判断和估计，确定应该考虑的事件及其初始概率，并明确事件之间的相互影响，运用交互影响矩阵得出未知事件的发生概率变化趋势。

（5）安全经济学预测技术

这是近年来的新观点，认为经济发展状况对全局性安全具有一定的影响。这种方法适用于国家安全生产综合管理部门，对全国安全情况提供方向性指导。

### 6.1.2 安全评价技术概况

安全评价也称危险度评价，是利用系统工程方法对拟建或已有工程、系统可能存在的危险性及其可能产生的后果的严重性进行识别、分析和评估，并以设定的指数、级别或者概率，对所评估的系统或某项操作的危险性给以量化处理，确定其发生概率和危险程度，以便采取经济、合理及有效的安全对策，以达到工程、系统安全的过程。安全评价是以现实系统、工程的安全为目的，应用安全系统工程原理和方法，对工程系统中存在的危险、有害因素进行识别与分析，指出其潜在的危险因素或隐患，提出安全对策建议，从而为工程、系统制订防范措施和管理决策提供科学依据。

安全评价的目的是查找、分析和预测工程、系统的危险、有害因素及可能导致的危险、危害后果和程度，为决策者提供系统安全最优方案，知道危险源临近和事故预防，以达到最低事故率、最少损失和最优的安全投资效益。换句话说就是：寻求最低事故率/最少损失和最优的安全投资效益。

安全评价的意义在于可以有效地预防事故的发生，减少财产损失和人员的伤亡及伤害。安全评价与日常安全管理和安全监督的检查作用不同，安全评价是从技术带来的负面效应出发，分析论证和评估由此产生的损失和伤害的可能性/严重程度及应采取的对应措施等，以便决策者作出安全投资的合理选择，达到提高生产经营单位的安全管理水平的目的。安全评价的一个重点就是能使生产经营单位的安全管理变纵向单一管理为全面系统管理，将安全管理的范围扩大到生产经营单位的各个部门、环节，生产经营单位的安全管理实现全员、全面、全过程、全时空的系统化管理。

安全评价技术在我国和日本称为安全评价，在欧美国家称为风险评价。最早起源于20世纪30年代的保险行业。到了20世纪50年代末，系统安全工程又极大地推动了安全评价技术的发展。1962年美国“空军导弹系统安全工程”的公布，标志着系统安全理论开始应用于评价之中。1974年美国WASH 1400“商用核电站风险评价报告”的发表更是引起了全世界的重视。20世纪80年代末系统安全工程才引入我国，以钱学森为代表的学者们开始将系统工程广泛应用于各个行业，为社会发展作出了极大的贡献。1986年的劳动人事部下发了各行业危险程度分级，这标志着我国安全评价技术研究由定性阶段进入了定量评价阶段。

定性安全评价的方法有：安全检查表（SCL）、事故树分析（FTA）、事件数分析（ETA）、危险度评价法、预先危险性分析（PHA）、故障类型和影响分析（FMEA）、人的失误（HE）分析等分析评价方法。定量安全评价的方法有：事故树分析（FTA）、事件数分析（ETA）、模糊数学综合评价、层次分析法、格雷厄姆—金尼法、机械工厂固有风险评定法等。按评价对象演变过程阶段分类，可以分为安全预测评价、安全验收评价、安全现状综合评价和专项评价。安全预测评价以拟建项目为研究对象，对系统里的某些特定对象发生事故、危害的可能性及危险、危害的严重程度进行评价，针对主要危险、有害因素及可能产生的危险、后果提出消除、预防和降低的对策措施；进而评价试拟定的措施，评定系统能否满足规定的安全要求；最终定出系统工程该采取哪些优化的技术、管理措施，才能达到安全指标要求。

安全验收评价是运用系统安全工程的原理和方法，在建设项目竣工验收之前、试生产运行正常之后，通过对建设项目的实施、设备、装置实际运行状况及管理状况的评价，查找该建设项目投产后存在的潜在危险、有害因素并确定其程度。安全验收评价是为安全验收进行的技术准备，此外，安全验收评价还可检查生产经营单位的安全生产保障。

安全评价是一个利用安全系统工程原理和方法，识别和评价系统、工程存在的风险的过程，这一过程包括危险源、有害因素识别以及危险和危害的程度评价两个部分。危险源、有害因素识别的目的在于识别危险来源；危险和危害程度评价的目的在于确定来自危险源的危险性，危险程度，应采取的控制措施，以及采取控制措施后仍然存在的危险性是否可以被接受。在实际的安全评价过程中，两个方面是相互交叉、相互重叠的。安全评价的基本内容如图 6-1 所示。

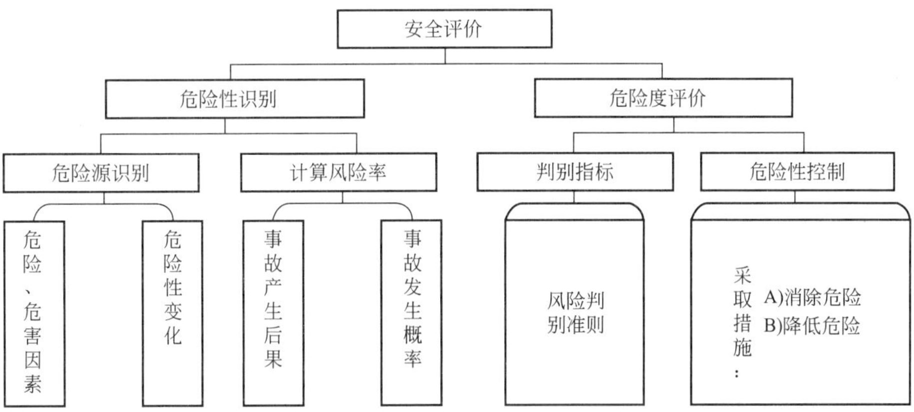


图 6-1　安全评价的基本内容

### 6.1.3　道路交通安全评价概况

1. 定义

道路交通安全评价是指以一个地区或一条道路为研究范围或者对象，通过手机资料、事故调查、现场测量等手段获得与研究范围内研究对象相关的信息，通过事故指标、隐患指标及风险指标等，应用合适的评价方法对研究范围进行安全程度的评价。

道路交通安全评价的定义，国内外有许多解释，以下是几个机构或研究人员对安全评价的定义。英国交通运输部对交通安全评价的定义为："道路交通安全评价是对直接影响道路用户安全的道路组成元素和与其相互作用或施工当中的其他因素的平衡，通过评价在道路开放交通之前预测可见的、潜在的道路安全问题，发现潜在危险"。澳大利亚对道路交通安全评价的定义为："道路交通安全评价是一个独立的、合适的检查者（机构）对道路建设有关的工作的审查，以保证提供高水平的道路安全”。美国 ITE 技术委员会对道路交通安全评价的定义为：“道路交通安全评价是对现有或者将要建设交通项目或其他与道路用户相关的项目所作的正式审查，由合格、独立的检查者检查项目的交通事故可能性和道路交通安全性能”。各国对道路交通安全评价的定义各不相同，但具有共同点，就是都将道路交通安全评价定位为是对现有或将建设道路工程项目或交通工程项目、任何与道路用户有关的其他项目的正式审查，并给出项目存在的或潜在的安全问题和安全性能方面的审查报告。

道路交通安全评价的目的是检查道路或者道路建设是否存在潜在的事故风险和安全性能问题。道路交通安全评价是人类与道路交通事故作斗争几十年、上百年的过程中，经过不断完善，综合道路安全研究成果而逐步形成的。从 20 世纪 80 年代中后期起，英国便开始研究并逐步推广应用道路交通安全评价技术，期望在道路规划设计、施工、运营的每个阶段，从各种道路用户类型的安全角度去检查道路的不安全因素和事故隐患，从而降低事故率。

作为各种运输体系的载体，道路系统只是交通大系统中的一个子系统，它的运行质量固然与它的自身状况（功能结构与空间尺度）有决定性的关系，但又受到其他各个子系统（如客运子系统、货运子系统、交通组织管理子系统等）的制约，甚至还得受到其他各子系统之外的其他功能系统的影响（土地开发与使用方式、布局、道路综合管理模式等）。道路事故的产生是由于事件的连续发生所致的，人、车、路是这一事件链的主要因素。由于道路系统中，人、车、路三者是有机结合在一起的，所以单独从一个方面割裂地分析道路交通安全问题是难以奏效的，因此，应当建立系统的研究方法以求有效改善道路交通安全状况。

世界道路会议（PIARC）道路安全委员会在 1999 年年会上制定了几个改善道路安全状况的论题，但事实上只有道路安全评价引起了与会专家的兴趣。PIARC 道路安全委员会对道路安全评价的定义为：“道路安全评价是应用系统的方法，将道路交通安全的知识应用到道路的规划设计等各个阶段，以防止交通事故”。道路交通安全评价可以用于现状道路、新建道路以及现有道路的改善，适用于公路项目，也适用于城市道路项目的安全评价。事实上，有些国家（如澳大利亚）则将道路交通安全评价的范围扩展到所有与道路交通安全有关的土地开发项目，包括一些大型的商场、娱乐设施、停车场等。这些土地开发项目对原有交通的影响及干扰作用是显而易见的，故将其列入评价范围之内也是必要的。

道路安全评价的发展主要经历了这样几个阶段：安全审查阶段、单变量回归分析阶段、多变量回归分析阶段、人机交互式分析阶段。

2. 方法分类

道路交通安全评价按研究对象分可以分为宏观评价与微观评价。宏观评价主要是研究较大范围内的问题，往往是以国家或者省、市为研究对象，其目的在于研究交通安全水平与经济发展、机动车保有量、人口及其构成等相关因素的关系，对被评价对象的交通安全状况作出客观的判断，并在此基础上制定技术和政策方面的道路安全性改善对策。微观评价主要是研究局部的具体问题，如一条路或一段路、一个交叉口等。评价着重研究道路、车辆、交通及环境等因素与交通事故的关系，从不同角度分析影响道路安全、引发交通事故的各种具体因素，为改善道路交通安全状况制定技术与政策措施。

（1）安全检查表法

安全检查表法（Safety Cheek List，简称SCL）是系统安全工程的一种最基础、最简便、广泛应用的系统危险性评价方法，它不仅用于查找系统中各种潜在的事故隐患，还可对各检查项目给予量化，用于进行系统安全评价，常常用于对安全生产的管理，在识别和消除系统的多年操作中所发现的危险。这种方法主要是依据国家、地区、行业等相关的标准、法规编制检查表，针对检查内容判断是否、有无，从而找出系统中存在的缺陷、疏漏、隐患、问题，并提出在工程设计、建设或运行过程中应注意的问题。这种方法是一种静态的评价方法，其操作简单、直观，它以最终的得分为依据，模型和系统间的差异较大，主观和经验的局限性较大，无法对系统作整体的动态性评价。

（2）绝对数法

绝对数法有四个指标，分别是事故次数、死亡人数、受伤人数、直接经济损失。该方法评价过程简单，评价结果直观，但缺点也很明显。其评价标准为简单的数值大小，未考虑导致事故发生的其他影响因素，并且该方法未体现不同地方交通总量的差别及同一地区交通因素的变化，因此其评价结果的可比性非常低。另外，我国交通数据统计的不全面直接影响了该方法评价的可靠性。

（3）事故率法

事故率是一个相对指标，是相对于其他部分或相对于正常情况而言的。这种方法的基本思路一般为确定正常条件下（或平均情况下）事故发生的概率分布，以这种分布作为进行判断的依据，然后看事故发生数是否在正常的概率范围以内，超出既定范围则定义为比较危险，低于既定范围则定义为比较安全。事故率包括以下几种：

1）公里交通事故率

公里交通事故率即平均每公里的交通事故次数。由于将公路长度作为考虑因素，使交通事故次数更具可比性。

2）车辆交通事故率

车辆交通事故率表示在一定区域内按单位机动车保有量所平均的交通事故率，最常用的是万车交通事故率。

3）人口交通事故率

人口交通事故率表示在一定区域内按人口所平均的交通事故数（死亡人数、受伤人数和直接经济损失）。

4）车公里交通事故率

车公里交通事故率是指在一定区域内，按所有机动车行驶一年的公里数和所平均的交通事故数（或伤亡数）。通常以百万车公里交通事故率或亿车公里交通事故率表示。

5）综合交通事故率

综合交通事故率是指万车交通事故率和万人交通事故率的几何平均值。另外，事故率法还可以分为地点事故率法、运行事故率法、事故密度法等。

（4）概率—数理统计法

采用该方法进行交通安全评价，首先确定正常条件下事故发生的概率分布，然后以该种分布作为依据进行判断，明确事故发生的数量是否在正常的概率范围内，若超出该范围，评价结果为比较危险，低于该范围，则评价结果为比较安全。这种方法操作简单易行，但其对事故的分析过于简单，未考虑不同道路交通条件的差别。

（5）矩阵法

矩阵法也称作交通事故次数和交通事故率综合法，即把交通事故次数和交通事故率结合起来作为鉴别交通事故危险点的标准。每一路段在矩阵中用矩阵单元表示，矩阵单元的位置则表达了路段的危险程度，最危险的路段具有最高的交通事故次数和最高的交通事故率，在矩阵中位于右上角的单元。如图 6-2 所示，矩阵法对每一个被研究的道路单元进行交通事故数和交通事故率计算，然后将交通事故次数作为横坐标，交通事故率作为纵坐标，定出两者的分布。整个坐标可分为四个区，1 区为高交通事故率、高交通事故次数区；2 区为高交通事故率、低交通事故次数区；3 区为低交通事故率、低交通事故次数区；4 区为低交通事故率、高交通事故次数区。如数据落在 1 区则可列为交通事故多发路段，落入 3 区为安全路段，落入 2.4 区则应对这些点进行进一步分析后作出判断。

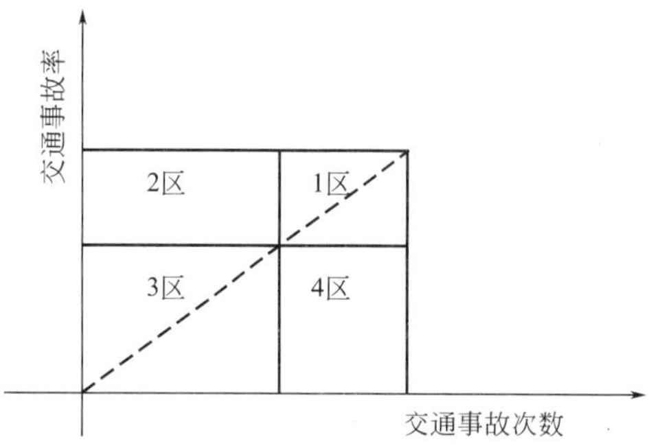

图 6-2　矩阵法

（6）当量交通事故次数

有时也称当量死亡人数。它是考虑到交通事故中，交通事故次数对交通事故严重性的描述不够，同样的交通事故次数，严重程度不同，其损失及对社会的危害程度也不同，不能将不同严重性的交通事故数量简单地累加，而应根据死亡、受伤及经济损失等对社会危害性的大小赋予不同权值，提出当量交通事故次数。

（7）当量交通事故率

当量交通事故率是以当量交通事故数（当量死亡数）来计算前面的各种交通事故率，从而综合地反映交通事故水平。

（8）致死率

致死率是通过死亡人数占伤亡人数的比例来表征交通事故的严重程度。

（9）事故率质量控制法

事故率质量控制法在美国已被广泛使用，该方法的核心思想是将特定地的事故率与所有相似地的事故率进行比较，通过计算临界比率，将某处的事故率与临界比率相比较，来判断其危险程度。

（10）一元线形回归模型

该方法根据事故记录和交通安全的影响因数，利用一元线性回归方法建立预测模型，然后预测出以后各年的事故数，据此来评价交通安全水平。其优点是形式简单，结论明确，当研究某一种因数对交通安全的影响程度时比较合适；不足的是无法分析各种因数对交通安全水平的综合影响，且往往不具有逻辑合理性。

（11）多元线形回归模型

该方法是选取多个参数，通过对这些参数与事故间的关系分析，得出回归模型来预测事故数，据此作出安全评价。多元线形回归模型相对于一元线形回归模型有很大的改善，应用效果也比较好，适用于研究多种因数对道路交通安全的影响分析。根据统计经验，可找出显著影响因数，建立最优回归模型。其缺点是该方法涉及因数较多，需要搜集的数据比较多，进行参数估计和统计检验比较复杂。

（12）计算机辅助评价方法

加拿大的 Priana N. Seneviratre 建立了信号交叉口智能安全管理系统（ISMIS），主要包括：数据库、知识库、推理方法、视距算法模型、条件概率和安全对策效益费用比等，用于进行安全评价。当前，计算机辅助评价方法正在不断研究中，其普遍实用性尚待进一步证实。

（13）路段交通冲突技术

交通冲突技术（Traffic Conflict Technique，简称 TCT）在许多国家得到广泛应用，成为国际上用于定量研究多种交通安全（特别是地点安全）问题及其对策的重要方法。交通冲突的一个基本定义由 Amundsen 和 Hyden 在 1977 年的奥斯陆会议上提出，即两个或多个道路使用者在一定的时间和空间上彼此接近到一定程度，此时若不改变其运动状态，就有发生碰撞的危险，这种现象称为交通冲突。

交通冲突技术以大样本、快速、定量、非事故等特点而异于传统的事故统计评价方法，是一种依据一定的测量方法和判别标准，对交通冲突的发生过程及严重性程度进行定量测量和判别，并应用于安全评价和预测的技术方法。该方法应用于路段的安全评价流程大致为：首先对路段交通冲突进行分类，然后进行严重冲突的判别，随后再确定严重冲突的分级。路段交通冲突技术是在可观测条件下，两个或多个道路使用者之间或道路使用者与道路构造物之间，在同一时间、空间上相互逼近，其中一个道路使用者进行了某种不规范或不恰当的操作，如转换车道、改变车速、突然停车等，导致至少一方必须采取回避措施（改变行车状态），否则会处于碰撞或危险的境地。这一事件或现象就是路段交通冲突。

（14）灰色系统理论评价方法

对少量已知信息进行筛选、加工、延伸和累加处理，运用灰色系统理论，采用定性、定量相结合，确定交通安全水平在某一灰色区域内，也可以达到评价道路安全水平的目的。

该方法的主要步骤为：

1）确定评价对象、交通安全评价指标及评价标准值；

2）道路交通安全灰色评价聚类验算；

3）评价结果分析。

（15）基于模糊逻辑理论的道路交通安全评价方法

该评价方法选用运行车速与设计车速差和相邻路段运行车速差作为评价指标，以模糊逻辑理论为基础，建立合理的隶属函数，构建模糊评价模型，并基于评价结果对道路交通安全等级进行划分。由于运行车速可以通过车速预测模型得出，因此该方法对于拟建、已建和改建道路均具有普遍的适用性，评价指标易于观测，评价结果更加精确、可靠。

除上述道路交通安全评价方法外，还有模型法、时间序列分析法、事故强度分析法、灰色评价法等方法。

3. 特点比较

道路交通安全评价的方法有很多，各自都有其特点，对一般评价方法（包括：安全检查表法、事故率法、矩阵法、当量交通事故次数、一元线形回归模型、多元线形回归模型、路段交通冲突技术、基于模糊逻辑理论的道路交通安全评价方法）的基本特点进行比较，如表 6-1 所示。

**交通安全评价方法基本特点对比** **表 6-1**

| 方法 | 分类 | 优点 | 缺点 |
|---|---|---|---|
| 安全检查表法 | 以法律、法规评价标准为评价基础 | 操作简单、直观 | 模型和系统间的差异较大，主观和经验局限性大，无法对系统作整体动态性评价 |
| 事故率法 | 以事故率统计为基础 | 方法简单，结果直观，有较强可比性 | 单独使用某种事故率评价交通安全，具有片面性，不能同时考虑多种因素 |
| 矩阵法 | 以事故率统计为基础 | 评价结果直观 | 确定各区域的分界点具有主观性和模糊性，评价结果较为粗略 |
| 当量交通事故次数 | 以事故率统计为基础 | 方法简单，结果直观，统一权值极端下具有较强的可比性 | 不同因素权值的赋予具有较强的主观性 |
| 一元回归模型 | 以事故率统计为基础 | 形式简单，结论明确，当研究某一种因素对交通安全的影响时比较合适 | 无法分析各种因素对交通安全水平的综合影响，且往往不具有逻辑和理性 |
| 多元线性回归模型 | 以事故率统计为基础 | 适用于研究多种因素对交通安全的影响分析 | 方法涉及因素较多，需要搜集的数据较多 |
| 路段交通冲突技术 | 以事故率统计为基础 | 具有"大样本、短周期、小区域、高信度"的特点 | 目前其构建的评价指标不够全面，交通冲突的判别标准有待改进 |
| 基于模糊逻辑理论的道路交通安全评价方法 | 基于非事故统计 | 运行车速可以通过车速预测得出，对于拟建、改建和扩建道路具有普适性 | 运行车速受到预测模型的限制 |

## 6.2 道路线形安全评价及原则

道路线形安全评价是对某一路段道路线形设计的安全性进行的分析研究，主要研究评价的对象包括道路平面线形、纵断面线形以及组合线形等，是微观交通评价或路段交通安全评价的一项重要内容，其目的在于运用系统科学的方法查找、分析和预测道路线形设计和现状道路线形条件是否存在潜在的事故风险和可能存在的安全性问题，从线形安全的角度衡量交通安全状况，即对公路线形的安全性作出评价。

所谓公路线形安全性评价，就是在明确安全目标的情况下，通过系统、科学的理论和数学手段，对公路线形设计方案进行分析，最后由量化指标评判线形现状的合理性或设计方案的优劣程度。公路线形安全性评价既可以用于设计阶段对设计方案进行评价，制订最优设计方案，也可以对建成后的公路安全运行情况进行评价，发现公路线形方面存在的问题，从而进一步解决它。

### 6.2.1 道路安全评价的必要性

我国现行公路技术标准所规定的各种几何构造的设计参数以及各种公路等级的线形标

准值，只不过是保障了汽车在运动学和力学方面的最小安全性，即只是规定了应该遵守的最小值，而在实际设计中究竟选取多大的技术指标，则由设计人员根据自己的主观经验，并综合考虑实际地形、地物以及经济性等因素来作出适当的选择，以期设计出有成效的线形。

与火车以一定速度在规定轨道上行驶的情况不同，每个汽车驾驶员在车行道的任意范围内以任意的速度行驶，对其安全性的容许度相当高，也就是说，要尽量适应驾驶员的各种驾驶行为，又要努力确保行驶的安全性和舒适性。为此，必须满足不同公路等级中规定的线形要素的各种最小值，但同时也要在经济性的允许范围内，根据大于公路等级的良好线形要素以至结合视觉、心理上的人机工程学以及周围环境等方面来进行设计。所以，公路线形设计的本质就在于考虑如上所述的各种情况，从而使用大于公路等级中规定的线形要素标准的线形，以尽量修建安全度高的、舒适的公路。至于需要考虑到什么程度，则由设计人员权衡，同时也关系到公路的经济性。因此，需对设计的线形进行检验，以评价线形设计的成效性。

公路是线状构造物，线形设计的好坏不仅决定着设计阶段的工程造价，而且还决定着运营阶段的使用质量，即行驶的安全性、舒适性及经济性。公路建成以后，要改变公路线形几乎是不可能的，它将长期限制汽车的运行。线形设计的好坏，对汽车行驶的安全、舒适、经济以及公路的通行能力都起着决定性的作用。因此，线形设计时，必须对公路应具有的性能与作用进行充分而慎重的分析研究，以免留下后患。平纵线形组合，应该综合考虑汽车行驶的安全、舒适，工程造价及营运费用的经济性，驾驶员的视觉、心理状态，以及与公路周围的环境与景观的协调性。

由于在公路建成后很难再来改善线形的缺陷，因此，为使线形在设计阶段工程造价具有最优经济性的同时，其使用质量及服务水平在运营阶段也具有最佳的安全性、舒适性及经济性，设计阶段就应对线形进行检验与评价。通过线形检验与评价，找出线形的内在缺陷并进行改善，从而使得线形元素的选取以及它们之间的搭配在工程造价上经济、合理，在使用质量上满足各项需求，即线形的投入与产出协调统一。这有其重要意义。

### 6.2.2 公路线形安全性评价的原则

要进行道路安全评价首先要确定评价方法和遵循的原则，这样才能使评价指标的建立更有目的性、更容易得到认同，评价原则涉及选择评价方法、构造评价模型须遵循的原则和评价过程应遵循的原则两个方面。

1. 科学性原则

“科学性”是指能够真实地反映事物的本质，体现道路的安全性能，科学合理，只有坚持科学性原则，评价方法才具有可靠性。

2. 客观性原则

评价的目的是为决策提供依据，评价的质量直接影响着决策的正确性，因此在评价过程中要保证评价的客观性，减少主观因素的影响。为此，评价过程中必须注意评价资料收集的全面性、可靠性和正确性，评价人员组成要有代表性、多样化，减少评价人员的倾向性影响。

3. 准确性原则

公路线形安全系统影响因素众多，组成关系复杂。评价方法的不合理或者评价过程的疏忽，必然导致评价结果不正确。评价结果为决策服务，假使准确性较差，必将导致恶性结果的发生，不是决策落后，就是过于浪费人力、物力。

4. 适应性原则

首先，评价方法应该能够适应公路线形安全系统的特性。同时，一种评价方法和模型的提出，应该既要有时间适应性，又要有空间适应性，即所建模型和方法不仅对评价对象所在区域是可用的，在其他区域也应该具有使用价值；同时，该方法还应具有一定时间的可用性。

5. 实际性原则

“实际性”原则是评价方法应紧密联系实际，脱离我国目前实际情况建立的线形安全评价方法是不能体现我国道路线形的安全性的。只有坚持实际性原则，才能通过评价得出准确的结论，为道路线形整改措施的实施提供可靠的依据。

6. 可比性原则

道路评价方法对不同路段的评价结果要具有对比性，有利于评价结果的分析。

7. 可操作性原则

各个道路安全评价方法对于数据的采集及信息的收集要方便，易于操作，评价方法精练、简洁，能用现有方法和模型求解。

对应用科学而言，理论是指导实践的基础，但理论上可行而实际无法操作的方法价值不大，所以方法的构建必须遵循实用性的原则，同时在保证评价精度的情况下，还应尽量简化评价方法。简洁的模型方法易懂，便于操作，耗费省，能更好地体现评价方法。

## 6.3 道路线形安全评价技术的发展

目前，国内外成熟的道路线形安全的评价方法一般可以在以下阶段实施：工程可行性研究阶段、初步设计阶段、施工图设计阶段、开放交通之前、开放交通之后和现有道路的评价。虽然在各个阶段评价都有一定的收益，但是评价工作进行得越早越好，效益也越明显，因为在图纸上的设计改动比建设完成后改建容易且有效得多。根据道路线形评价的特点和使用阶段一般将评价方法分为两类——“事前型”和“事后型”。“事前型”主要是将新建、改扩建道路或处于设计阶段的道路设计速度、道路几何线形设计参数等与规范中标准值的大小进行比较，用比较值的差异来评价安全性；“事后型”主要面向建成通车道路，通过统计路段交通事故发生量、计算路段事故率的方法对特定道路的安全性进行评价。而根据“事前型”和“事后型”所采用的评价原理、指标的不同又可以将道路线形分为多种评价方法，如图 6-3 所示。

### 6.3.1 国外道路线形安全评价技术

1. 安全审查阶段

（1）英国

1987 年英国开始安全审核研究工作，建立了道路安全战略目标：到 2000 年道路事故伤亡人数比 1981～1985 年的平均水平减少三分之一，并且以立法形式展开工作。1988 年《Guidelines for the Safety Audit of Highway》出版。1991 年正式地把安全审核作为公路项目的必须程序。1996 年 IHT 再次出版了《道路安全评价指南》（Guidelines to Road

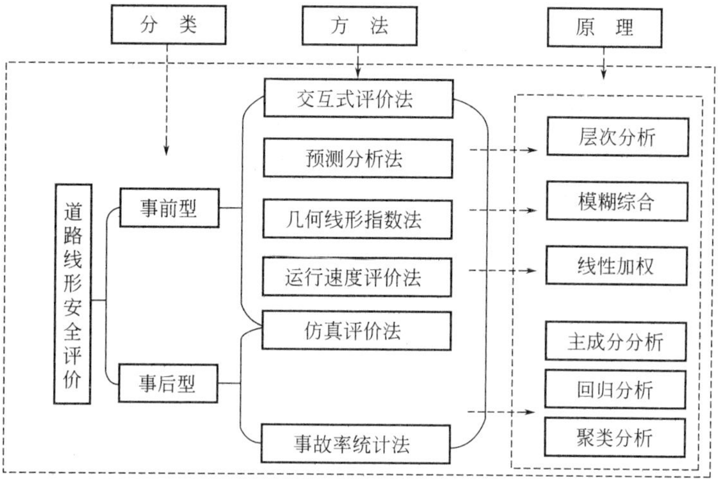


图 6-3 道路线形安全评价技术分类与原理

Safety Audit)。在这本书里，IHT 对安全评价的目的、作用和意义进行了详细的解释，同时明确规定了实施方法和实施规程，并提出了评价清单，如表 6-2 所示。

道路线形安全评价清单 表 6-2

| 一般问题 | 其 他 |
|---|---|
| 任何前几个阶段的评价报告及设计变更情况综述：对于主要项目，确定满足安全需要的土地利用 | 景观设计可视性和道路用户感知的影响；<br>道路标志、标线等设施是否为用户理解；<br>陡坡路段的安全措施；<br>行人、自行车设施；<br>因不良排水设计受洪水影响的可能性；<br>与路网的协调性；<br>服务区出入口和相互关系问题 |
| 几何线形和视距曲线：<br>所有的平纵曲线是否会因视距问题形成危险路段，特别是竖曲线和不符合规范、标准的曲线；<br>桥梁、墩台、女儿墙、景观、结构物和街道设施是否遮挡视线 | |
| 交叉口工程：<br>使用交叉口范围内的冲突点最小；<br>交叉口是否对视线有明显影响，对支路进入交叉口的、小路进入交叉口的交通如何进行车速控制、道路布设、转弯交通；<br>路侧停车的位置与出入口 | |

(2) 丹麦和新西兰

1992 年丹麦从英国引入道路安全审核技术，开始实施后的第一年就获得了极大的效益。1992 年新西兰也从英国引入审核技术，使得项目的总体质量得到了改善。

(3) 澳大利亚

澳大利亚 1992 年制定了国家道路安全战略，开展大量研究工作。澳大利亚道路安全评价指南是由 AUSTROAD 建立，但是每个州又建立了适合本州的安全指南。

安全指南重视“道路安全以人为本，遵守为用户设计”的原则，强调在设计中考虑所有用户。安全指南还制定了评价清单。

(4) 美国

虽然 1995 年美国才正式提出安全审核报告《Road Safety Audit：A New Tool for Accident Prevention》，但是美国的研究工作很早就已经开始了。这份报告对安全性和道路及其环境的影响、保证安全性的设计参数取值都作了详细的论述。

（5）加拿大

1999 年加拿大的 TAC（Transportation Association of Canada）发表了《The Geometric Design Guide by TAC》一书，在书中，TAC 将道路设计的连续性评价分为三个部分：交叉口位置连续、运行速度连续、驾驶员负荷连续。但是总的来看，这本书中并没有给出实际意义的标准值。

虽然安全审查阶段是道路安全评价的初级阶段，但是它的积极意义还是不能忽视的。安全审查使得人们开始全面考虑和安全有关的道路因素，经过逐一排查，来保证道路的最大安全性能。

2. 基于事故率回归分析阶段

（1）丹麦模型

$$P(y_i)=\frac{(\lambda_i v_i)^{y_i}e^{-\lambda_i v_i}}{y_i}\cdot E(U_j)=a\cdot N_j^p\cdot L_j$$

（2）Smeed 模型

$$\frac{D}{V}=0.001131\left(\frac{P}{100V}\right)^{0.856}$$

（3）Miaou，et al 泊松分布模型

$$P(y_i)=\frac{(\lambda_i v_i)^{y_i}e^{-\lambda_i v_i}}{y_i}$$

（4）芬兰事故模型

$$A=K\times S^a\times\exp\left(\sum_i b_i x_i\right)$$

$$A=0.0019(ADT)^{0.8824}(0.8786)^W(0.9192)^{PA}(0.9316)^{UP}$$
$$(1.2365)^H(0.8822)^{TER1}(1.3221)^{TER2}$$

式中　$A$——每公里每年的相对交通事故数；

$ADT$——平均日交通量；

$W$——车道宽度；

$PA$——平均有路面路肩宽度；

$UP$——平均无路面路肩宽度；

$H$——路侧危险率，该值以路侧环境（包括路侧净空间以及路侧边沟坡度的大小）危险程度来确定，在式中表述为 1～7 的数字（7 表示最危险的程度）；

$TER1$——平原地区取值为 1，其他地区取值为 0；

$TER2$——山区地区取值为 1，其他地区取值为 0。

基于事故率的研究方法已经比较成熟，各国发展起来的模型大都是针对具体的地区交通事故情况回归而得，在其他地区的适用性不强，不具有普遍性，因此基于事故率建立的模型应用不广泛。也有一些国家根据典型的模型进行修改得到适合自己本地区的回归方程式，这也是一种变化的方向。

（5）瑞士方法

瑞士使用理论速度模型来分析平面线形的一致性。这种方法类似于美国的 Leisch 方法，

它使用速度分布图解法鉴别项目设计速度上的突然变化地段，即道路设计不一致的地段。

项目设计速度是以平面和纵面线形设计元素为参数的速度模型得到的，使用这一速度模型期望得到特定路段上最大速度的预测值。其评价标准是项目设计速度变化量不允许超过 12mph（约 20km/h），建议道路项目设计速度变化量临界值为 6mph（约 10km/h）。

（6）德国方法

德国使用运行速度为控制道路的设计标准。和美国的 Leisch 方法不同的是采用曲率变化率指标描述整体路段线形，并避免同一路段运行速度的突变。曲率变化率定义为平曲线角度变化的绝对值除以路段长度。如果同一路段曲率变化率过大，则平面线形必须调整。

3. 计算机交互式分析阶段

FHWA 很早就开始了公路安全设计标准的研究，它的目标就是建立一个交互式的道路设计过程，并且在评价成本和效益的时候也能够系统地考虑安全因素，其评价的范围应该包括道路线形、交叉口和路侧设计。在过去，安全设计仅仅指满足最小的设计标准。对于设计者来说，一直以来都没有一种非常有效的方法来对比各种安全设计方法和优化安全设计。FHWA 还专门组织了针对道路安全的系统研究，并于 2000 年推出了辅助进行相关工作的“交互式公路安全设计模型（Interactive Highway Safety Design Model，简称 IHSDM）”的测试版，可以作为实施道路安全评价的辅助决策平台。目前，在安全设计成果中，已开发了不少应用软件。而美国的 IHSDM 道路安全审计与安全设计软件，是目前国际上发布的唯一的、专门的、系统化的道路安全设计计算机应用系统。该模型集成了美国迄今为止最核心的道路安全微观数学模型，客观上创造了道路安全审计辅助、支持技术的新高。2004 年 1 月 IHSDM 系统在其专署网站上又发布了其最新的测试版和分析结果，如图 6-4、图 6-5 所示。

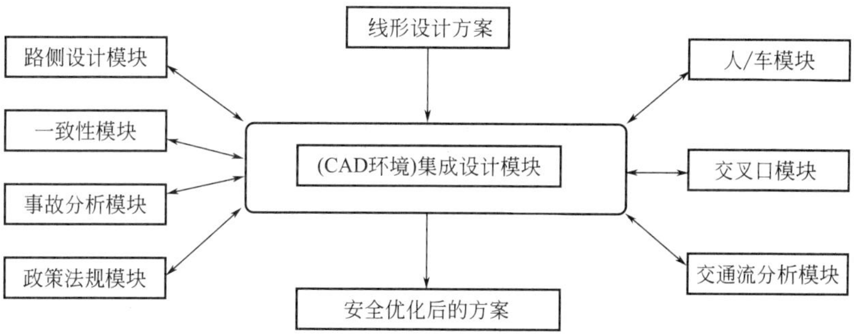


图 6-4 IHSDM 体系框架图

IHSDM 主要包括五个评价模型，每一个模型都是从不同的方面来评价已建和待建道路设计的安全性和实用性。

（1）政策法规模型（PRM）

PRM 主要是从已有标准的角度出发，考察线形设计中各要素值是否满足。

（2）碰撞预测模型（CPM）

CPM 主要是用来预测道路碰撞事故的可能性和严重性。

（3）交通分析模型（TAM）

TAM 主要是在道路通行能力和服务水平方面评价交通运行性能。

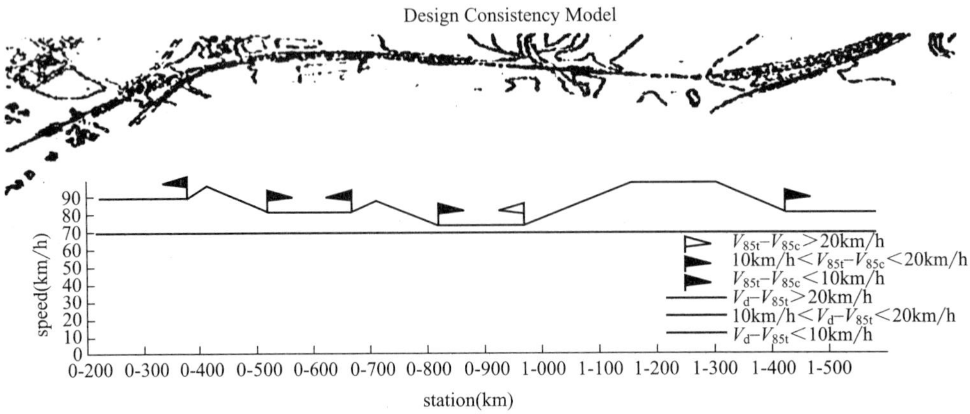


图 6-5　IHSDM 体系中设计一致模型中的分析结果

（4）交叉口评价模型（IRM）

IRM 是主要考察各个设计元素的可能安全性和运行特性。

（5）设计连续性模型（DCM）

DCM 主要是预测线形设计中的运行速度和运行速度连续性的方法。

DCM（Design Consistency Model）就是用于“事前型”分析的模块，其核心内容就是预测设计元素上的运行速度，根据运行速度的变化或与设计速度之差来判定设计结果是否连续，进而判定道路安全性。

1）DCM 的工作流程

DCM 的评价过程主要包括两个步骤：道路评价指标的输入和设计的连续性评价。具体可以用图 6-6 表示，其中，速度预测的步骤如图 6-7 所示。

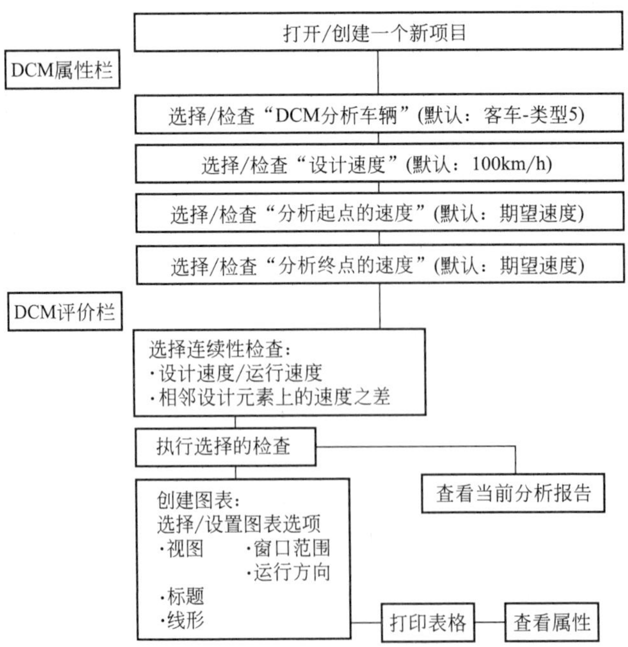


图 6-6　DCM 的评价过程

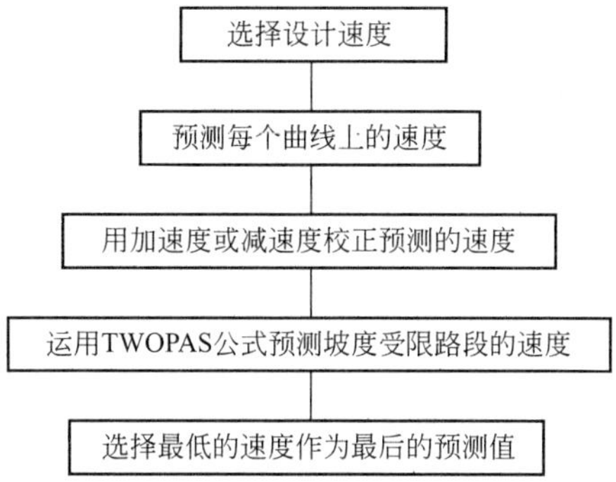


图 6-7　速度预测模型

2）DCM 的工作原理

① 评价标准

Nicholson 指出：人们所看到的车速变化，实质上是几何线形设计上的非连续性表现，1999 年 Ls 推荐了连续性评价标准（表 6-3），这一标准已经 Anderson 等人的实际碰撞资料（1999 年，实验 5287 次）所证实。

**连续性评价指标**　　**表 6-3**

| 评价结果 | 标准 1 | 标准 2 | 标准 3 |
|---|---|---|---|
| 好 | $V_{85}-V_d \leqslant 10$ | $V_{85} \leqslant 10$ | $\Delta f_k = f_k - f_{RD} \geqslant 0.01$ |
| 中 | $10 \leqslant V_{85}-V_d \leqslant 20$ | $10 < V_{85} \leqslant 20$ | $-0.04 \leqslant \Delta f_k < 0.01$ |
| 差 | $V_{85}-V_d > 20$ | $V_{85} > 20$ | $\Delta f_k < -0.04$ |

② 速度的预测

a. 基本假设

速度的预测是基于如下的假设：

（a）车速只受线形变化的影响；

（b）不考虑缓和曲线的影响，在圆曲线上车速保持不变；

（c）在长直线上的车速可以达到期望速度。

b. 评价指标（表 6-4）

**评价指标**　　**表 6-4**

| 线形组合 | 可选变量 | 所选变量 | $R_a^2$ | $C_p$ | $n$ |
|---|---|---|---|---|---|
| 平曲线和竖直线 | $1/R$、$e$、$G$、$L_N$、$e/R$ | $1/R$、$e$、$G$ | 0.66 | 1.25 | 48 |
| 平直线和竖凸曲线 | $1/K$、$L_V$ | $1/K$ | 0.03 | 1.12 | 8 |
| 平直线和竖凹曲线 | $1/K$、$L_V$ | $1/K$、$L_V$ | 0.54 | 3.00 | 6 |
| 平曲线和竖凸曲线 | $1/R$、$1/K$、$e$、$e/R$、$L_N$ | $1/R$、$1/K$、$e$、$L_N$ | 0.50 | 4.33 | 25 |
| 平曲线和竖凹曲线 | $1/R$、$1/K$、$e$、$e/R$ | $1/R$ | 0.95 | 0.05 | 16 |

c. 预测模型（表 6-5）

预 测 模 型　　　　表 6-5

| 线形条件 | 客车回归模型 | $N$ | $R^2$ | $MSE$ |
|---|---|---|---|---|
| 平曲线和竖直线 $0\leqslant G<4\%$ | $V_{85}=106.3+3595/R$ | 28 | 0.92 | 2.84 |
| 平曲线和竖直线 $4\%\leqslant G<9\%$ | $V_{85}=94.46+2744.49/R$ | 14 | 0.56 | 6.86 |
| 平曲线和竖直线 $-9\%\leqslant G<0$ | $V_{85}=100.87+2720.78/R$ | 22 | 0.59 | 6.38 |
| 平直线和凹竖曲线 | $V_{85}=100.19+126.07/K$ | 5 | 0.68 | 3.51 |
| 平曲线和凹竖曲线 | $V_{85}=106.39+3595.29/R$ | 28 | 0.92 | 2.84 |
| 平直线和限制视距凸竖曲线 $K\leqslant 43$ | $V_{85}=111.07+175.98/K$ | 6 | 0.54 | 3.51 |
| 平曲线和限制视距凸竖曲线 $K\leqslant 43$ | $V_{85}=101.90+3283.01/R$ | 16 | 0.78 | 3.95 |

③ 加速度预测

从速度模型的输出来讲，美国的 IHSDM 的加速度预测是为了解决直线段和圆曲线段预测运行速度之间平滑连接而作的努力。

a. 基本假设

基本假设来自 FHWA-RD-94-034 的研究成果，并基于其中两个假定：ⓐ所有的加速或者减速过程都发生在平曲线之外；ⓑ加速度率和减速度率都是定值 0.85m/s。IHSDM 运用反证法和实地观测论证了这两个假定在预测模型中的不可行性，并开发了新的加速度模型。

b. 加速度模型

通过实地调查发现司机开始加速或者减速的位置各不相同，最大和最小的速度也不是出现在较为稳定的区域内，另外也发现，影响加速度的因素并不只是平面要素。

加速度值为 0.85m/s 的位置出现在小于半径为 250m 的路段，大于半径 250m 的路段加速度值远小于 0.85m/s。通过回归分析，IHSDM 推荐了如图 6-8、图 6-9 所示模型。

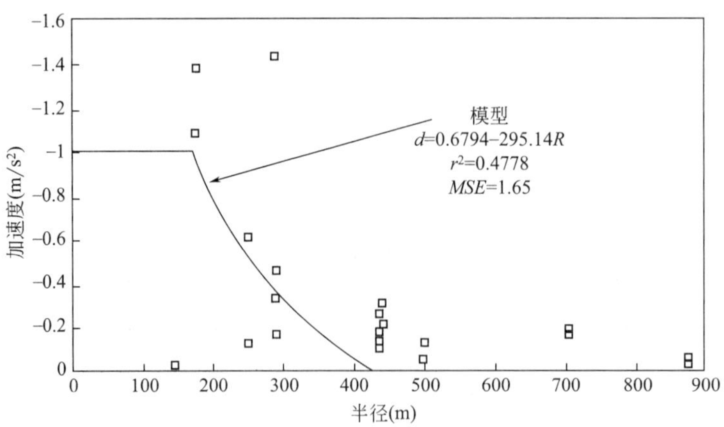


图 6-8　IHSDM 中的加速度模型

3）DCM 分析

① DCM 的优点

DCM 比较直观地输出了线形设计非一致性路段，标出了存在安全问题和隐患的路段，

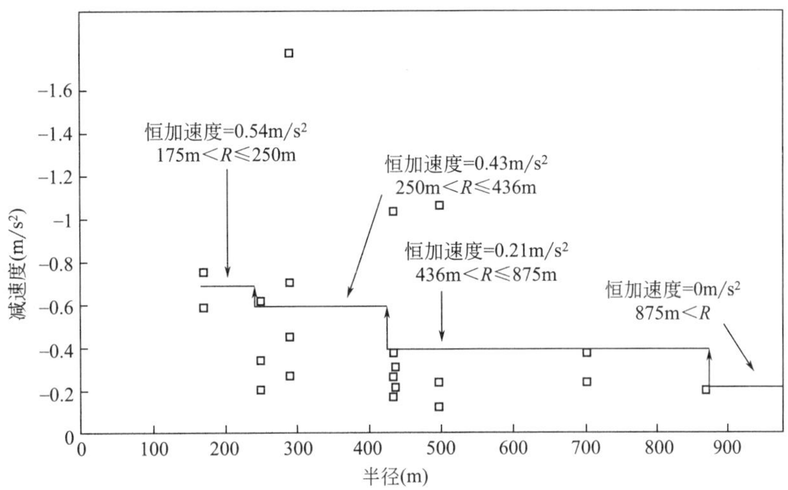


图 6-9　IHSDM 中的减速度模型

有利于道路的不良路段及时得到改善。

② DCM 的缺点

虽然 DCM 在评价线形安全性方面有着极大的成就，但是也应该看到它还是有很多的不足之处。在速度的预测方面，其速度的预测值和实际观测值之间有着较大的差异（图 6-10、图 6-11）。

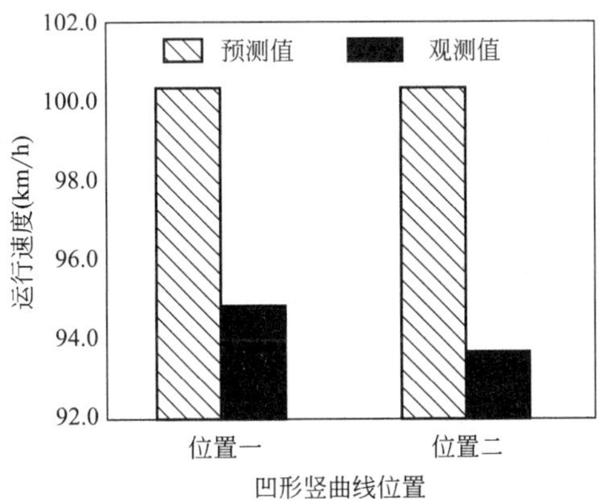


图 6-10　凹形竖曲线上的预测值和观测值

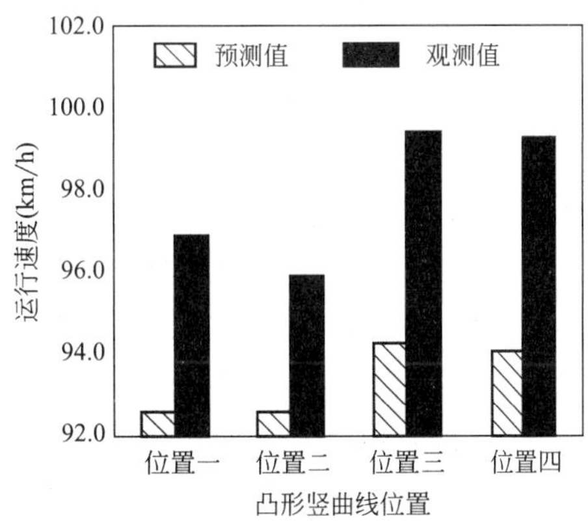


图 6-11　凸形竖曲线上的预测值和观测值

## 6.3.2　国内道路线形安全评价技术

1. 安全审查阶段

（1）湖北省安全审查

1999 年中国湖北研究院提出《湖北省公路规划/设计安全审查程序》，其安全审查清单总体框架如表 6-6 所示。

安全审查清单由 4 个阶段组成，共计由 17 个具体的表单构成。通过这些具体的表单，安全审查人员就可以有针对性地检查并提出相关的修改意见。

湖北省公路设计安全审查清单　　表 6-6

| 阶段 1(规划) | 阶段 2(设计) | 阶段 3(施工) | 阶段 4(现有道路) |
|---|---|---|---|
| P:规划中道路 | D1:平面线形<br>D2:纵面线形<br>D3:横断面线形<br>D4:平纵横综合线形<br>D5:路基<br>D6:路面<br>D7:结构物<br>D8:互通立交<br>D9:平面交叉<br>D10:附属设施<br>D11:安全设施 | C1:施工一般性审查<br>C2:改扩建与大中修<br>C3:新建与临时维修 | E1:现有公路设施<br>E2:事故多发路段 |

(2) 新疆安全审查

1998 年同济大学受新疆高等级公路管理局委托，为其高等级公路制定了道路安全评价程序，其评价清单的主要内容如表 6-7 所示。

评 价 清 单　　表 6-7

| 交通分析 | 沿线气象分析 | 事故历史分析 | 路　　线 |
|---|---|---|---|
| 出入口、路边店、加油站 | 路线平面交叉口 | 互通式立体交叉 | 分离式立交 |
| 桥梁、隧道与结构物 | 交通工程沿线设施 | 标志、标线与照明 | 路基、路面工程 |
| 特殊道路用户 | 其他问题 | — | |

(3) 湖南省安全审查

湖南省交通工程学会为湖南省制定了“交通安全审查表”、“交通安全设计指南”和“安全审查实施程序”三部分成果。其中，“交通安全审查表”由专家提出的 250 个问题组成，“交通安全设计指南”针对 250 个问题给出具体的分析和应达到的标准。这些成果既便于安全检查人员进行项目检查，又便于设计人员进行自我检查。

总的来看，在安全审查过程中，评价人员可以根据清单上的详细内容逐项进行检查，必要时可以实地踏勘分析具体的环境影响因素。这种方法有很强的针对性，并且简单易行，为很多业主单位乐于接受实施。在目前的形势下，安全审查程序还有很大的应用空间。但是安全审查只是比较简单地评价道路的安全状况，没有在可能引发交通事故的内在因素中来排查潜在危险，也没有详细分析探讨交通事故和线形的内在联系和规律。因此，安全审查只是道路安全评价技术的初级阶段形式。

2. 基于事故率回归分析阶段

北京工业大学的陈永胜等人通过对汉宜高速公路多年交通事故统计资料的分析研究得出了平面直线、平曲线、纵坡路段、组合曲线路段、横断面设计、中央隔离带设计和路侧设计等方面的安全特性规律。其部分研究成果如表 6-8 所示。

表 6-8 北京工业大学陈永胜等人的部分研究成果

| 评价对象 | 理论模型 | 注　释 |
|---|---|---|
| 长直线 | $Y=12.773e^{0.618x}$ | $Y$:预测事故数;<br>$X$:对应参数值;<br>$S=1$:有缓和曲线时;<br>$S=0$:无缓和曲线时;<br>$i$:坡度值;<br>$L$:坡长值 |
| 反向曲线间短直线 | $Y=-79.971X^3+299.53X^2-356.45X+153.69$ | |
| 平曲线半径 | $Y=-15.876X^3\ln(X)+162.08356.45X+153.69$ | |
| 缓和曲线 | $Y=-15.876X^3\ln(X)+162.083-32.29S$ | |
| 最大坡长 | $Y=1.0409ABS(i)12.28365L$ | |

这种研究在当时的条件下是一个全新的课题，把我国的安全评价研究推到了量化的层次，在应用中取得了很大的成功，也为进一步的研究奠定了基础，具有一定的积极意义。但是，研究结果里的模型过于简单，样本数量较少，不能够准确地反映交通安全问题和线形之间的内在联系。另外，量化的结果没有统一或者用客观的标准进行评价，只能根据评价人员的经验给出最终的结论。

3. 基于线形和车速回归分析阶段

(1) 北京工业大学的 RsdSup

这个阶段的主要成果就是北京工业大学的任福田教授、刘小明教授等人开发的道路安全设计支持平台（Road Safety Design Support Platform，简称 RsdSup）。该平台的核心指标是“信息离差”，即“驾驶期望车速与道路需求车速转换频度的离差”。驾驶期望速度根据汽车动力学，并将人的因素介入到汽车动力系统中，综合得到期望速度。道路需求速度是根据道路线形和实测车速进行回归之后得到的代表性统计规律值。其工作原理如图 6-12 所示。

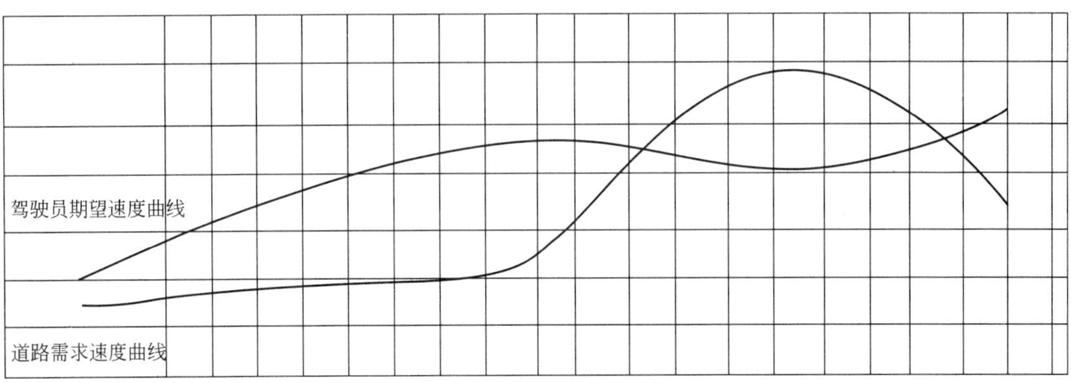


图 6-12　RsdSup 的信息离差示意图

这种方法引入了人的影响因素，考虑了人承载信息的能力，得到期望速度。当人接收到的有效信息量下降时，出现“信息过载”现象，表现为期望速度和道路需求速度的离差变大，此时就会出现潜在行车危险，容易发生交通事故。但是这种方法的最大缺陷在于简化了汽车动力系统计算，并且简化了驾驶员的行为系数标定，这对研究结果造成了很大的误差。车速是由人、车、路这个系统共同作用的结果，它的变化既有必然的规律，又有偶然的因素，因此简化动力系统计算会造成计算车速和实际车速的偏差过大，计算结果的说服力不强。

（2）长安大学的可能速度

长安大学的杨少伟教授最近提出了“可能速度”的概念，并在公路线形设计和道路线形安全评价中应用。可能速度的含义是指在良好的气候条件和交通条件下，汽车的行驶只受到公路本身线形条件影响，技术熟练的驾驶员驾驶汽车沿某条公路行驶时，可能达到的速度，简称可能速度。可能速度是一种连续的最大可能的运行速度，它和以往的设计速度、运行速度有着很大的区别，可用图 6-13 表示。

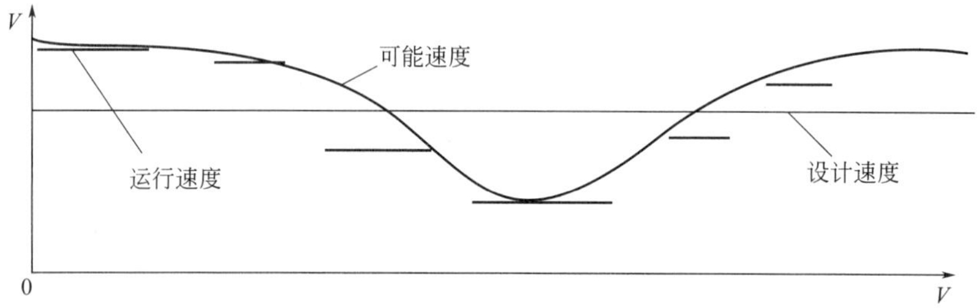


图 6-13　可能速度、运行速度、设计速度的关系

可能速度应用于检查、评价公路线形设计的质量和安全性，公路设计中与行驶速度有关的其他设计项目也可应用可能速度进行设计。如行车视距、会车视距、超车视距，横断面设计、爬坡车道的设置、避险车道的设置、高速公路或平面交叉的变速车道长度设置和限速标志等方面。总的来看，可能速度纠正了设计速度的不变性和运行速度的区间性的缺点，把对速度的认识提高到了连续变化的层次，这是很大的进步。当然，这个概念还有很多可以提高的地方，如速差的标定需要进一步的调查：和 CAD 技术结合起来实现实时修改技术。

4. 道路安全后评价阶段

国内的吴伟明等人也开始探讨道路交通安全后评价，指出线形应具有良好的平面线形、纵面线形、良好的平纵组合及视距、合成纵坡等，为了更好、合理地评价道路线形质量，采用如图 6-14 所示的层次分析模型作为道路线形质量评价的指标体系。

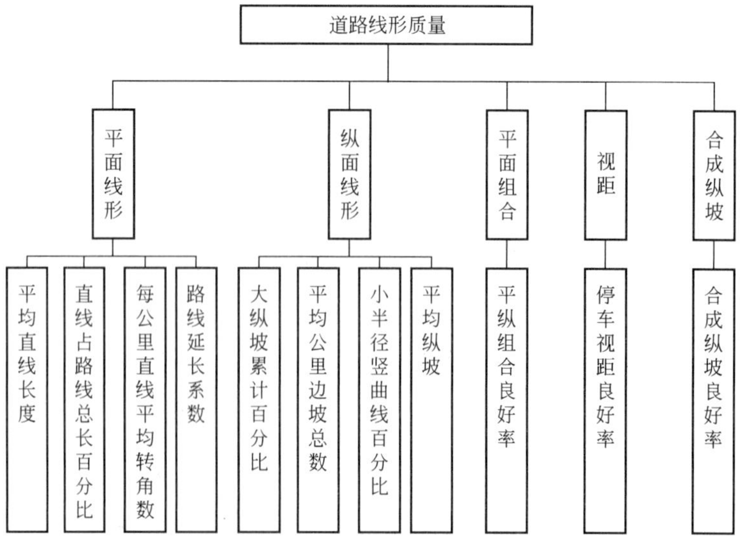


图 6-14　道路线形质量评价指标体系示意图

道路线形后评价体系在一定程度上还是比较有效的，为节约投资、提高社会效益作出了很大贡献。但是这个评价体系主要是根据现有规范的内容拟定评价指标，评价的范围和深度不够。值得一提的是，这个评价体系建立的指导方法采用“模糊灰色层次”的分析方法，采用了系统分析的思想，还是值得学习的。

# 第7章　道路线形安全评价方法应用

根据第 6 章的介绍可知，现阶段国内外用于道路线形安全评价的比较成熟的技术是基于几何参数指标的评价方法、基于运行速度的指标评价法、仿真评价法以及基于事故率的评价方法，本章节主要介绍几种方法的应用。

## 7.1　运行速度评价法

对道路线形设计而言，设计速度是目前公路设计的控制依据，决定了路线线形设计要素的最小指标值，而实际行驶过程中，运行速度是衡量与检查路线设计指标的合理性及相互间配合是否恰当的重要依据，其运行速度的变化幅度客观反映了线形指标的均衡性和道路线形设计的连续性。在运行速度模型的基础上用运行速度变化率和线形指标及线形组合之间的相关关系来评价道路线形安全性。

### 7.1.1　运行速度的相关概念

运行速度（Operating Speed）指的是中等技术水平的驾驶人员根据实际道路条件、交通条件、良好气候条件等能保持的安全速度。通常采用测定速度的第 85 位百分位行驶速度作为运行速度。运行速度、期望速度、设计速度的逻辑关系可用图 7-1 表示。

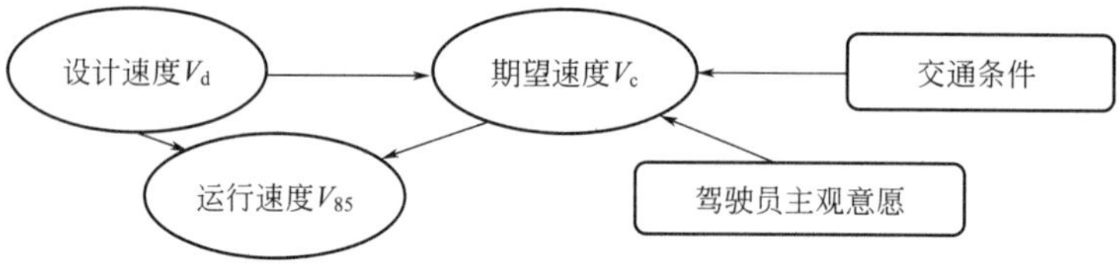


图 7-1　运行速度、期望速度、设计速度的逻辑关系

运行速度差 $\Delta V_{85}$ 的定义为：自由流状态下，连续路段上前后两个断面 $i-1$、$i$，分别调查两个断面上 $n$ 辆车的断面车速，统计计算第 85%位的车数值，即运行车速值分别为 $V_{85}(i-1)$、$V_{85}(i)$，那么其差值 $V_{85}(i-1)-V_{85}(i)$ 即为运行车速差 $\Delta V_{85}$，如图 7-2 所示。

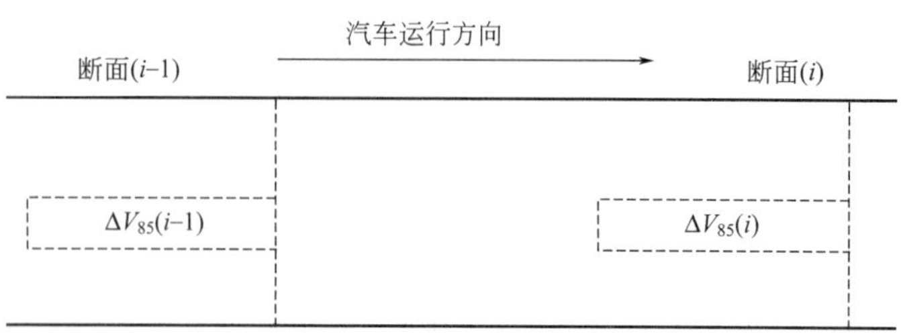


图 7-2　运行车速差 $\Delta V_{85}$

### 7.1.2 运行速度预测方法

1. 平直线段运行速度预测模型

在任选一个方向进行第一次的运行速度 $V_{85}$ 测算时，首先要推算与设计路段衔接的相邻路段速度，作为本路段的初始运行速度 $V_0$。一般可通过表估算各种设计速度对应的小客车运行速度，作为预测路段的初始运行速度 $V_0$，表 7-1 所示为设计速度与初始运行速度 $V_0$ 的对应关系。

**设计速度与初始运行速度$V_0$ 的对应关系** **表 7-1**

| 设计速度（km/h） | 60 | 80 | 100 | 120 |
|---|---|---|---|---|
| 初始运行速度 $V_0$ | 80 | 95 | 110 | 120 |

通过对平直线段数据的处理分析，可得到小客车在平直段稳定行驶的运行速度为 100km/h，这也是驾驶员在平直段上的期望速度。通过统计观测数据得到平直线段各个调查点的运行速度，如表 7-2 所示，可知当初始运行速度小于期望速度且直线长度足够时，车辆会加速行驶，直到达到期望速度。当初始运行速度在期望速度附近时，车辆近似于匀速行驶。

**平直线段运行速度统计表** **表 7-2**

| | 距直线起点的位置 | | | | |
|---|---|---|---|---|---|
| 距离（m） | 0 | 50 | 100 | 200 | 300 |
| 初始速度 $V_0$（km/h） | 60 | 85 | 100 | 107 | 110 |
| | 70 | 91 | 101 | 106 | 111 |
| | 80 | 95 | 104 | 108 | 111 |
| | 90 | 99 | 108 | 111 | 111 |
| | 110 | 108 | 110 | 111 | 111 |

根据表 7-2 可计算得到加速度统计表，见表 7-3。

**加速度统计表** **表 7-3**

| | 对应的加速度（m/s²） | | | |
|---|---|---|---|---|
| 不同初始速度（km/h）<br>加速距离（m） | 60 | 70 | 80 | 90 |
| 50 | 0.38 | 0.34 | 0.3 | 0.2 |
| 50 | 0.3 | 0.2 | 0.18 | 0.18 |
| 100 | 0.07 | 0.05 | 0.04 | 0.03 |
| 100 | 0.05 | 0.05 | 0.035 | 0.002 |

由表 7-3 可知，在车辆达到稳定行驶速度之前，车辆的加速度随着加速距离的增长而减小。那么，对加速度与加速距离进行相关性分析，并由此得出两者之间的关系式，如表 7-4 所示。

**加速度 $a$ 与加速度距离 $s$ 关系表** **表 7-4**

| 初始速度 $V_0$(km/h) | 加速度方程 | 相关系数($R^2$) |
|---|---|---|
| 60 | $a=0.6300-0.00580s$ | 0.95 |
| 70 | $a=0.4900-0.004400s$ | 0.83 |
| 80 | $a=0.4475-0.00415s$ | 0.85 |
| 90 | $a=0.3640-0.00348s$ | 0.98 |

在平直段加速过程中小客车的运行速度的加速度为：

$$a=\frac{\mathrm{d}v}{\mathrm{d}t}=\frac{\mathrm{d}v}{\mathrm{d}s}\frac{\mathrm{d}s}{\mathrm{d}t}$$

式中 $v$——运行速度（km/h）；

$t$——运行时间（h）；

$s$——加速度距离（km）。

假设 $a=f(s)$，便有

$$\int_0^x f(s)\mathrm{d}s=\int_{V_0}^V v\mathrm{d}v$$

通过此方程，就可以根据初速度值和加速段距离计算加速路段任一点的运行车速值。

2.平曲线段运行速度模型

由前文运行速度影响因素分析可知，影响平曲线段小客车运行速度的重要因素为平曲线半径。因此，在建立平曲线段的运行速度预测模型时考虑将半径作为解释变量。平曲线段的运行速度与半径、曲率的散点图，如图 7-3、图 7-4 所示，可知：平曲线运行速度随着半径的增加而变大，随曲率增加而变小。

由表 7-5 可知：$V_{85}$ 与 $r$ 的 Kendall 的 tau _ b 检验中，置信度为 0.007（<0.01），因

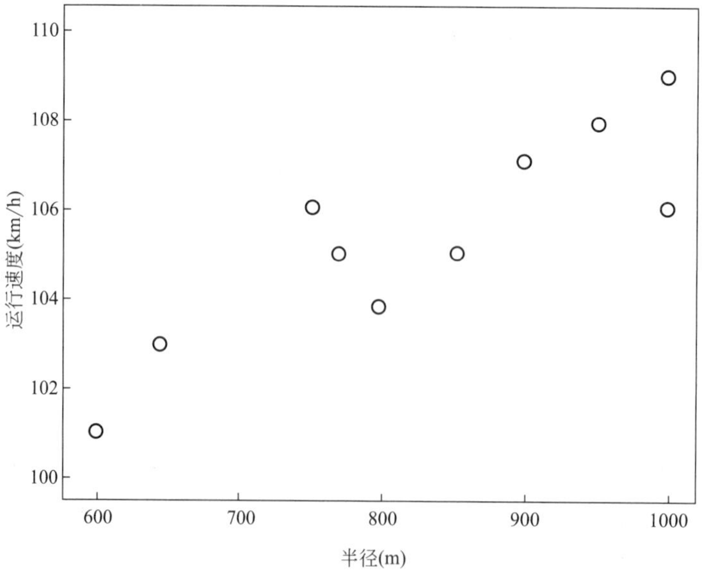


图 7-3 平曲线段运行速度与半径的离散图

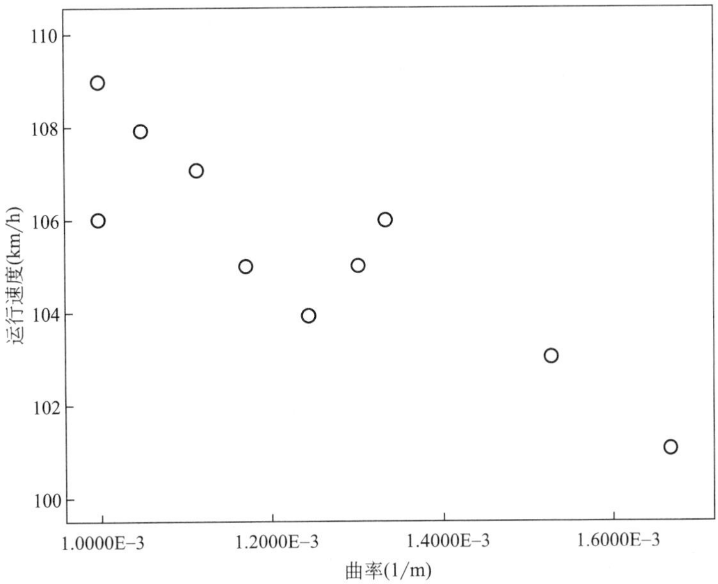


图 7-4　平曲线段运行速度与曲率的离散图

此 $V_{85}$ 与 $r$ 的相关性显著。

**平曲线段运行速度与半径相关性显著性检验表**　　**表 7-5**

| 相关系数 | | | | |
|---|---|---|---|---|
| | | | $R$ | $V_{85}$ |
| Kendall 的 tau_b | $r$ | 相关系数 | 1.000 | 0.690 |
| | | $Sig$(双侧) | — | 0.007 |
| | | $N$ | 10 | 10 |
| | $V_{85}$ | 相关系数 | 0.690 | 1.000 |
| | | $Sig$(双侧) | 0.07 | — |
| | | $N$ | 10 | 10 |

**平曲线段运行速度预测基础模型**　　**表 7-6**

| 变量 | 系数 | 标准误差 | $t$-统计量 | 概率 | 判定系数 |
|---|---|---|---|---|---|
| $r$ | 0.01293 | 0.002903 | 5.143677 | 0.0009 | 0.867829 |
| $C$ | 93.05288 | 2.430722 | 38.28198 | 0 | |
| $1/r$ | −9358.254 | 1709.258 | −5.475038 | 0.0006 | 0.889341 |
| $C$ | 117.0299 | 2.155173 | 54.30185 | 0 | |

由表 7-6 可知，根据拟合优度，最终确定平曲线段运行速度预测模型为：

$$V_{85}=117.0299-9358.254/r \quad R^2=0.89$$

图 7-5 所示为平曲线段运行速度观测值与预测值对比图。

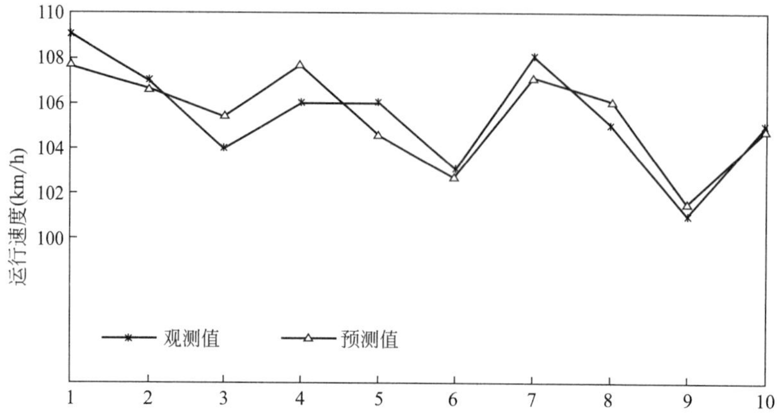


图 7-5　平曲线段运行速度观测值与预测值对比图

3. 弯坡组合路段运行速度预测模型

根据以往的研究可知：在弯坡组合段运行速度预测模型方面，国外的研究提供了一种思路，即根据平曲线模型与纵坡模型的研究成果进行合理组合来建立弯坡段运行速度模型，首先用统计方法分析其各种影响因素（包括半径、偏转角、超高、坡度等），确定主要影响因素，从而找出相对合理的平纵组合方式，建立弯坡组合段运行速度预测模型。

为了识别数据中可能存在的关系，提高数据的统计能力，需对某些变量进行转换。通常情况下，曲线半径和坡度需要转换。在数据采集中选择调查点时，坡度在＋6％和－6％之间的范围内。坡度在各个调查点间比较稳定，因此无须转换。因此，在本研究中考虑转换的唯一变量是曲线半径，主要的转换方式是半径的逆，即曲率。那么，在下面的研究中将涉及曲率与运行速度的关系研究。

首先绘制运行速度与坡度、半径、曲率、偏转角的散点图，如图 7-6～图 7-9 所示。由这些图，可明显看出运行速度随着坡度的变化而呈现一定的规律性，运行速度随着坡度的增加而减小。而在运行速度与半径、曲率和偏转角的散点图中，运行速度也呈现出一定的聚集性，但是规律性并不明显。为了进一步确定坡度 $g$、半径 $r$、曲率 $1/r$ 和偏转角 $DFC$ 与运行速度的关系，可进行相关性分析。

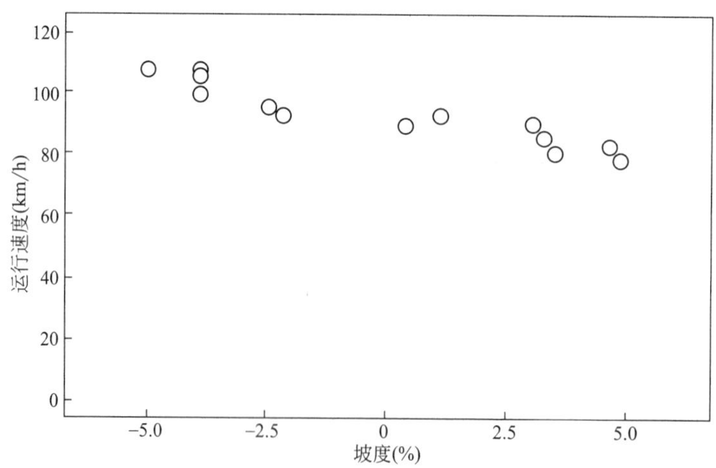


图 7-6　运行速度与坡度的散点图

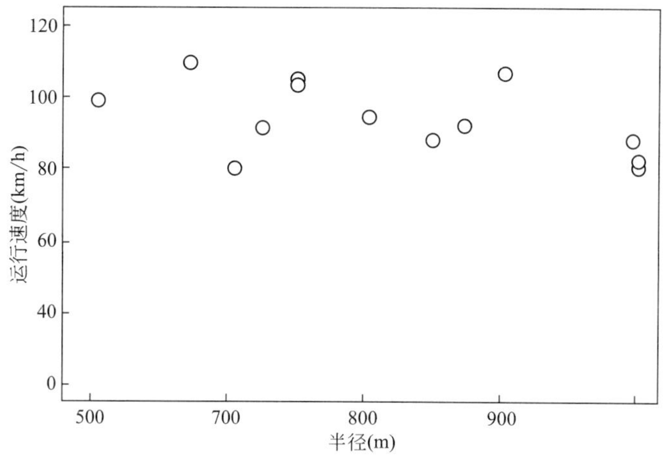


图 7-7 运行速度与半径的散点图

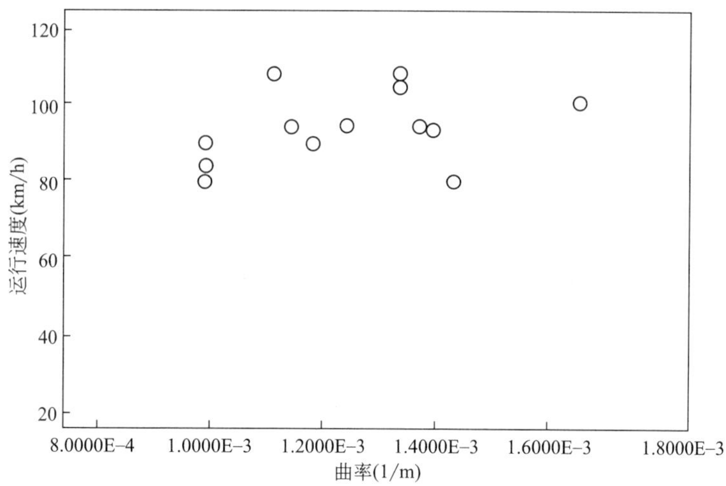


图 7-8 运行速度与曲率的散点图

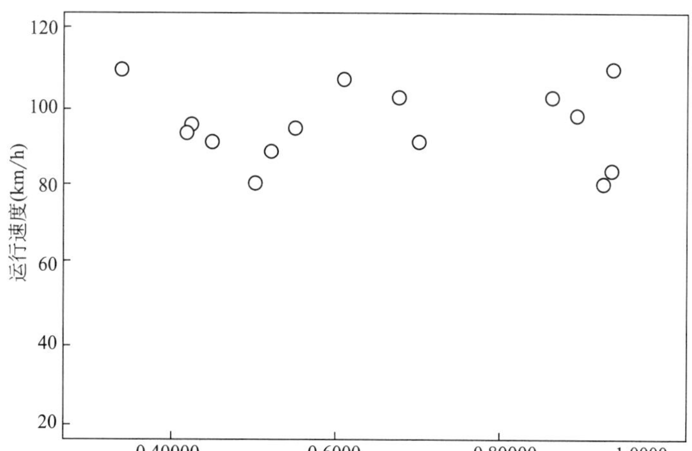


图 7-9 运行速度与偏转角的散点图

弯坡组合路段各变量之间关系分析 表 7-7

| | $g$ | $1/r$ | $r$ | $DFC$ | $V_{85}$ |
|---|---|---|---|---|---|
| $g$ | 1 | 0.585272 | −0.63602 | 0.120289 | −0.93297 |
| $1/r$ | 0.58527 | 1 | −0.98645 | −0.12368 | −0.40964 |
| $r$ | −0.63602 | −0.98645 | 1 | 0.189647 | 0.363267 |
| $DFC$ | 0.120289 | −0.12368 | 0.189647 | 1 | −0.1121 |
| $V_{85}$ | −0.93297 | −0.40964 | 0.363267 | −0.1121 | 1 |

由表 7-7 可知：坡度与运行速度负相关，且相关性比较强（−0.93297），同时均率与运行速度的相关性大于半径与运行速度的相关性。因此，在运行速度预测模型中选择曲率作为变量比较合适。需特别注意的是，偏转角与运行速度的相关性并不明显，这说明在平曲线半径满足一定条件时，运行速度受偏转角的影响比较大。因此，建立弯坡组合段上运行速度与坡度、曲率之间的关系模型。

$$V_{85}=-2.86259g-3119.27/r+109.194(600\leqslant r\leqslant 1000\text{m})\quad R^2=0.81$$

由模型的回归系数显著性检验表（表 7-8）、模型的拟合优度检验和显著性检验表（表 7-9）的检验结果看，弯坡组合段上运行速度预测模型的显著性水平较高，能较好地拟合数据。

回归系数显著性检验表 表 7-8

| 变量 | 系数 | 标准误差 | $t$-统计量 | 概率 |
|---|---|---|---|---|
| $g$ | −2.865259 | 0.301712 | −9.496662 | 0 |
| $1/r$ | −13119.27 | 5444.714 | −2.409543 | 0.0393 |
| $C$ | 109.0194 | 6.739481 | 16.17624 | 0 |

模型的拟合优度检验和显著性检验表 表 7-9

| 判定系数 | 0.81236 | 因变量均值 | 93.58333 |
|---|---|---|---|
| 调整后的判定系数 | 0.83733 | S. D. dependent var | 9.643258 |
| 回归 | 12.99200 | Sum squared resid | 80.59605 |
| F-统计量 | 52.6326 | 概率(F-统计量) | 0.000011 |

由弯坡组合路段观测值与预测值比较图（图 7-10）的检验结果可以看出，弯坡组合路段上运行速度预测模型显著性水平较高，能较好地拟合数据。

### 7.1.3 基于运行速度的评价指标

影响道路线形安全的因素很多，各种影响因素之间彼此又存在着密切的相关关系，因此公路的安全性评价是一个多目标、多属性的复杂问题，在对公路线形安全性进行评价时，仅从单一指标评价不能反映公路安全的实际水平，而采用过多的指标评价时，又使评价变得复杂，难以直观判别。因此，建立公路线形安全性评价体系，可对多评价指标进行分析、量化、计算、综合，并将各评价指标分层归类，从而对道路线形的安全水平作出准确评价。

如何在众多繁杂的指标中选取最合理的因素，是一种原则性和科学性都很强的工作，

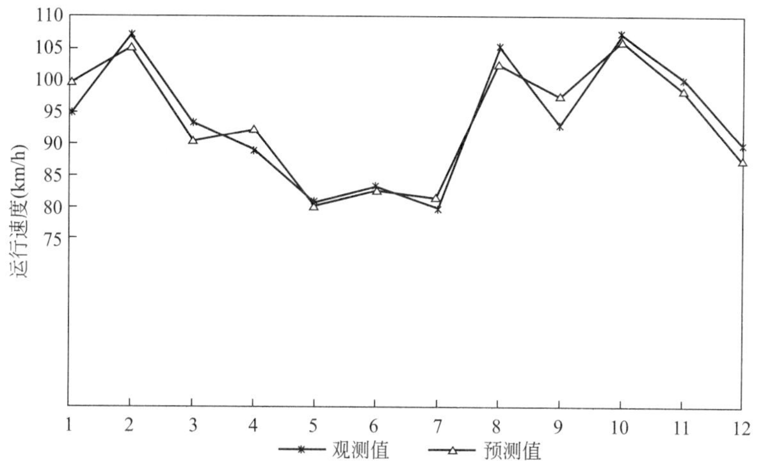


图 7-10　弯坡组合路段观测值与预测值比较图

必须解决好如何选择对安全影响相对较大的指标；各个指标的模型如何建立，并使之简洁有效；各个指标之间的关系及互相之间的重要性比较，这将涉及指标体系中各个指标的权重确定；如何实现指标的量化评价等问题。因此，线形安全性评价指标必须是一个多目标、多属性的指标体系，该指标体系通过对影响公路线形安全的各种指标进行定量计算，辅以定性分析，参照各个指标的评价标准，最后才能对公路线形单元或路段安全的总体水平给出综合评价。

1. 设计速度与理论运行速度协调性指标

设计速度是公路线形设计的依据，它规定了公路设计中各线形指标的最低取值，而运行速度是衡量公路线形设计质量的标准，它反映了线形设计是否合理、线形是否连续、指标是否均衡。因此，运行速度与设计速度的差值大小，在某种程度上反映了公路线形与设计要求的符合程度，反映了公路线形的连续性和安全性。结合《指南》的评价标准，可以提出基于设计速度与理论运行速度差值的线形连续性评价标准，如表 7-10 所示。

**基于设计速度与理论运行速度差 ΔV 的线形连续性评价标准**　　　　**表 7-10**

| 设计速度(km/h) | 设计速度与运行速度差 $\Delta V$(km/h) | 连续性评价判断 |
|---|---|---|
| 40～60 | $\Delta V \leqslant 10$ | 好 |
| | $10 < \Delta V$ | 不良 |
| 80～120 | $\Delta V < 10$ | 好 |
| | $10 \leqslant \Delta V \leqslant 20$ | 一般 |
| | $20 < \Delta V$ | 差 |

2. 相邻路段运行速度差比值标准

运行速度协调性评价是对相邻路段的理论运行速度的差值进行评价。相邻路段是指平面、纵断面、横断面指标或设计速度不同的相接路段，一般是指平曲线的起点、曲中点、终点、纵断面变坡点及横断面宽度变化的前后路段。《指南》推荐的运行速度协调性评价指标是相邻路段运行速度的差值 $\Delta V_{85}$，具体的评价标准依据如下：

$|\Delta V_{85}| < 10$km/h：运行速度协调性好；

10km/h$\leqslant |\Delta V_{85}| \leqslant$20km/h：运行速度协调性较好；

$|\Delta V_{85}| \geqslant$20km/h：运行速度协调性不良。

《指南》给出的上述评价指标是一个绝对值，表示的是相邻路段运行速度的变化幅度。由于《指南》主要是基于高速公路安全性评价进行的研究，这种绝对值的评价指标对于高速公路的线形评价具有比较好的评价意义，但是由此推广到其他等级公路（设计速度不同的各级公路）来评价线形的连续性则不可靠。例如，从100km/h的当前运行速度变化为下一路段的80km/h，与从50km/h的当前运行速度变化为下一路段的30km/h，虽然运行速度差值都是20km/h，但其变化幅度对于行车状况的影响一定是不同的，从50km/h变化为30km/h的情况显然会让驾驶员感觉更加剧烈，相应的线形也就越不连续，对安全的影响也越大。因此，仅用相邻路段的运行速度差绝对值来评价线形安全是不够的，应用相邻路段运行速度差的比值$RV$来评价路段的连续性，可以弥补该类缺陷。该指标表述如下式所示：

$$RV = \left| \frac{v_i - v_{i-1}}{v_{i-1}} \right|$$

式中　$RV$——相邻路段理论运行速度差的比值；

$v_i$——当前路段的理论运行速度；

$v_{i-1}$——前一段的理论运行速度。

该指标可以描述为当前路段理论运行速度与前一路段理论运行速度的相对速度差值。相对于《指南》的运行速度的绝对差值，采用一个速度比值的形式能更好地反映出运行速度变化的剧烈程度。当$RV$值比较大时，说明相邻路段理论运行速度的变化很剧烈，线形就越不连续，从而对安全的不利影响也较大；反之，当$RV$值较小时，说明运行速度变化小，车辆能够平稳地行驶，线形较为连续。$RV$指标可以满足不同等级公路的安全性、连续性评价。$RV$指标的优劣如表7-11所示。

**$RV$指标的评价标准**　　　　**表7-11**

| $RV$指标 | 道路线形的优劣 |
|---|---|
| $<0.1$ | 线形良好 |
| $0.1 \leqslant RV < 0.2$ | 线形一般 |
| $>0.2$ | 线形较差 |

3. 相邻路段运行速度变化率

利用运行速度差对相邻路段进行评价主要考虑速度变化的相对值，并没有反应速度变化率的大小。例如，速度差值同为20km/h的两个路段，假如变化段的长度相差很大的话，如一段为100m，另一段为1000m，很明显其线形指标的均衡和连续性是完全不同的，其对行车安全的影响也完全不同。这种情况无法用理论运行速度差值来反映，只能用理论运行速度变化率，即加速度来描述。利用加速度作为评价指标主要考虑两相邻路段之间在加减速时的运行速度变化率要求，加速度指标过大会降低驾乘人员的舒适感和安全感。在利用运行速度差进行评价的基础上，对指标超出安全范围的路段进行加速度指标验算，对于加速度指标值超过安全范围的路段应进行线形修改和调整。郭忠印在研究运行车速的公路线形设计质量评价时提出了表7-12所示的评价标准。

**基于加速度的线形质量评价标准** **表 7-12**

| 设计质量等级 | 加速度(m/s²) | 减速度(m/s²) |
| --- | --- | --- |
| 好 | $<0.9$ | $<1.3$ |
| 一般 | $0.9<a<1.2$ | $1.3<a<2.5$ |
| 差 | $>1.2$ | $>2.5$ |

4. 总体连续性评价标准

公路线形连续性评价的量化指标 $C$ 是根据具体公路上交通事故的统计资料，通过检验回归分析，探讨其事故率与车速标准差的相关关系，引入车速标准差等指标构建的连续性评价量化模型，从而实现全路线的连续性评价。

研究结果表明，车辆的速度与平均车速的差值越大，即车速分布越离散，事故率就会越高。事故率与车速标准差的具体模型为：$AR=9.583e^{0.0553\sigma}$，其关系曲线如图 7-11 所示。

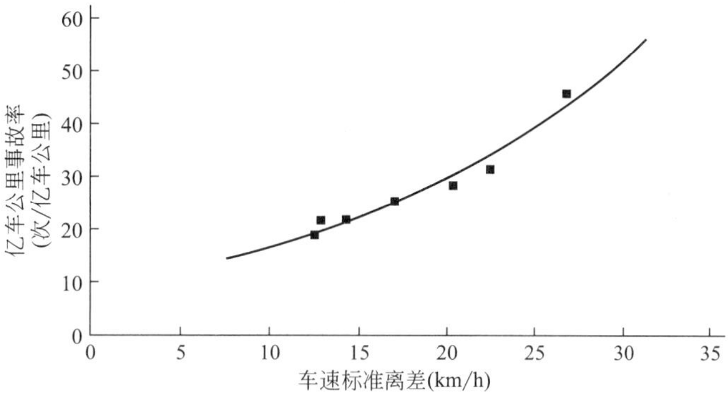


图 7-11 车速标准差与亿车公里事故率关系曲线

考虑到模型计算得出的连续性指标与车速标准离差之间的关系，结合我国公路实际的运营状况，建立了改进的线形连续性模型：

$$C=A\mathrm{e}^{-BS(\sigma/3.6)}$$

式中：$C$ 为道路线形连续性评价的指标值，$S$ 为里程 $L$ 内第 85%位车速与平均车速所围成的面积与公路里程的商，用 $S=\sum S_i/L$ 表示，$\sigma$ 为车速标准差，$A$、$B$ 为参数，$S$ 的计算示意图如图 7-12 所示。

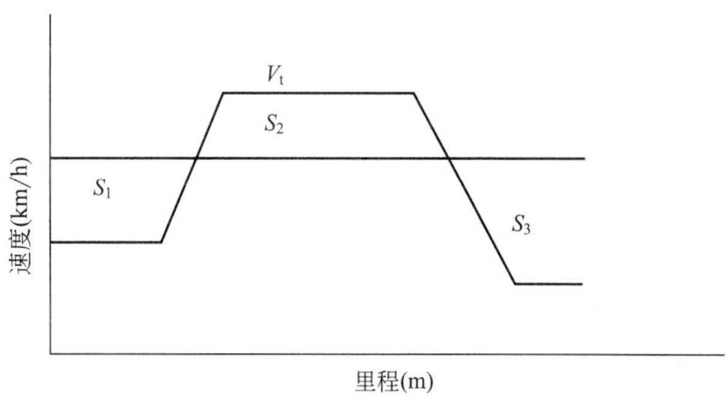


图 7-12 $S$ 的计算示意图

文中，$S$、$\sigma$ 的计算如下式所示：

$$V_{avg}=\frac{\sum_{i=1}^{n}V_i\cdot L_i}{\sum_{i=1}^{n}L_i}$$

$$S=\frac{\sum_{i=1}^{n}S_i}{\sum_{i=1}^{n}L_i}$$

$$\sigma=[\sum(V_i-V_{avg})^2/n]^{1/2}$$

式中，$L_i$ 表示第 $i$ 个路段对应的里程长度，$V_i$ 表示第 $i$ 个路段的第 85%位车速，$n$ 表示里程长度的段数；$V_{avg}$ 表示平均车速（取路段内每个几何元素的第 85%位车速的加权平均值），$S_i$ 表示第 $i$ 个分析单元第 85%位车速与路线平均车速所围成的面积。

为建立 $C$ 值与交通事故率之间的相关关系，通过对京石、京沪（上海段）、京津唐（北京段）、石台、广佛、成渝（重庆段）等高速公路的速度与事故率资料进行分析，可绘制如图 7-13 所示的 $C$ 值与亿车公里事故率关系图。

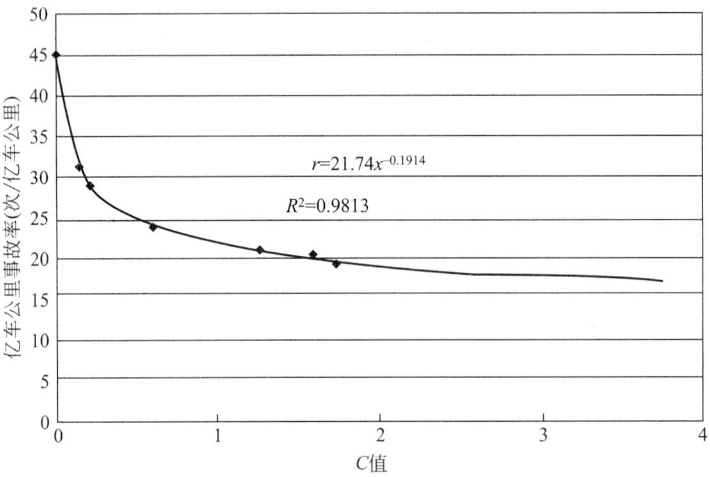


图 7-13　$C$ 值与亿车公里事故率关系图

从图 7-13 中可以看出，$C$ 值与事故率有密切的相关关系，模型具有使用性。当 $C$ 值落在（0，1）内时，相应的高速公路的亿车公里事故率变高，且曲线变化急剧，拐点出现在 1 附近；当 $C$ 值在（1，3）时，随着 $C$ 值的增大亿车公里事故率逐渐降低且曲线缓和。可以此确定评价标准为：

$0<C<1$ 时，设计一致性差；

$1<C<3$ 时，设计一致性一般；

$C>3$ 时，设计一致性良好。

### 7.1.4　某高速公路的线形安全评价

（1）某高速公路路线全长约 67km，采用双向四车道高速公路技术标准，设计行车速度采用 80km/h，其中路线部分的主要技术指标如表 7-13 所示。

**路线主要技术指标表** **表 7-13**

<table>
<tr><th>序号</th><th colspan="2">指标名称</th><th>单位</th><th>数量</th><th>备注</th></tr>
<tr><td>1</td><td colspan="2">计算行车速度</td><td>km/h</td><td>80</td><td></td></tr>
<tr><td>2</td><td colspan="2">路线总长度</td><td>km</td><td>67</td><td></td></tr>
<tr><td>3</td><td colspan="2">平曲线最小半径</td><td>m</td><td>630</td><td>一般最小值为 400</td></tr>
<tr><td>4</td><td colspan="2">不设超高的最小平曲线半径</td><td>m</td><td>2500</td><td></td></tr>
<tr><td>5</td><td colspan="2">最小缓和曲线长度</td><td>m</td><td>150</td><td></td></tr>
<tr><td>6</td><td colspan="2">同向平曲线间最短直线</td><td>m</td><td>406</td><td>5V</td></tr>
<tr><td>7</td><td colspan="2">反向平曲线间最短直线</td><td>m</td><td>162</td><td>2V</td></tr>
<tr><td>8</td><td colspan="2">最大纵坡及坡长</td><td>%/m</td><td>3.5/880</td><td></td></tr>
<tr><td>9</td><td colspan="2">最短坡长</td><td>m</td><td>313</td><td></td></tr>
<tr><td>10</td><td colspan="2">凸形竖曲线最小半径</td><td>m</td><td>7000</td><td></td></tr>
<tr><td>11</td><td colspan="2">凹形竖曲线最小半径</td><td>m</td><td>6500</td><td></td></tr>
<tr><td rowspan="2">12</td><td rowspan="2">主线路基宽度</td><td>整体式</td><td>m</td><td>24.5</td><td>双向四车道</td></tr>
<tr><td>分离式</td><td>m</td><td>12.0</td><td></td></tr>
</table>

（2）理论运行速度预测：

根据运行速度的预测方法，对该高速公路进行运行速度预测，预测路段 K71＋400～K136＋740，全长约 65km。预测运行速度时以小汽车为基准，得出该路段运行速度值，图 7-14 所示为小客车运行速度分布图。

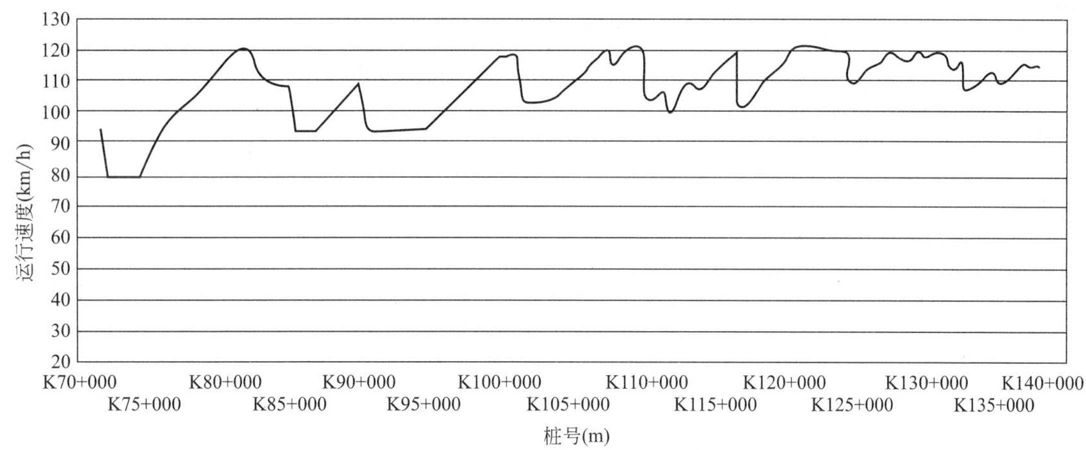


图 7-14 小客车运行速度分布图

根据 7.1.3 节提出的公路线形安全性评价指标及评价体系，选用广梧高速公路双凤至平台 K106＋950～K120＋950 约 15km 路段进行完整的线形安全性评价。理论运行速度预测所依据的公路平纵线形资料、路段划分情况以及最终的计算结果如表 7-14 所示。

线形资料及理论运行速度　　　　表 7-14

| 编号 | 起点桩号 | 终点桩号 | 路段类型 | 路段长度（m） | 圆曲线半径（m） | 坡度(%) | 理论运行速度（km/h） |
|---|---|---|---|---|---|---|---|
| 1 | K106+950.00 | K107+592.46 | 直线小纵坡 | 642.46 | — | −1.911 | 120.00 |
| 2 | K107+592.46 | K108+142.08 | 直线小纵坡 | 549.61 | 1050 | −1.911 | 118.20 |
| 3 | K108+142.08 | K108+300.00 | 直线小纵坡 | 157.92 | — | −1.911 | 118.90 |
| 4 | K108+300.00 | K108+900.00 | 直线小纵坡 | 600.00 | — | −1.563 | 120.00 |
| 5 | K108+900.00 | K109+600.01 | 直线小纵坡 | 700.00 | — | 1.43 | 120.00 |
| 6 | K109+600.01 | K110+003.96 | 直线小纵坡 | 403.96 | — | −0.68 | 120.00 |
| 7 | K110+003.96 | K110+550.00 | 直线小纵坡 | 546.04 | 744 | −0.68 | 104.40 |
| 8 | K110+550.00 | K110+829.78 | 直线小纵坡 | 279.78 | 744 | 1.999 | 105.20 |
| 9 | K110+829.78 | K111+180.00 | 直线小纵坡 | 350.22 | — | 1.999 | 106.90 |
| 10 | K111+180.00 | K111+367.43 | 直线大纵坡 | 187.43 | — | 3.5 | 106.79 |
| 11 | K111+367.43 | K111+740.00 | 直线大纵坡 | 372.57 | 630 | 3.5 | 99.73 |
| 12 | K111+740.00 | K112+001.06 | 曲线小纵坡 | 261.06 | 630 | −1.761 | 100.20 |
| 13 | K112+001.06 | K112+150.00 | 直线大纵坡 | 148.94 | — | −1.761 | 100.90 |
| 14 | K112+150.00 | K112+573.99 | 直线大纵坡 | 423.99 | — | −3.5 | 105.16 |
| 15 | K112+573.99 | K113+030.00 | 曲线大纵坡 | 456.01 | 950 | −3.5 | 109.62 |
| 16 | K113+030.00 | K113+580.02 | 曲线大纵坡 | 550.02 | 950 | 3.15 | 108.78 |
| 17 | K113+580.02 | K114+100.00 | 直线小纵坡 | 519.98 | — | 3.15 | 108.07 |
| 18 | K114+100.00 | K115+700.00 | 直线小纵坡 | 1600.00 | — | 1.1 | 115.30 |
| 19 | K115+700.00 | K116+510.89 | 直线小纵坡 | 810.89 | — | −0.8 | 118.80 |
| 20 | K116+510.89 | K116+850.00 | 曲线小纵坡 | 339.11 | 700 | −0.8 | 102.50 |
| 21 | K116+850.00 | K117+180.48 | 曲线小纵坡 | 330.48 | 700 | −2.606 | 103.30 |
| 22 | K117+180.48 | K118+550.00 | 直线小纵坡 | 1369.52 | — | −2.606 | 109.70 |
| 23 | K118+550.00 | K111+300.00 | 直线小纵坡 | 750.00 | — | 0.53 | 113.30 |
| 24 | K111+300.00 | K119+900.00 | 直线小纵坡 | 600.00 | — | −1.93 | 115.70 |
| 25 | K119+900.00 | K120+500.00 | 直线小纵坡 | 600.00 | — | 0.6 | 118.30 |
| 26 | K120+500.00 | K120+950.01 | 直线小纵坡 | 450.00 | 120 | 1.9 | 120.00 |

（3）安全性评价指标计算：

根据本书第 4 章提出的指标计算、评分方法以及理论运行速度预测结果和线形资料，计算实例路段各个指标得分，如表 7-15 所示。

路段各个指标得分　　　　表 7-15

| 编号 | 路段类型 | 指标 $\Delta v$ | 得分 | 指标 $RV$ | 得分 | 指标 $a$ | 得分 |
|---|---|---|---|---|---|---|---|
| 1 | 直线小纵坡 | 40.00 | 50 | — | — | — | — |
| 2 | 曲线小纵坡 | 38.20 | 52 | 0.02 | 93 | −0.0083 | 98 |
| 3 | 直线小纵坡 | 38.90 | 52 | 0.01 | 95 | 0.032 | 97 |

续表

| 编号 | 路段类型 | 指标 $\Delta v$ | 得分 | 指标 $RV$ | 得分 | 指标 $a$ | 得分 |
|---|---|---|---|---|---|---|---|
| 4 | 直线小纵坡 | 40.00 | 50 | 0.01 | 95 | — | — |
| 5 | 直线小纵坡 | 10.00 | 50 | 0.00 | 100 | — | — |
| 6 | 直线小纵坡 | 40.00 | 50 | 0.00 | 100 | — | — |
| 7 | 曲线小纵坡 | 24.40 | 58 | 0.13 | 75 | −0.844 | 90 |
| 8 | 曲线小纵坡 | 25.20 | 58 | 0.00 | 95 | — | — |
| 9 | 直线小纵坡 | 26.90 | 57 | 0.02 | 93 | 0.087 | 95 |
| 10 | 直线大纵坡 | 26.79 | 57 | 0.00 | 100 | — | — |
| 11 | 曲线大纵坡 | 19.93 | 60 | 0.06 | 91 | −0.284 | 93 |
| 12 | 曲线小纵坡 | 20.20 | 60 | 0.00 | 100 | — | — |
| 13 | 直线小纵坡 | 20.90 | 60 | 0.01 | 95 | — | — |
| 14 | 直线大纵坡 | 25.16 | 58 | 0.04 | 92 | — | — |
| 15 | 曲线大纵坡 | 29.62 | 55 | 0.04 | 92 | 0.205 | 90 |
| 16 | 曲线大纵坡 | 28.78 | 55 | 0.01 | 95 | — | — |
| 17 | 直线大纵坡 | 28.07 | 56 | 0.01 | 95 | — | — |
| 18 | 直线小纵坡 | 35.30 | 53 | 0.07 | 91 | — | — |
| 19 | 直线小纵坡 | 38.80 | 52 | 0.03 | 92 | — | — |
| 20 | 曲线小纵坡 | 22.50 | 59 | 0.14 | 74 | −0.809 | 89 |
| 21 | 曲线小纵坡 | 23.30 | 59 | 0.01 | 95 | — | — |
| 22 | 直线小纵坡 | 29.70 | 50 | 0.06 | 91 | 0.339 | 89 |
| 23 | 直线小纵坡 | 33.10 | 54 | 0.03 | 92 | — | — |
| 24 | 直线小纵坡 | 35.70 | 53 | 0.02 | 93 | — | — |
| 25 | 直线小纵坡 | 38.30 | 52 | 0.02 | 93 | — | — |
| 26 | 直线小纵坡 | 40.00 | 50 | 0.01 | 95 | — | — |
| 平均得分 |  | — | 54.62 | — | 92.88 | — | 92.63 |
| 综合指标 $C$ | 88 |  |  |  |  |  |  |

从计算的结果可以了解到该路段总体的安全性状况良好，但是具体到单个指标，发现设计速度与理论运行速度差 $\Delta v$ 的得分较低，即 $\Delta v$ 的值基本都大于 20km/h，因此，有必要按 100km/h 的运行速度对该路段平纵曲线的各种技术指标进行安全性检验。

## 7.2 仿真评价法

仿真评价法是随着计算机技术的发展而逐渐兴起的一种新的方法，利用仿真的方法对道路线形进行评价，既可以对现有路段进行仿真模拟，也可以对设计阶段中的虚拟路段进行模拟评价。其关键技术便是利用虚拟驾驶员、车辆、道路等模型模拟驾驶员在道路上驾驶车辆行驶的过程。本小节采用 Carsim 软件作为仿真平台，运用插值定义法建立三维道路模型，用驾驶员预瞄控制理论来控制模拟驾驶员的操作过程。

### 7.2.1 仿真基础

合理的仿真模型是进行基于车辆行驶仿真的道路线形安全评价研究的关键，文中选用车辆动力学软件 Carsim 为操作平台，根据仿真需要搭建车辆模型、道路模型和驾驶员控制模型，并对人—车—路的综合仿真模型进行双移线试验和直角转弯工况试验，验证模型稳定性和可靠性。

1. 软件介绍

Carsim 软件操作简单，可嫁接性强，是 MSC（Mechanical Simulation Corporation）利用 VehicleSim 技术开发的一款专门针对车辆动力学的仿真软件。Carsim 中拥有完整的轮胎、悬架模块，为汽车的设计、研发、测试提供了更好的决策方法。软件中车辆组成包含了车体悬架、轮胎模型、转向系、制动系、道路条件模型和空气动力学模型，能快速地对指定条件下的车辆运动特性进行仿真，常用于仿真测试车辆行驶过程中驾驶员的操纵难易性、车辆稳定性、平顺性、动力性、制动性等参数，对试验结果的参数进行试验曲线和三维动画输出，并提供了与 Matlab/Simlink、C＋＋、VB 语言间的接口，为进行更为深入结果的分析提供了方便，目前广泛应用于汽车控制系统的研究开发和车辆行驶的安全性研究。图 7-15 所示为 Carsim 软件主界面，包含了车辆模块、数字求解器模块、仿真动画输出模块，其中数字求解器是此软件的核心。

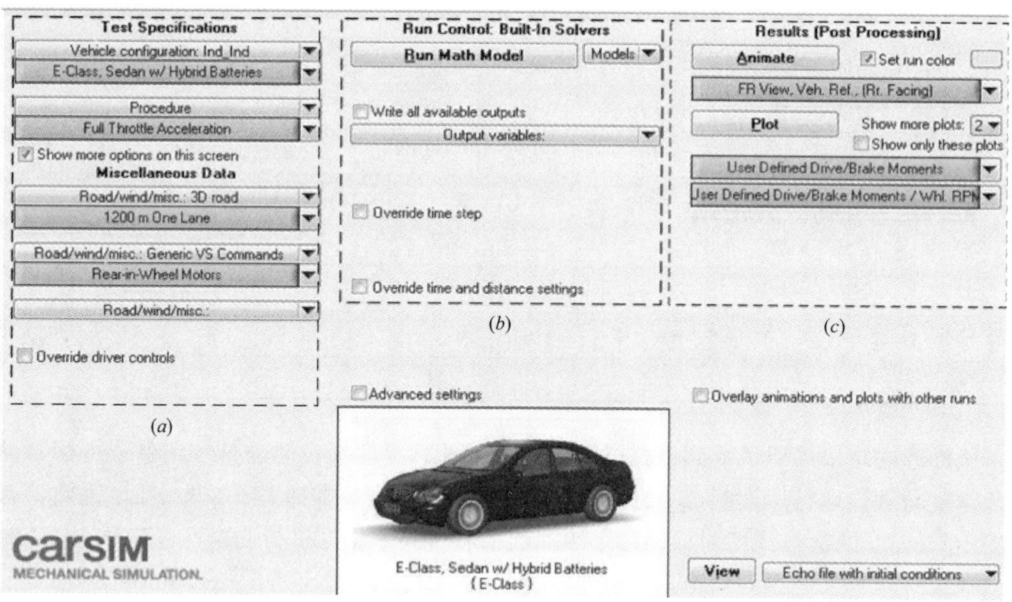


图 7-15 Carsim 工作主界面

（*a*）车辆模型和仿真条件设置；（*b*）数学仿真求解设置；（*c*）仿真结果和动画输出

利用 Carsim 可以简化仿真工作者的工作内容，提供一个更为快速和精确的建模仿真过程，赢得更多的时间、精力去改进试验过程，获得更为理想的试验过程和仿真结果。相比其他仿真软件 Carsim 在虚拟试验分析方面具有以下优势：

（1）车型丰富，使用方便。Carsim 仿真适用于轿车、轻型多用途运输车、轻型货车、三轮车以及 SUV 的仿真建模。Carsim 自带用户入门指南，用户可根据指导手册学习模型搭建，容易上手，用户还可以详细地定义车辆模型各系统的特性参数，以及试验环境和试验过程；Carsim 中用图形控制界面控制各组成部分，用户可以方便地实现车辆动力学特性仿真，查看仿真试验运行参数实时变化曲线，观察三维仿真动画结果。

（2）仿真过程稳定，仿真结果准确性高。软件中数学模型数据库是多位车辆动力学专家经过几十年有关车辆动力学特性的研究取得的成果，其编制成果通过了虚拟车辆试验和实车检测结果的对比验证。随着新型车辆、特性、环境的增加，模型数据库也在不断丰富。OEM 用户一致认为 Carsim 的仿真试验结果与实际测试结果保持高度一致性。Carsim 模型库中的车辆模型有非线性和线性两种组成形式，可以满足不同用户对不同工作的需求。此外，Carsim 的仿真进程由先进的代码自动生成器编译，编译速度远远超过手工编码速度，提高了仿真的精确性和稳定性。

（3）道路建模过程简单、精度高。Carsim 中道路模型由道路中心线数据根据插值定义法生成道路平面，加上纵断面、超高界面、路面摩擦设置能真实还原三维道路场景。在道路中心线建模过程中，中心线坐标间距越小，道路模型真实度越高，数字化建模提高了模型精度，道路模型中还可以根据需要进行路面材料、道路景观的布置，美化三维道路环境。

（4）模型标准化程度高、可扩展性强。Carsim 软件中的数学模型库包含了整车模型系统和道路、空气动力学、驾驶员控制数据库，对各模块进行参数化控制。模型中内置的 VehicleSim 命令可以通过 Mathworks 公司的 Matlab/Simulink、Visual Basic、C＋＋实现与其他软件和程序的嫁接，为学者、科研人员进行多方位、多角度的研究和更高级的试验研究提供了方便。

（5）仿真输出结果直观、形象。Carsim 可以输出多种数据格式，将仿真结果以 mat、txt、EXP、excel 等文件格式输出，方便仿真结果的深度处理；还可以将仿真结果直观地输出为仿真实时变化曲线和仿真动画。另外，Carsim 还可以通过自带的滤波器将仿真数据进行简易化去噪处理，优化仿真结果。

2. 仿真原理

Carsim 的仿真过程主要分为四个步骤，见图 7-16。

所谓的仿真模拟就是 Carsim 软件进行数字求解分析的过程，Carsim 有两种常用的求解方法，一是用软件自带的数字求解器进行求解；二是运用 Simulink、VB、C 语言接口进行自定义模型求解器求解。模型的求解过程是 Carsim 仿真的核心，弄清仿真求解的原理对深入仿真研究至关重要。

Carsim 跟其他车辆数学模型的建立过程相似，同样也是采用微分方程建立数学模型。为了保证数学微分方程模型在运算过程中的实时性，Carsim 求解器中采用二阶龙格—库塔方法来进行数值积分，该方法在完成上一仿真步长时，直接更新求解模型的状态变量，并不去判断仿真步长是否满足要求，节省了运算时间，从而有效地保证了模型运算效率和实时性。

二阶龙格—库塔方法，简称 RK2，假设对于微分方程（7-1）

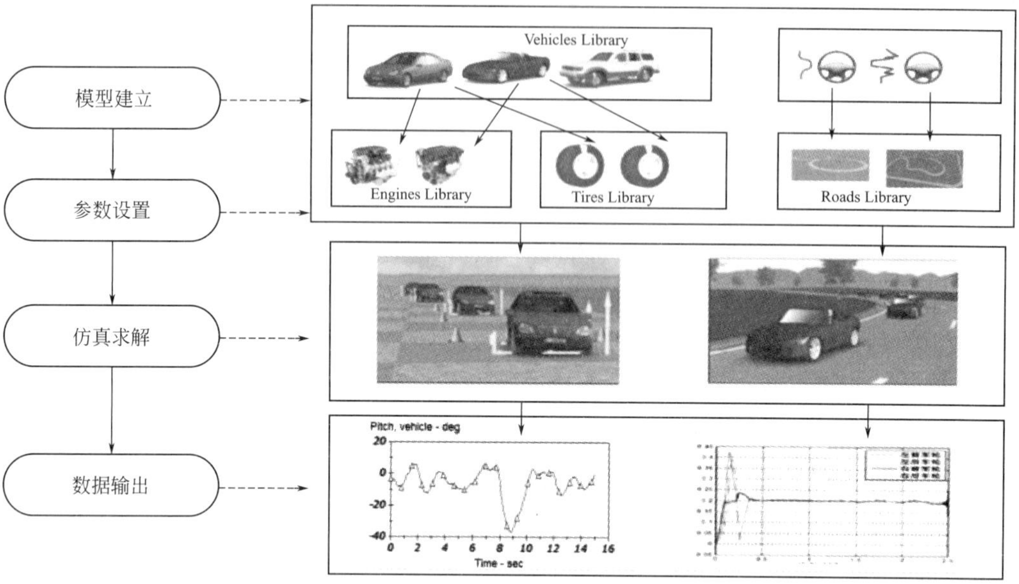


图 7-16　Carsim 的仿真过程

$$\begin{cases} y' = f(x, y) \\ y(x_0) = y_0 \end{cases} \tag{7-1}$$

$y'$ 是 $x$ 与 $y$ 的非线性函数，在 $t$ 时刻 $y(t) \approx y_t$，为了计算下一时刻的 $y(t+\Delta) \approx y_{t+\Delta}$，二阶龙格—库塔方法采用式（7-2）计算。

$$\begin{cases} y_{t+\Delta} = y(t) + \Delta ym' \\ ym' = f(t + h/2, ym) \end{cases} \tag{7-2}$$

式（7-2）中 $ym'$ 为半仿真步长点的导数值，$\Delta$ 为仿真试验步长，如图 7-17 所示。

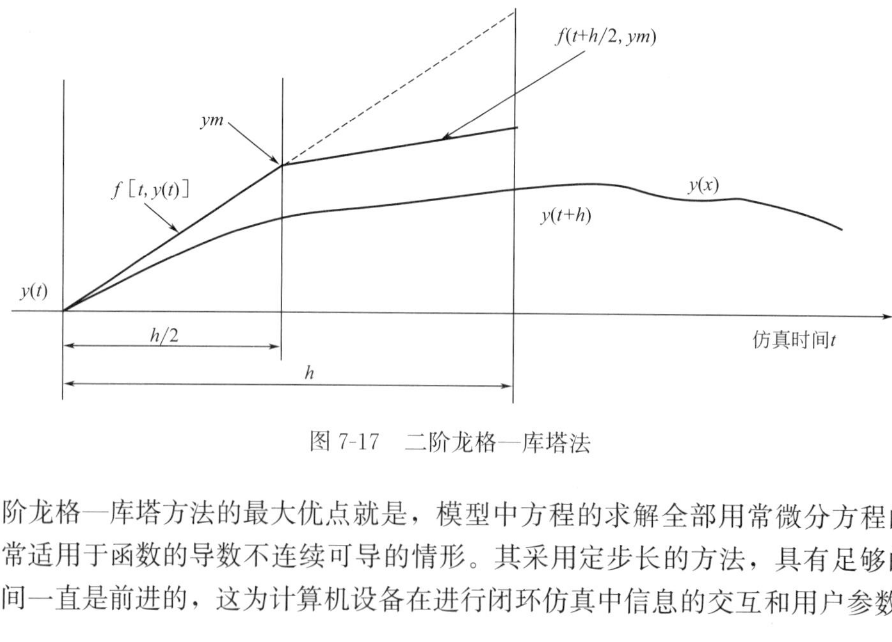


图 7-17　二阶龙格—库塔法

二阶龙格—库塔方法的最大优点就是，模型中方程的求解全部用常微分方程的形式，并且非常适用于函数的导数不连续可导的情形。其采用定步长的方法，具有足够的精度，仿真时间一直是前进的，这为计算机设备在进行闭环仿真中信息的交互和用户参数的自我处理提供了便利的连接条件，同时该方法可以供用户便利地改变仿真步长来验证误差和精度，可以在一定程度上克服该模型在特定条件下精度不足的状况。

### 7.2.2 人—车—路仿真模型

在 Carsim 软件平台下，仿真建模过程主要包括车辆模型、道路模型、驾驶员控制模型三个模块，每一模块都有相对独立的模型数据库和参数设置过程。其中，车辆模型是基础，道路模型是进行道路安全评价必不可少的条件，驾驶员控制模型是整个仿真模型的关键，直接决定着仿真的精度。

1. 车辆模型

Carsim 在车辆模型数据库中，提供了四种供用户选择的车辆类型，每种类型中又包含几种车型，如两厢车、三厢车、SUV、皮卡等，并且对每种车型也可以进行自定义设置。通过车辆模型分类（表 7-16）可以看出 Carsim 的仿真车辆类型等级主要分为四级，A-Class、B-Class、C-Class、D-Class，这为仿真试验的设计、公路安全行驶模拟评价提供了充足的车辆类型。

**车辆模型分类** **表 7-16**

| 车辆等级 | 类型 | 图片 | 类型 | 图片 |
|---|---|---|---|---|
| A-Class | Hatchback |  | GT |  |
| B-Class | Hatchback |  | PicUp |  |
| C-Class | Hatchback |  | Ttactor |  |
| | Minivan |  | Utility |  |
| D-Class | Sedan |  | SUV |  |

为了提高仿真试验精度，Carsim 车辆模型数据库中既可以定义整车类型，也可以对整车的不同部件进行参数化设置，不同用户可以根据不同需要确定自己的试验车型。Carsim 在传统车辆动力学基础上结合现代多体动力学建模方法，将仿真车辆模型抽象简化为 10 个部分：1 个车体部分、4 个旋转车轮、1 个发动机曲轴部分、4 个簧下质量部分，如图 7-18 所示。

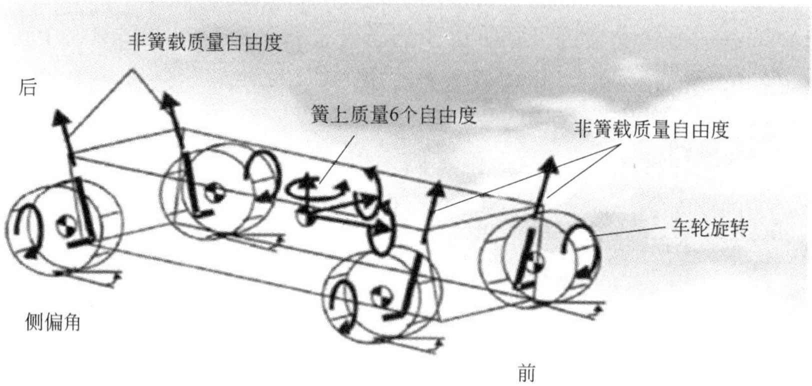


图 7-18　车辆模型抽象简化示意图

抽象后悬架共 10 个刚体，27 个自由度，利用求解器根据抽象条件仿真求解可以简化运算过程。Carsim 还将车体分为七大子系统，方便各部件的参数化设置，分别为车体、制动系、传动系、空气动力学、转向系、悬架和轮胎，如图 7-19 所示。

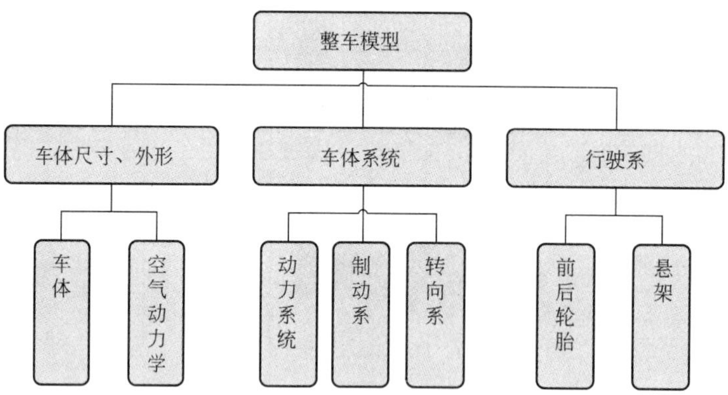


图 7-19　Carsim 整车模型系统构成

文中将选用 D-Class、Sedan 型小汽车作为原型，通过对车体数据进行查阅，获取车辆的主要参数，如质心高度可以通过侧倾法、摇摆法、力矩平衡法等试验方法获得，汽车转动惯量通过整车匹配经验式计算而得。

$$I_{yy}=m_1a^2+m_2b^2 \tag{7-3}$$

$$I_{zz}\approx I_{yy} \tag{7-4}$$

$$I_{xx}\approx (B/L)I_{yy} \tag{7-5}$$

式中：$I_{xx}$、$I_{yy}$、$I_{zz}$ 分别表示绕 $X$、$Y$、$Z$ 轴的转动惯量（$kg\cdot m^2$）；$m_1$、$m_2$ 分别表

示车辆前、后轴载质量（kg）；$a$、$b$ 分别表示车辆质心与前后车轴距离（m）；$B$ 表示车轴宽度，取前后轴两者的平均值或最大轮距（m）；$L$ 为汽车尺寸总长度（m）。根据查阅和计算所得试验车辆所有参数结果见表7-17，依据实体车辆数据在软件中完成对仿真车辆模型的搭建，其余车体动力系统和转向系统采用车型默认设置，不考虑空气动力学的影响。

**整车模型参数** **表 7-17**

| 试验车参数 | 参数值 | 单位 |
|---|---|---|
| 长×宽×高 | 4687×1700×1450 | mm |
| 质心高度 | 555 | mm |
| 轴距 | 2656 | mm |
| 悬挂质量 | 1220 | kg |
| 前轮距 | 1414 | mm |
| 后轮距 | 1422 | mm |
| 转动惯量 $I_{xx}$ | 1302 | kg·m$^2$ |
| 转动惯量$I_{yy}$ | 2152 | kg·m$^2$ |
| 转动惯量$I_{zz}$ | 2152 | kg·m$^2$ |
| 前悬挂刚度 | 21 | N/mm |
| 后悬挂刚度 | 30.6 | N/mm |
| 轮胎有效滚动半径/宽度 | 289/195 | mm |
| 最大轮胎允许作用力 | 1000 | N |

2. 道路模型

进行道路线形安全评价有效工作的前提是建立待评价路段精准的道路三维模型。文中选用插值定义原理建立三维道路模型，可以方便地根据道路路线设计资料完成模型的建立，实现道路三维动画，并且进行参数存储道路模拟，方便路线设计的改进和评价。

（1）道路建模原理

Carsim 软件通过定义道路中线三维坐标完成道路的几何形状建模，通过定义摩擦系数来完成路面建模，从而实现道路三维建模。Carsim 道路模型库中还可以添加道路景观、交通标志、植物、山体等素材，可以让仿真界面生成优美的动画，更直观地了解道路情况。

模型中道路平面模型用一系列绝对坐标（道路沿线绝对坐标）或相对坐标，一般选择道路中心线坐标，定义出道路平面走向线形。假设，沿参考线的路径实际长度为 $S$，在道路模型中，沿参考线路径长度是一个相对独立的空间变量。对于某特定道路，其中心线长度一定，$S$ 值为定值，有唯一对应的（$X$，$Y$）坐标，当然也可以用道路两侧边缘线定义 $S$ 值和与其对应的（$X$，$Y$）坐标。图 7-20 中 $S_{(path)}$ 是道路中线上离散点中相邻两点直线距离的代数和，用 $S(x，y)$ 的函数表达式表示。任意点坐标（$x_i$，$y_i$），相应的路径长度增量可用毕达哥拉斯定理计算，当前点路径长度值加上后一点路径（$x_i$，$y_i$）的增量，即可以得到后一点的路径长度，任意一点路径长度 $S_i$ 可以用式（7-6）表示。

$$S_i = S_{i-1} + \sqrt{(x_i - x_{i-1})^2 + (y_i - y_{i-1})^2}, (i > 1) \quad (7\text{-}6)$$

如图 7-20 所示，模型中有两种定义道路的方法：第一种方法是由插值定义法设定的路线总长度 $S_{(path)}$（图中用蓝色表示），在曲线路段时会略小于实际道路长度 $S'$（在图中以黑色线段表示），文中采用插值定义法建立路线长度时，可以分段设置不同路段道路属性，如路面信息、摩擦系数、目标速度和横向位置等，还可以让道路模型实现参数化设置，方便修改等。第二种方法是使用参考线横向偏移量 $\Delta l$ 表示，横向偏移量 $\Delta l$ 是相对于参考线的横向距离，图中用蓝色双向箭头表示。与路径 $S$ 一样，$\Delta l$ 也在水平面中定义，用于定义道路沿线路径，还可用该法定义道路横向超高、轨迹分布、转向角度、路面摩擦等信息。两种建模方法同样在模型计算过程当中会出现$S_{(path)}$ 略小于实际长度$S'$的情形，这要求在实际仿真建模中要采用足够的数据点，才可以用路径长度 $S$ 代替道路真实长度 $S'$，并且输入数据点坐标间距越小，道路模型真实度越高。

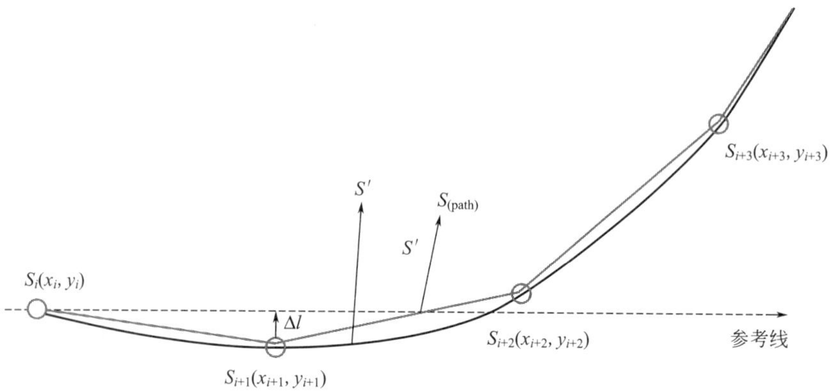


图 7-20　计算当前点路径长度示意图

根据以上分析可知，两种定义道路中心线坐标的方法可以通过低阶程序互相转换，简单表示为（$X$，$Y$）坐标系转换为（$S$，$L$）坐标系，便于驾驶员模型中判断汽车在道路上的位置，为仿真计算过程提供车辆轮胎着地点坐标。相反，（$S$，$L$）坐标系同样也可以转换为（$X$，$Y$）坐标系，为动力学计算和仿真动画提供变量。纵断面中道路的高程 $Z_{road}$ 由（$S$，$L$）的函数表示：

$$Z_{road}=Z_{ref}(S)+Z_{map}(L,S,1)+Z_{map}(L,S,2) \tag{7-7}$$

（2）道路建模过程

道路模型具体通过输入包含路线逐桩坐标、路线高程、超高、路面摩擦系数等道路设计资料建立，其设计界面如图 7-21 所示。

由图 7-21 中可以看出，道路建模过程主要包括几何线形（Geometry）、摩擦系数（Friction）和仿真动画设置（AnimatorSupport）三个部分。其建模的具体过程如下：

1）定义道路中心线位置。将道路中心线逐桩坐标的绝对坐标整理为 doc 或 txt 格式，将所有（$X$，$Y$）坐标分别拷贝到软件中，设置相应参数，可以生成与 $S$ 一一对应的（$X$，$Y$）坐标，软件内部运用样条插值法计算道路中线上的任一点 $S$ 值，并通过这种方法建立道路平面线形走向线。

2）定义道路中心线的高程。同平面线形定义相同，将中心线高程数据拷贝到软件中，通过式（7-7）的计算可以自动生成不带路面宽度的道路纵断面线形。

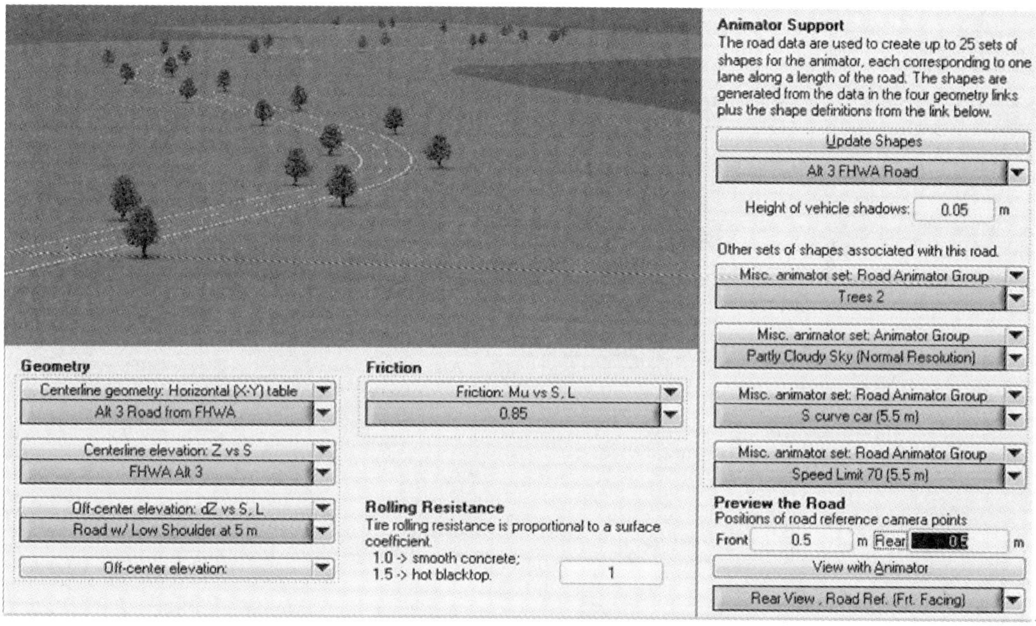


图 7-21　道路建模界面

3）定义横断面超高。完成平纵断面线形后，道路宽度和横断面超高，采用软件中的 Off-center elevation 模块进行设置，模块中通过定义偏离道路中心线路面与道路平面的高差，来设置路面的超高，若无超高设置，则可默认高差为 0。

4）道路摩擦系数。为了满足道路的真实情况，还应设置路面摩擦系数。软件中设置路面摩擦系数（Friction），可以采用定值，也可以通过与道路中心线的线性变化关系来确定。

5）道路环境设置。软件 Road 数据库中有大量路面、环境、交通标志、草坪、树木等素材，用户可以根据需要进行相应设置，方法同 3）、4）根据（$S$，$L$）的相对位置关系或（$X$，$Y$）的平面坐标关系设置，三维道路建模过程如图 7-22 所示。

3. 驾驶员控制模型

驾驶员控制模型是道路安全评价中最为重要的一个环节，车辆在行驶过程中由驾驶员控制虚拟驾驶，模拟道路车辆运行状态，模型的好坏直接影响到仿真结果的精度，在仿真建模过程中必须建立切合实际的驾驶员控制模型。合理的驾驶员控制模型可以以目标路径为基础（文中以道路中线为目标路径），根据车辆在行驶过程中感受到的外界条件变化和采集到的路线信息，进行模糊处理，计算出下一时刻车辆应该保持的速度、转向等。根据计算结果对汽车作出加、减速度、方向盘转向变化的调整，以便保证车辆在一定的道路条件下能够安全行驶，顺利通过预定道路。模型中还通过驾驶员受力的变化调控驾驶员的操纵能力，使之尽可能地符合实际驾驶状况。

要建立合理的驾驶员控制模型，重点在于如何进行仿真模型中车辆速度控制和驾驶员转向控制的设置。研究中采用最优控制理论和驾驶员预瞄跟随理论完成驾驶员转向控制和速度控制，简称最优预瞄控制理论。

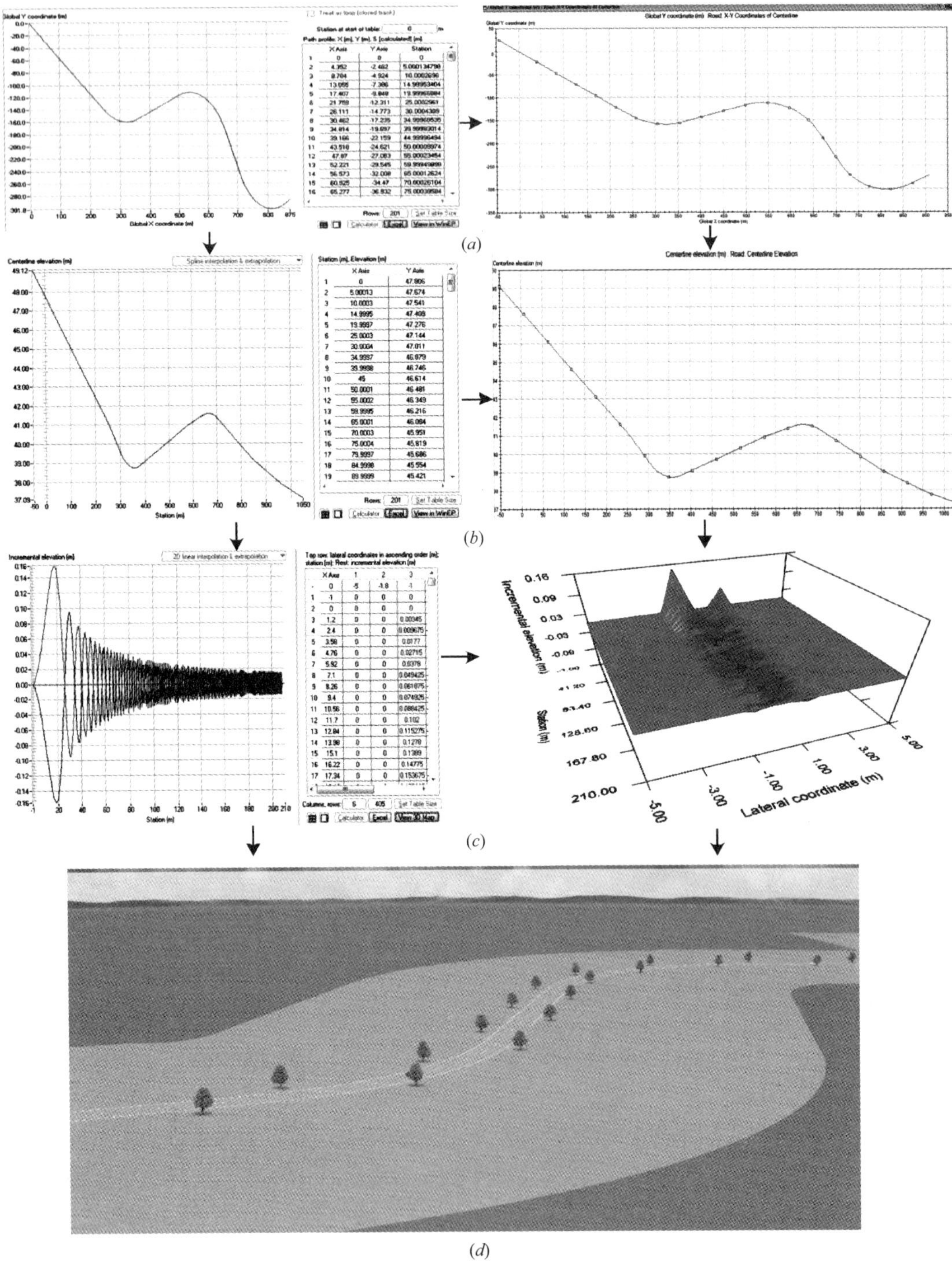


图 7-22　三维道路建模设置过程

（*a*）平面线形；（*b*）纵断面线形；（*c*）超高设置；（*d*）三维道路模型

（1）驾驶方向控制

模型中用最优预瞄控制理论建立驾驶员方向控制模型（Optimal Preview Control，简称 OPC）是美国密歇根大学交通运输研究所的 Charles MacAdam 教授提出的，到目前为止已在许多计算机程序中得到广泛应用，是目前国际上公认的驾驶员模型中准确率最高的几种主要模型之一。最优预瞄控制理论模型中，用最优化理论计算驾驶员控制模型中需要的各种信息参数，如公路几何线形参数，整车尺寸、动力系统、专项系统等参数，计算驾驶员在行驶过程中的转向地点和方向，根据综合信息以最小的误差计算方向盘转动量，使驾驶员达到切合实际的转向目的和行驶效果。传统的车辆动力学模型非常复杂，自由度较多，仿真求解过程计算量庞大，求解中要完成成千上万次的方程式迭代运算。而在车辆行驶仿真过程中，Carsim 对车辆模型和三维道路模型进行简化处理，方便仿真求解过程的仿真计算和仿真控制，如图 7-23 所示，模型中仅需要 8 个参数变量即可完成仿真转向控制。

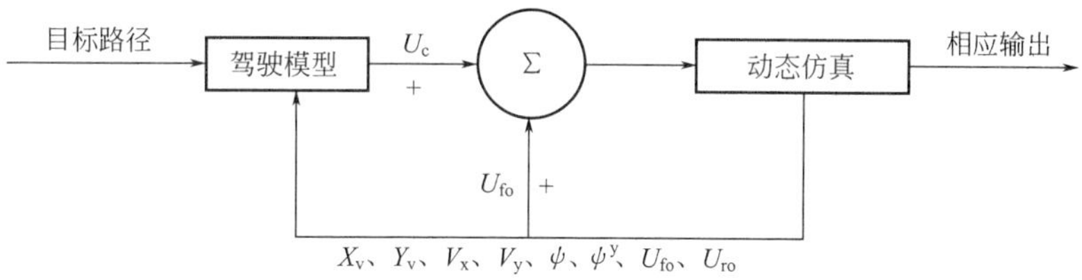


图 7-23　驾驶员方向控制过程

图中，$X_v$、$Y_v$ 分别为车辆前半轴坐标；$V_x$、$V_y$ 分别为车辆的横纵向分速度；$\psi$、$\psi^y$ 分别为车辆横向转向角和转向角速度；$U_{fo}$、$U_{ro}$ 分别为驾驶员对车辆前轮和后轮的转角控制。

由道路模型中式（7-6）和图 7-20，可知模型中目标道路由插值定义法建立，将曲线道路简化为无数个插值线段，即图 7-24 中的目标路径。驾驶员用最优控制进行方向计算时假设 $t_0$ 时刻车辆前轴中心为坐标原点，车辆起始转角 $\psi$ 等于 0，车辆纵向和横向与 $X$ 轴、$Y$ 轴相对应，在 $t_1$ 时刻车辆通过改变转角 $\psi$ 确定新的方向，在进行 $t+2$ 时刻的方向计算时，$t_1$ 时刻车辆的横向和纵向为新定义的 $X$ 轴、$Y$ 轴，以此类推，车辆前进方向始终为 $X$ 轴方向。

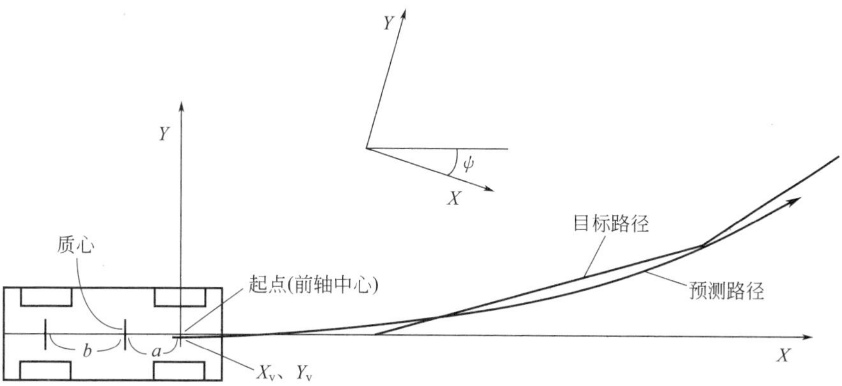


图 7-24　目标路径

驾驶员转向控制的具体设置如下：

1）在给定的预瞄时间内，依据给定的道路和当前车辆的状态参数信息，计算行驶车辆的目标路径轨迹。预瞄时间是供驾驶员反应的提前变量，驾驶员操纵车辆行驶时，应该根据前方公路线形条件预先判断行驶状态，并作出相应的转向对策。预瞄时间过长会造成更多的车辆横向偏移，而预瞄时间过短则会促使驾驶员操纵不及时，出现转向过于激烈等现象。根据用户参考手册建议预瞄时间取参考值 1.5s。

2）根据模型中目标路径和预测路径的差异计算车辆需转向程度的大小。驾驶员收到转向信息时，通过转动前轮转角改变前进方向，Carsim 主要通过最大方向盘转角、最大转向角速度两个参数影响车辆转向操作过程，而方向盘最大转角为 720°，最大转向角速度为 1200°/s。

3）根据算出的前轮转角，确定驾驶员转动方向盘转动量，结合预设的延迟时间，完成转向工作。驾驶员延迟时间和预瞄反应时间一样，是驾驶员固有的特性，其值大小应与驾驶员自身素质有关，在 OPC 模型中驾驶员反应延迟时间建议取值 0.15s 左右。

（2）车辆速度控制

车辆行驶速度可以设置为定值，也可以设置为随时间、随路径线性变化的参考值，还可以跟方向控制一样，用最优预瞄控制理论进行设置，这也是本文采用的方法和研究重点。预瞄跟随理论主要通过预瞄和跟随过程完成对车辆速度的控制。首先，需要驾驶员沿车辆行驶方向预瞄一段距离，根据预瞄到的前方公路线形条件判断允许车辆通过的最大车速，并与期望控制车速进行比较，完成对预期速度的判定。默认条件下，熟练技术驾驶员的驾驶行为，都与“最优预瞄控制理论”相适应。

1）速度控制过程。Carsim 驾驶员控制模型中速度控制方式有定速行驶和变速行驶，该预瞄跟随控制理论主要用于车辆变速行驶模型中。在实际情形中，车辆在道路上行驶时需要根据驾驶员感受到的外在条件（如公路线形、路面颠簸状况、车流量信息、车辆动力性能和自身特点等）对车辆进行操纵，改变车辆的行驶速度。一般来说，车辆在道路上行驶，在不考虑外在道路条件变化的情况下，会沿着直线保持匀速前进，达到最大期望控制车速并保持稳定；当车辆路过弯道路段或颠簸路段时，驾驶员速度控制模型会根据外界条件变化计算出最大容许通过速度，并且和设定的最大控制速度比较，将两者之间的最小速度作为通过弯道路段的实际行驶速度；为保持车辆在行驶过程中的连续性，对邻接路段速度进行削峰和平顺性处理，生成最后的运行速度分布曲线，如图 7-25 所示 $XV_{x\max}$ 为路段最大期望速度，$V_x$ 为驾驶员控制模型预先估计的某路段 $x$ 位置所允许车辆通过的最大车速。

2）加速度控制。目标速度的调整需要通过加减速度来完成，即通过汽车的纵向加速度来改变当前车速，与通过方向盘转动改变行驶方向相同，驾驶员模型通过调节车辆节气门高度和制动性能改变加减速度，以实现车辆行驶的目标速度。

如果车辆在给定的道路上行驶，汽车的速度满足驾驶员预瞄跟随控制理论模型时，则不需要改变当前车辆的行驶状态；如果当前车辆的速度超过了驾驶员预先判定速度的上限值，或者没有到原先期望的运行车速，则需要驾驶员通过调节汽车节气门大小改变车辆的行驶速度。用式（7-8）、式（7-9）表示车辆加、减速度的控制过程。

$$A_{x\text{target}}=K_P V_{\text{err}}+K_i I_{\text{err}}+K_{p3} V_{\text{err}^3} \tag{7-8}$$

$$V_{\text{err}}=V_{\text{target}}-V_{\text{x}} \qquad I_{\text{err}}=\int V d_{\text{er}} \tag{7-9}$$

其中：$A_{x\text{target}}$ 为无量纲目标加速度，$K_P$、$K_i$、$K_{p3}$ 为增益系数。

用计算得到的加速度 $A_x$，对当前车速进行调整，车辆行驶速度便与目标速度相同。模型中计算结果 $A_x$ 大于零，加速度差也大于零，则表示当前车辆正处于加速行驶过程中，并且加速度在增大；当加速度 $A_x$ 大于零，加速度差小于零时，则表示车辆处于加速行驶

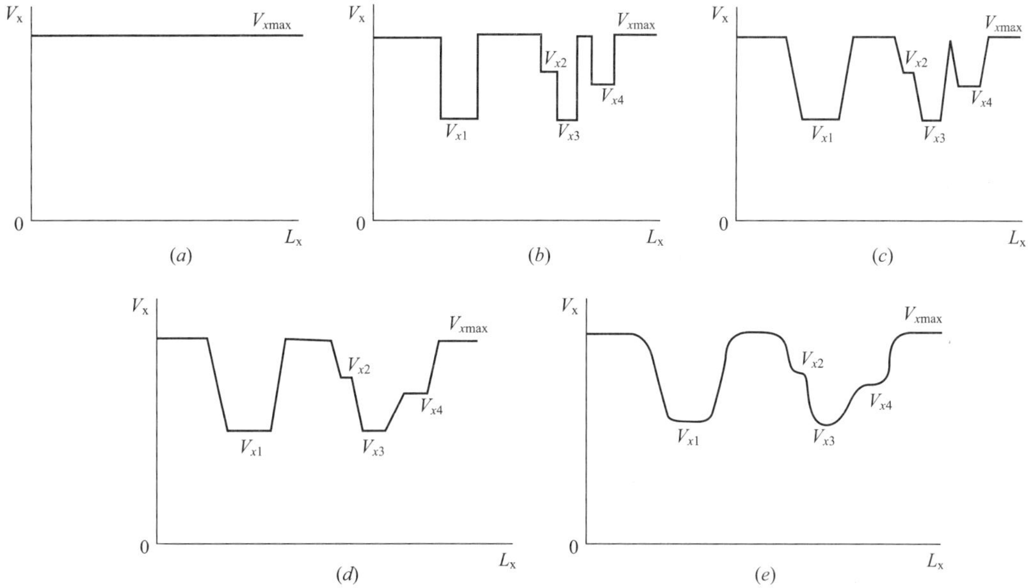


图 7-25　驾驶仿真目标速度的计算流程

过程中，但加速度正在减小；当加速度 $A_x$ 小于零，而加速度差大于零时，则表示车辆处于减速行驶中且减速趋势减小；当加速度 $A_x$ 小于零，加速度差也小于零时，表示车辆正处于减速行驶过程中，并且减速有增大的趋势。

速度模型的设置过程与方向控制过程类似，需对预瞄距离、预瞄时间、驾驶员延迟时间、曲率计算半径进行设置，还需设置驾驶员初始期望控制速度和加速度影响因素，具体过程如图 7-26 所示。

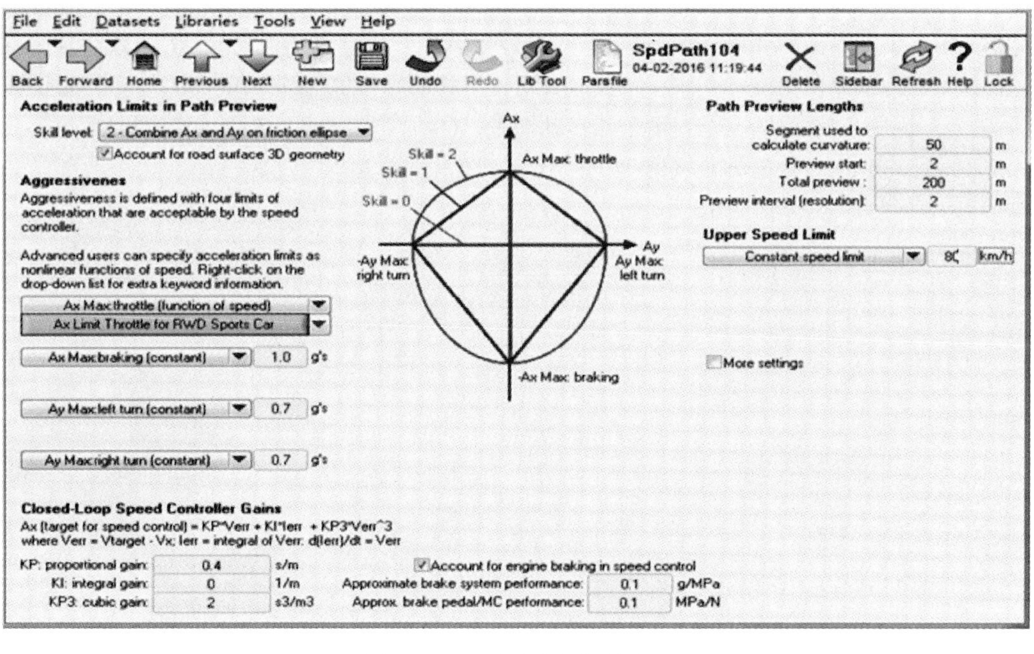


图 7-26　驾驶员速度控制过程

### 7.2.3 综合仿真模型

根据车辆模型、驾驶员控制模型和道路模型的设置，可建立如图 7-27 所示的人—车—路的综合仿真模型。模型中驾驶员根据车辆性能和动态道路条件，用最优预瞄控制理论进行转向和速度控制，达到安全行驶的目的。通过仿真模型可以模拟真实车辆在特定路段的行驶状态，输出车辆行驶中的速度参数分布、驾驶员参数、车辆参数以及力学参数分布，为道路线形安全评价提供数据来源。

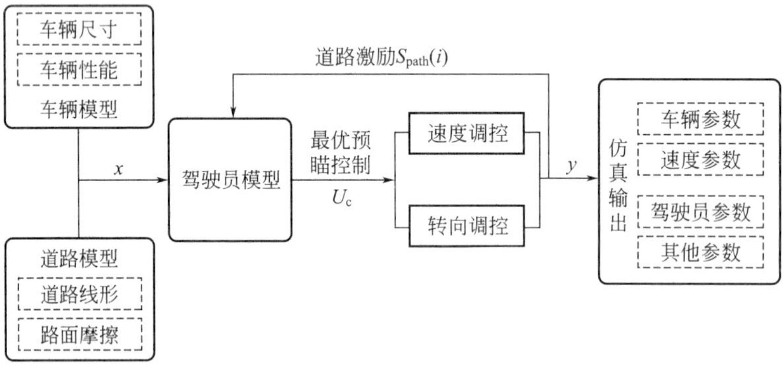


图 7-27　人—车—路综合仿真模型

整个仿真过程可以用状态变量 $\dot{x}$，控制变量 $U_c$ 和输出变量 $y$ 的函数表达式（7-10）解释。

$$\begin{cases}\dot{x}=Ax+Bu+Hv\\ y=Cx+Du+Ev\end{cases} \tag{7-10}$$

式中：$\dot{x}$ 是状态变量矩阵，$u$ 是控制变量输入，$v$ 是干扰变量，$y$ 是输出变量，$A$、$B$、$C$、$D$、$E$、$H$ 是常系数矩阵，分别用式（7-11）～式（7-14）表示，其中 $M$ 代表车体质量，$V_X$ 表示车辆行驶方向速度，$f$（$V_X$）表示后轮转角和前轮比值与速度的函数，$a$ 、$b$ 表示车辆前后轴到车辆质心的距离，$I_{zz}$ 表示车体转动惯量，$C_f$、$C_r$ 表示前后轮胎侧偏刚度系数。

$$A=\begin{bmatrix}0 & V_X & 1 & 0\\ 0 & 0 & 0 & 1\\ 0 & 0 & \dfrac{-(C_f+C_r)}{MV_X} & \dfrac{bC_r-aC_f}{MV_X}-V_X\\ 0 & 0 & \dfrac{bC_r-aC_f}{I_{zz}V_X} & \dfrac{-(a^2C_f+b^2C_r)}{I_{zz}V_X}\end{bmatrix} \tag{7-11}$$

$$B=\begin{bmatrix}0\\ 0\\ \dfrac{C_f+C_r\,f(V_X)}{M}\\ \dfrac{aC_f-bC_r\,f(V_X)}{I_{zz}}\end{bmatrix} \tag{7-12}$$

$$H=\begin{bmatrix}0\\0\\\dfrac{C_r}{M}\\\dfrac{-bC_r}{I_{zz}}\end{bmatrix} \tag{7-13}$$

$$C=[1 \quad a \quad 0 \quad 0] \tag{7-14}$$

在理想条件下，仿真处于某一时刻，$y$ 的值不受 $u$ 和 $v$ 的影响，因此可以暂时忽略 $D$、$E$ 的影响，以此类推，将式（7-10）简化为随时间变化的函数：

$$\begin{cases}x(t)=e^{At}X_0+\int_0^t e^{A\eta}Bu\,d\eta+\int_0^t e^{A\eta}Hv\,d\eta\\ y(t)=Ce^{At}X_0+C\left[\int_0^t e^{A\eta}d\eta\right][Bu+Hv]\end{cases} \tag{7-15}$$

式中：$e^{At}$ 表示一个（$n \cdot n$）的状态转移矩阵，矩阵中每一个系数都是随时间线性变化的，$X_0$ 表示 $t=0$ 时刻的状态变量。

模型可靠性验证：

仿真评价的结果必须建立在可靠仿真模型的基础之上，进行仿真时须对人—车—路综合仿真模型进行检验，验证模型的稳定性、可靠性。按照我国道路交通法规和公路工程技术标准，文中选用双移线仿真试验和直角转弯工况仿真试验，测定仿真模型的稳定性和可靠性。双移线仿真试验可以测试车辆模型在超车过程中的车辆稳定性能和行车轨迹的变化情况；直角转弯工况试验可以测试驾驶员在弯道路段对车速和车身的控制性能，通过两种试验可以验证驾驶员控制模型的可靠性。根据国际标准（ISO 4138：1996）推荐的双移线试验选用初始最大期望速度 80km/h，直角转弯工况仿真试验选用速度为 30km/h，转弯半径为 40m。在试验中测得车辆行驶轨迹、车辆横向加速度、车辆侧角以及方向盘转角结果如图 7-28、图 7-29 所示。图 7-28 为双移线试验仿真结果，（$a$）图中蓝色三角形曲线为路径偏移轨迹，红色正方形曲线为车辆运行轨迹，两条曲线高度吻合，（$b$）、（$c$）、（$d$）中的仿真结果，侧向加速度、车辆侧倾角和方向盘转角都小于标准值，仿真结果合理。

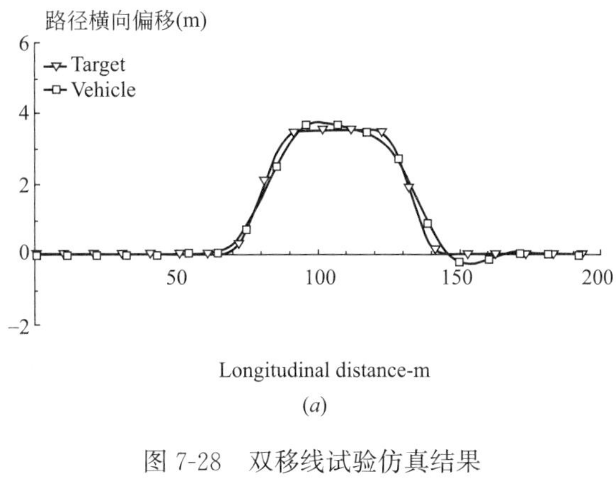


（$a$）

图 7-28　双移线试验仿真结果

（$a$）路径分布

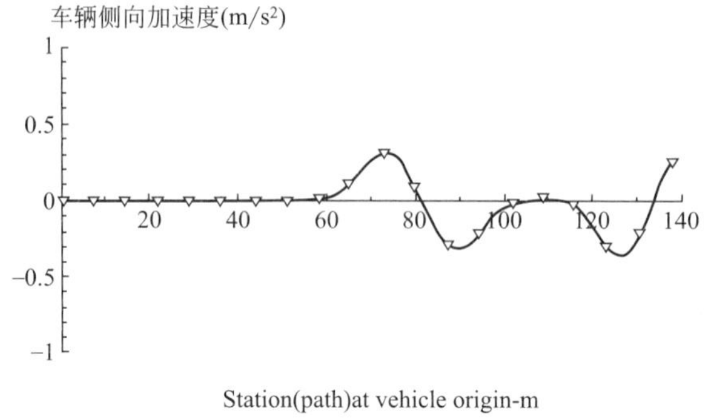


(*b*)

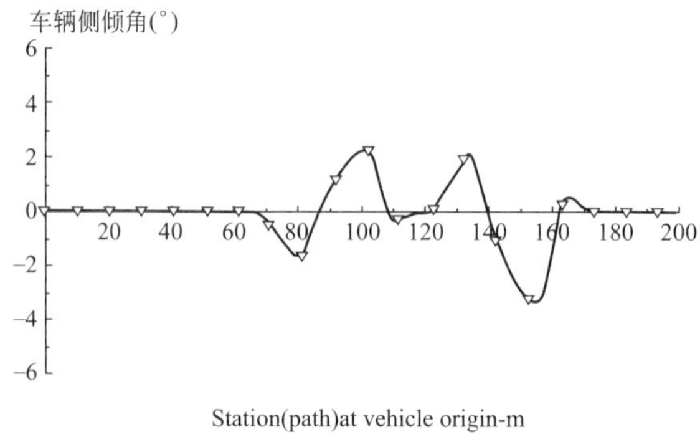


(*c*)

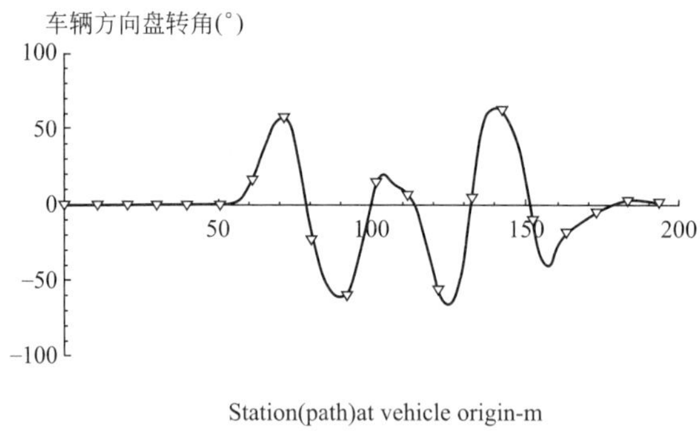


(*d*)

图 7-28　双移线试验仿真结果（续）

（*b*）侧向加速度；（*c*）车辆侧倾角；（*d*）车辆方向盘转角

图 7-29 为直角转弯工况仿真结果，（*a*）图中蓝色三角形曲线和红色正方形曲线为道路两侧边界线，浅蓝色竖向矩形为道路中心线，墨绿色横向矩形为车辆行驶轨迹，可看出，行车轨迹基本与道路中心线重合，车辆可以在设定条件下完成直角转弯工况试验。（*b*）、（*c*）、（*d*）图所示分别表示车辆侧向加速度、车辆侧倾角、方向盘转角，其仿真结果合理，均处于可接受范围之内。

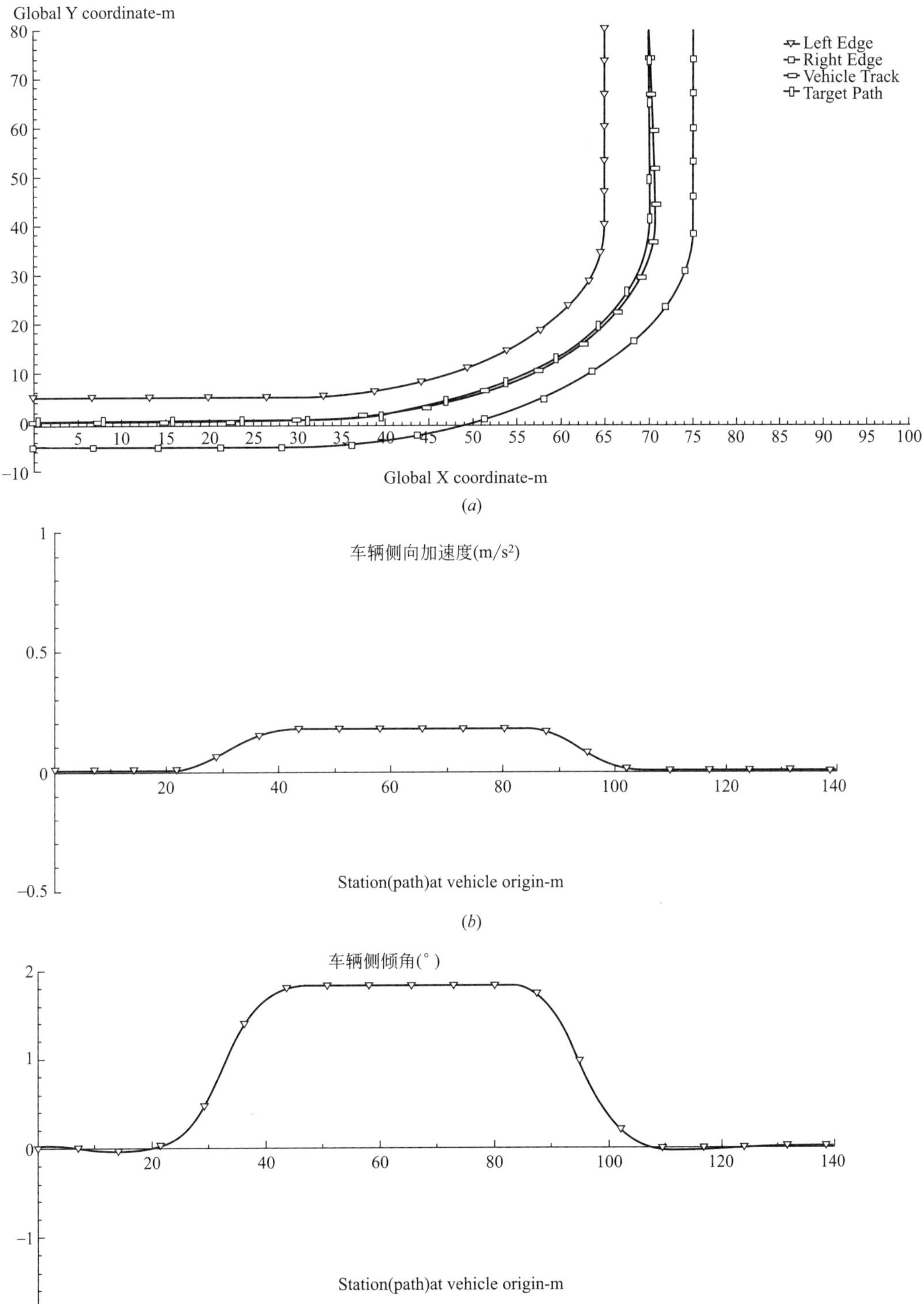


图 7-29　直角转弯工况仿真结果

（a）路径分布；（b）侧向加速度；（c）车辆侧倾角

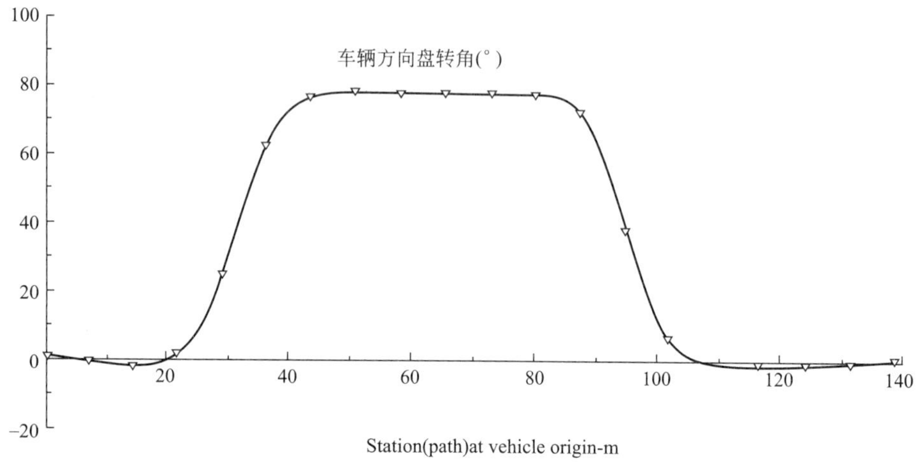


(*d*)

图 7-29　直角转弯工况仿真结果（续）

（*d*）车辆方向盘转角

通过双移线试验和直角转弯工况试验仿真结果可以看出，文中建立的仿真模型稳定性良好，仿真结果沿路径分布稳定。两种试验中车辆运行轨迹与道路保持高度一致，基于最优预瞄控制理论所建立的驾驶员控制模型可以有效地控制车辆行驶，可以保证汽车按照自然道路趋势安全地行驶。双移线试验和直角转弯工况试验的仿真结果验证了仿真模型的可靠性和仿真控制过程的合理性。

### 7.2.4　评价方法

“人—车—路”构成的动态交通系统中，人、车、路之间的关系从来就是不可分割的，道路线形的安全将通过驾驶员与行驶车辆的安全性间接体现，车辆在道路上的行驶状态也是道路交通条件的综合反映。本章选取适当的车辆行驶安全指标来评价道路线形的优劣，包括车辆行驶的速度指标、车辆稳定指标、车辆驾驶员指标三个方面，就其获取和评价方法进行研究，以三类评价指标为基础建立道路线形安全综合指数，定量评价道路线形安全。

1. 速度安全

（1）速度安全评价标准

速度是车辆在道路上行驶的一个基本状态，是衡量道路交通优劣的一个极其重要的指标，无论在道路设计阶段还是运营阶段，都起着重要的作用，道路在设计中必须保证线形的连续性和协调性。常用的速度指标有设计速度、最大速度、运行速度、加速度等，设计速度和最大速度是最基本的设计指标，在设计过程中基本都满足安全要求，不能很好地反映车辆安全行驶状态。早在 1972 年，美国研究员 Solomon 对 15000 例州际公路上发生的交通事故进行分析后发现：车辆运行速度与交通事故发生几率之间的关系可以用图 7-30 中的 U 形曲线来表达；车辆运行速度接近于平均值的车辆发生交通事故的概率最低；车辆运行速度与平均值的差距越大，交通事故的发生率曲线上升越多。

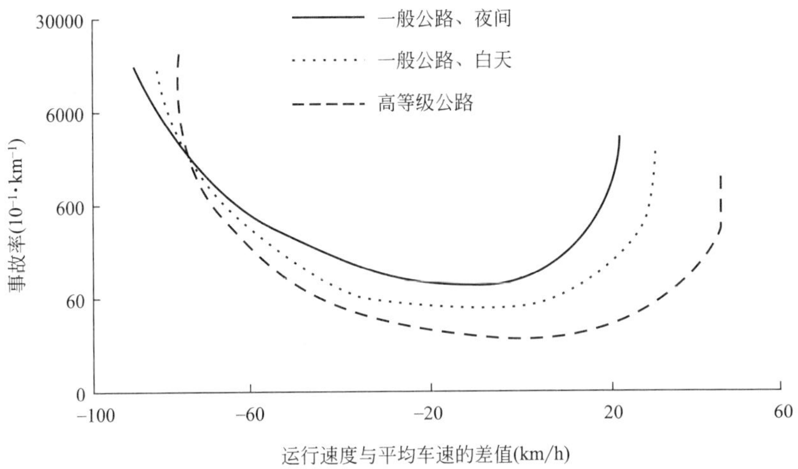


图 7-30　车辆运行速度与事故率关系曲线

莫斯科国立大学曾对运行车速变化系数与交通事故的关系作了详细的研究，研究成果较好地反映了车辆初始速度、加减速度、车速变化系数与道路安全性的关系，随着研究的深入，国内外逐渐选取运行速度作为道路安全评价的指标，并且取得了良好的评价效果。运行速度评价法是目前应用最为广泛的一种道路质量评价方法，可以在一定程度上鉴定道路线形的协调性和连续性。

本文拟采用运行速度一致性对道路线形进行评价，用相邻路段平均运行速度的差值来标定路段设计的优劣。相邻路段是指在道路安全评价中，对待评价道路进行路段划分，逐段评价，可以根据平面、纵断面、横断面指标或设计速度的不同以任意距离划分，也可以等距离划分。运行速度评价作为比较成熟的方法，通常假设道路全长为 $S$，评价时将道路分成 $N$ 段，则第 $n$ 段长度为$d_n$，相邻路段运行速度差 $\Delta V_{85}$，则可用式（7-16）、式（7-17）表示，一般将 $\Delta V_{85}$ 的结果与表 7-18 进行比较来确定道路连续性。

$$d_n = S_n - S_{n-1} \tag{7-16}$$

$$\Delta V_{85} = |V_{85n} - V_{85n+1}| \tag{7-17}$$

式中：$S_n$ 和 $S_{n-1}$ 分别表示路段的起始点桩号，$V_{85n}$ 和 $V_{85n+1}$ 分别表示相邻路段中前后路段的运行速度。

**$\Delta V_{85}$ 与道路安全关系表**　　**表 7-18**

| 评价结果 | 速度(km/h) | 评价结论 |
| --- | --- | --- |
| 优秀 | $\lvert V_{85n} - V_{85n+1} \rvert \leqslant 10$ | 道路设计，无须修改设计参数，可以保证路线设计的连续性、协调性和安全性 |
| 一般 | $10 < \lvert V_{85n} - V_{85n+1} \rvert \leqslant 20$ | 相邻线形之间存在速度不协调，但是问题不大，无须重新设计，可以通过修改设计参数来调节线形之间的协调性，或增加交通安全设施 |
| 较差 | $\lvert V_{85n} - V_{85n+1} \rvert > 20$ | 不能满足相邻线形速度一致性的要求，是交通事故易发生路段，必须进行重新设计 |

为研究中方便建立模型，文中将在 $\Delta V_{85}$ 的基础上引入 $K_v$ 作为运行速度安全系数，计算方法可用式（7-18）表示。莫斯科国立大学曾对车速变化系数与交通事故的关系作了详细的研究，研究成果较好地反映了车辆初始速度、加减速度、车速变化系数与道路安全性的关系。表 7-19 给出了 $K_v$ 的评价标准。

$$K_v = \left| \frac{V_{85n+1} - V_{85n}}{20} \right| \tag{7-18}$$

**$K_v$ 的评价标准** **表 7-19**

| 安全评价等级 | 优 | 良 | 差 |
|---|---|---|---|
| $K_v$ | $\leqslant 0.5$ | $0.5 < K_v \leqslant 1$ | $>1$ |

（2）运行速度的获取

研究的难点在于运行速度的获取。目前，获取车辆运行速度的方法主要有两种：一是，对于现有道路，可以采用车速统计调查法，将统计中第 85%位的车速作为运行速度；二是，处于设计阶段的道路，无法直接通过观测获取运行速度，则根据道路的几何线形参数通过运行速度预测模型获取运行速度。论文中根据驾驶员最优预瞄控制理论计算道路运行速度。在仿真模型中，驾驶员会在最大初始期望速度条件下根据最优预瞄控制理论和车辆、道路几何线形等外界条件预先计算前方路段允许通过的最大车速，通过控制气门、制动系统，作出加、减速度调节，使车速在初始期望运行速度的基础上变化，最终获取车辆实际运行速度。

最大初始期望速度的设置可以根据武汉理工大学对设计速度与期望速度关系的研究成果进行。其在研究时发现，小汽车的最大期望控制速度一般要大于设计速度，如表 7-20 所示，而大型汽车的期望控制车速可能小于设计速度，例如设计时速为 80km/h 时，小型汽车的最大期望速度可能在 80～100km/h 之间，大型汽车可能在 60～70km/h 之间。

**设计速度与期望速度对应表** **表 7-20**

| 设计速度 $V_p$(km/h) | 期望控制速度 $V_k$(km/h) | |
|---|---|---|
| | 大型汽车 | 小型汽车 |
| 60 | $50 \leqslant V_k < 60$ | $60 \leqslant V_k < 85$ |
| 80 | $60 \leqslant V_k < 70$ | $80 \leqslant V_k < 100$ |
| 100 | $70 \leqslant V_k < 80$ | $115 \leqslant V_k < 130$ |

2. 车辆安全

车辆的安全主要是车辆行驶过程中的稳定性，是车辆在行驶过程中，在正常的车辆性能、驾驶操作和道路交通环境的作用下，当受到外界的扰动（如路面扰动或突然侧风扰动）后车辆仍能按照驾驶员的要求正常行驶，不致失去控制而发生侧滑、甩尾、侧向倾覆等现象，能够保持原先运动状态的能力。因此，车辆行驶稳定性是验证行驶中车辆安全性的重要指标。用来判定车辆行驶稳定的条件和方法众多，常用的方法有理论分析法和实验法，理论分析中用横摆角速度和前轮转角比（简称灵敏度），来描述车辆行驶的稳态响应。

车辆行驶过程中常见的失稳现象是侧向滑移和侧向倾覆，也是危害程度最为严重的两种交通事故。文中以 Carsim 软件作为仿真平台，其作为一款成熟的车辆动力学仿真软件，在仿真过程中可以直接获取仿真车辆的各种受力状态，为侧滑失稳和侧倾失稳的评价提供了便利。

（1）侧滑危险性指标

车辆侧滑是汽车行驶中常见的一种失稳现象，车辆在道路上行驶时，特别是在转弯、换道、超车时，轮胎和路面附着力为行驶车辆提供了侧向力，保证车辆行驶稳定。假设轮胎和路面的附着力系数为 $\varphi$，路面附着力则可以表示为：

$$(m_g\varphi)^2=F_x^2+F_y^2 \tag{7-19}$$

其中：$\varphi$ 为轮胎和路面附着力系数；$m_g$ 为车体质量；$F_x$ 和 $F_y$ 为车辆行驶方向驱动力和车辆侧向倾力。车辆纵向驱动力和侧向倾力共同组成了行驶中的车辆附着力，当车速越大时，车辆驱动力越大，遇到转弯等条件时车辆驱动力和侧向倾力之和会超出车辆附着力的极限，车辆满足此条件时便会发生侧向滑移。将上式拆分可得：

$$[(ma_x+ma_y)\varphi]^2=F_x^2+F_y^2 \tag{7-20}$$

因此，车辆侧倾力和侧向加速度可以简单表示为：

$$\begin{cases} F_y=ma_y \\ a_y=a_h\cdot\cos\beta \end{cases} \tag{7-21}$$

式中：$a_h$ 为车辆向心加速度，与车辆行驶方向垂直；$\beta$ 为车辆中心侧倾角度。

对于稳态行驶的车辆，汽车向心加速度与侧倾加速度之间的夹角 $\beta\leqslant 5g$，上式中 $\cos\beta\approx 1$，式（7-21）便可以化简为：

$$a_y=\frac{V^2}{R}=\frac{V^2\cdot\sin\delta}{l} \tag{7-22}$$

式中：$R$ 为车辆转弯半径；$V$ 为车辆行驶速度；$\delta$ 为方向盘转角。

由式（7-22）可知，车辆侧向加速度与道路半径、车速和方向盘转角有关，弯道半径越小，车速越大，方向盘转角的增大也会增加车辆所需要的侧向力，当地面提供给轮胎所需的侧向力不足以抵消 $a_y$ 时，车辆便会发生侧向滑移，$a_y$ 越大，发生侧滑的可能性就越大。

为防止车辆侧滑的发生，一般对车辆的侧向加速度作限制，国家标准《汽车操纵稳定性试验方法》GB/T 6323—2014 规定，普通车辆侧向加速度 $a_y\leqslant 0.4g$，重型车辆侧向加速度 $a_y\leqslant 0.3g$，保证车辆行驶侧向稳定性。文中评价道路线形安全时以小汽车为基础，因此假设车辆侧滑安全系数为 $K_s$，为 $a_y$ 与 $0.4g$ 的比值，当 $K_s$ 大于 1 时车辆不安全，有侧滑危险。

（2）侧翻危险性指标

车辆侧翻是指汽车在行驶过程中由于道路环境、速度、驾驶员操作等原因，致使车辆左右两侧轮胎受力不均，一侧轮胎受力 $F_z\approx 0$，与路面脱离联系，另一侧轮胎将承受所有荷载，车身沿垂直于车辆行驶方向，向一侧旋转不小于 90°，使车身发生与地面相接的现象。车辆侧翻是车辆行驶中极其危险的一项运动，是危险程度最高的失稳现象。车辆侧翻一般可分为两类，一类是轮胎受力不均倾覆性侧翻，另一类是驾驶员操作失稳性侧翻，文中主要研究道路线形对车辆行驶稳定性的影响，所以只考虑因轮胎受力不均造成的倾覆性侧翻，暂不考虑驾驶员操作失稳性侧翻。

当车辆在道路上发生侧翻时，车体绕一侧轮胎着地中心旋转一定角度，另一侧车轮垂直载荷降低。用车身侧倾引起的横向载荷转移量描述左右车轮的载荷变动量，在静态条件下该变动量用式(7-23)、式(7-24) 表示：

$$\Delta W_{f}=\frac{a_{y}m_{s}}{T_{1}}\left(\frac{h_{f}}{1+k_{r}/k_{f}-m_{s}gh_{f}/k_{f}}+\frac{l_{b}}{l}h_{f}\right) \tag{7-23}$$

$$\Delta W_{b}=\frac{a_{y}m_{s}}{T_{2}}\left(\frac{h_{b}}{1+k_{r}/k_{f}-m_{s}gh_{b}/k_{f}}+\frac{l_{f}}{l}h_{b}\right) \tag{7-24}$$

式中：$k_{r}$、$k_{f}$ 表示车辆前后悬架侧倾刚度；$\Delta W_{f}$、$\Delta W_{b}$ 表示前后两轮的左右轮胎荷载转移量；$h_{f}$、$h_{b}$ 表示前后侧倾中心距地距离；$T_{1}$、$T_{2}$ 表示车体前后轮距；$\frac{l_{b}}{l}$、$\frac{l_{f}}{l}$表示车体前后轮轴与车体长度之比。

根据行驶车辆发生侧倾时轮胎垂直荷载和横向荷载转移量的关系，本文选取轮胎横向荷载转移率作为评定车辆侧倾稳定指标，定义为左右轮胎垂直荷载之差与左右车轮垂直荷载之和的比值，式为：

$$\Delta f=\left|\frac{F_{1}-F_{2}}{F_{1}+F_{2}}\right| \tag{7-25}$$

式中：$F_{1}$、$F_{2}$ 分别为车辆外侧和内侧轮胎的垂直荷载。

由于车辆在侧倾时一侧轮胎受力增大，另一侧轮胎受力减小，车辆总荷载不变，增加量与减小量相等。根据式 (7-19)～式 (7-23) 车辆横向荷载转移率 $\Delta f$ 可以化为：

$$\Delta f_{1}=\frac{1}{l_{b}}\left[\frac{ha_{y}m_{s}}{T_{1}}\left(\frac{l}{1+k_{b}/k_{f}-m_{s}gh_{b}/k_{f}}+l_{b}\right)\right] \tag{7-26}$$

$$\Delta f_{2}=\frac{1}{l_{f}}\left[\frac{ha_{y}m_{s}}{T_{2}}\left(\frac{l}{1+k_{b}/k_{f}-m_{s}gh_{b}/k_{b}}+l_{f}\right)\right] \tag{7-27}$$

假定道路侧翻安全系数用 $K_{r}$ 表示，$K_{r}=\Delta f$，则$K_{r}$ 接近 1 时，一侧轮胎荷载 $F_{z}$ 趋近于 0，车辆达到侧倾失稳的极限状态，将发生侧向倾覆。

$K_{s}$、$K_{r}$ 指标的获取将根据仿真模型中输出的车辆动力学参数，结合公式 (7-19)～式 (7-27) 获取。

(3) 驾驶员安全评价指标

驾驶员作为交通行为的主导者和主要参与者，其身心状态与行车的安全息息相关。驾驶员的感受是驾驶员在车辆行驶过程中，对外界环境变化作出的反应，如紧张、舒适、烦躁、疲劳等，也是对道路线形优劣的间接反映。因此，驾驶员的舒适性也可以作为评价道路线形的重要指标。从驾驶员角度出发，选取驾驶员舒适性作为评价公路线形安全性的指标。

驾驶舒适性作为驾驶员固有的属性，难以直接获取，结合仿真模型和驾驶员特点，选用加速度作为标定驾驶舒适性参数，德国学者在研究道路行车舒适性时认为横向加速度和侧向加速度 $a_{x}$、$a_{y}$ 都小于 $0.18g$ 处于完全可以接受的水平，当加速度小于 $0.36g$ 时，驾驶员可以勉强忍受，大于 $0.5g$ 时驾驶员会感到头晕、恶心、恐惧等，超出了人体的忍受力，影响驾驶员的操纵能力。假定驾驶员安全系数为 $K_{d}$，驾驶员安全加速度 $a'=0.36g$，则 $K_{d}$ 为实际加速度与 $a'$的比值，当 $K_{d}\leqslant 1$ 时，驾驶员为安全状态，当 $K_{d}>1$ 时，驾驶员开始感到不安，即道路线形设计可能处于不良状态。其获取方法同 $K_{s}$、$K_{r}$，由仿真试验结果换算得到。

（4）综合评价方法

以速度安全、车辆安全和驾驶员安全三类指标为基础建立道路线形综合评价指标，可以整体把握路线设计的安全性，直观显示道路线形设计的安全分布。根据式（7-16）将路段 $S$ 分为 $N$ 段，则有第 $n$ 段路线综合安全指数 $R_n$ 可由式（7-28）表示。

$$R_n=\begin{cases}\int_{n-1}^{n}p_i(s)k_i(s)\mathrm{d}n & (k_i\leqslant 1)\\ \int_{n-1}^{n}k_i(s)\mathrm{d}n & (k_i>1)\end{cases} \tag{7-28}$$

式中：$R_n$ 表示第 $n$ 段路线综合安全指数；$k_i(s)$ 表示第 $n$ 段路线第 $i$ 类指标的安全程度，可由 $K_v$、$K_s$、$K_r$、$K_d$ 进行求解；$p_i(s)$ 表示第 $i$ 类评价指标所占权重，由评价指标判定矩阵求解，参考式（7-29）～式（7-31）。假定道路线形危险指数临界值 $R_0$，当第 $n$ 段路线综合评价指数 $R_n>R_0$ 时，则第 $n$ 段道路线形设计评价结果为差。

$$p_i(s)=\frac{\overline{P}_i}{\sum_{j=1}^{n}\overline{P}_j} \tag{7-29}$$

$$\overline{P}_i=\sqrt[n]{M_i} \tag{7-30}$$

$$M_i=\prod_{j=1}^{n}b_{ij}\quad(i=1,2,3,\cdots,n) \tag{7-31}$$

式中：$M_i$ 为相邻评价指标两两判定矩阵（$n\times n$ 阶），$P=(P_1,P_2,P_3,\cdots,P_n)$ 为各类评价指标权重。

### 7.2.5 某省道线形仿真评价

1. 项目背景

某省道全长 56km，是河南境内东西走向的主要交通要道，设计时速为 80km/h，采用双向四车道，行车道宽 3.75m，最长直线 1244m，平曲线最小半径 1000m，道路最大纵坡为 3.7%。文中拟采用弯、坡路线组合比较丰富的 K11+540～K13+800 处改线设计路段，作为评价对象，用仿真模型和评价指标对其线形设计进行安全评价。试验路段约 2.4km，部分道路中线坐标和路线高程数据如表 7-21、表 7-22 所示。

部分路段逐桩坐标　　表 7-21

| 桩　号 | 坐　标 | | 桩　号 | 坐　标 | |
|---|---|---|---|---|---|
| | X(m) | Y(m) | | X(m) | Y(m) |
| K11+540 | 3322823.993 | 493806.736 | K11+575 | 3322731.039 | 493764.768 |
| K11+545 | 3322837.936 | 493812.333 | K11+580 | 3322713.04 | 493756.048 |
| K11+550 | 3322822.138 | 493805.975 | K11+585 | 3322695.066 | 493747.275 |
| K11+555 | 3322803.708 | 493798.207 | … | … | … |
| K11+560 | 3322785.401 | 493790.155 | K11+625 | 3322568.175 | 493688.175 |
| K11+565 | 3322767.199 | 493781.867 | K11+630 | 3322559.827 | 493684.718 |
| K11+570 | 3322749.085 | 493773.389 | K11+635 | 3322549.66 | 493680.614 |

续表

| 桩　号 | 坐　标 | | 桩　号 | 坐　标 | |
|---|---|---|---|---|---|
| | X(m) | Y(m) | | X(m) | Y(m) |
| K11+640 | 3322531.011 | 493673.389 | K13+660 | 3322139.545 | 493602.687 |
| K11+645 | 3322512.234 | 493666.505 | K13+665 | 3322119.546 | 493602.932 |
| K11+650 | 3322493.334 | 493659.963 | K13+670 | 3322099.556 | 493603.54 |
| K11+655 | 3322474.319 | 493653.766 | … | … | … |
| K11+660 | 3322455.194 | 493647.915 | K13+760 | 3320663.018 | 493997.76 |
| K11+665 | 3322435.966 | 493642.414 | K13+765 | 3320643.044 | 493996.743 |
| K11+670 | 3322416.641 | 493637.262 | K13+770 | 3320623.095 | 493995.327 |
| K13+625 | 3322279.194 | 493611.146 | K13+775 | 3320603.178 | 493993.511 |
| K13+630 | 3322259.327 | 493608.85 | K13+780 | 3320583.301 | 493991.298 |
| K13+635 | 3322239.421 | 493606.916 | K13+785 | 3320563.472 | 493988.688 |
| K13+640 | 3322219.483 | 493605.344 | K13+790 | 3320543.7 | 493985.682 |
| K13+645 | 3322199.52 | 493604.135 | K13+795 | 3320523.992 | 493982.281 |
| K13+650 | 3322179.538 | 493603.289 | K13+800 | 3320504.355 | 493978.487 |
| K13+655 | 3322159.544 | 493602.806 | K13+805 | 3320484.798 | 493974.301 |

**部分道路沿线高程　　表 7-22**

| 公路里程 S(m) | 高程 H(m) | 公路里程 S(m) | 高程 H(m) |
|---|---|---|---|
| 0 | 787.064 | 227.03 | 795.158 |
| 7.03 | 787.284 | 237.03 | 795.538 |
| 17.03 | 787.601 | 247.03 | 795.918 |
| 27.03 | 787.923 | 257.03 | 796.298 |
| 37.03 | 788.248 | 267.03 | 796.678 |
| … | … | … | … |
| 844.03 | 814.879 | 2417 | 833.283 |
| 859.03 | 815.066 | 2437 | 833.57 |
| 875.03 | 815.245 | 2447 | 833.707 |
| 895.03 | 815.438 | 2457 | 833.841 |

2. 仿真设计

(1) 仿真道路建模

道路线形仿真评价的要点是能够建立反映真实道路线形变化的道路模型，根据第 3 章的三维道路建模方法，利用表 7-21、表 7-22 中的道路数据，模型中采用 3D surface 数据库中的 Road：X-Y Coordinates of Centerline 和 Road：centerline elevation Z-S 模式搭建三维道路模型，并在 Road：Off-center elevation 模式下进行超高和加宽设置，根据道路设计材料在 Friction 环境下选取固定路面摩擦系数值 0.8，在路面设置中选择沥青混合料，在环境设置中选择沿线绿化布置、交通标志标牌的添加等。图 7-31 所示是根据表 7-21 和表 7-22 中的数据资料搭建的道路平面线形、纵断面线形和三维道路场景模型。

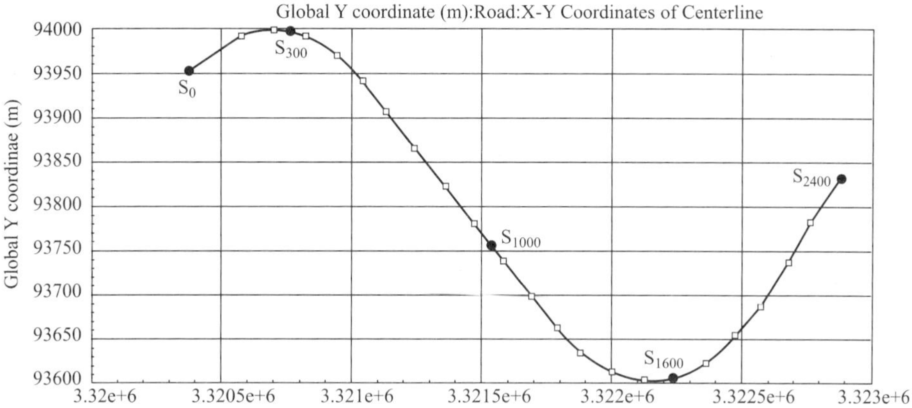


(*a*)

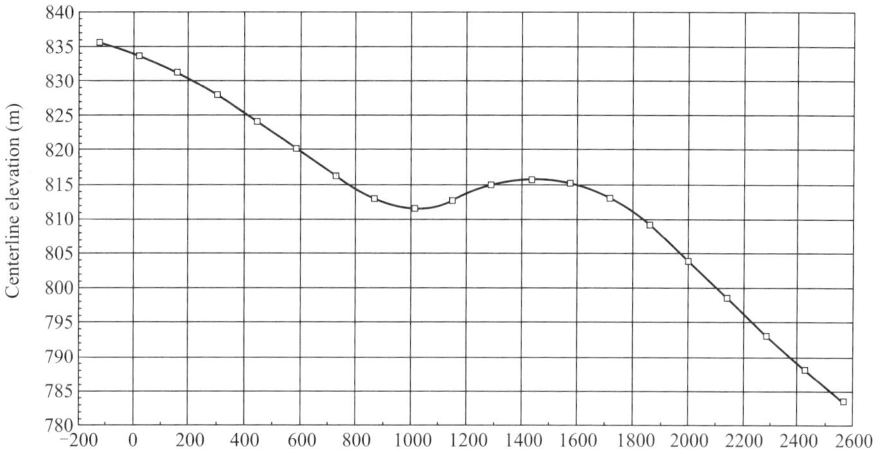


(*b*)

(*c*)

图 7-31　仿真道路模型示意图

（*a*）仿真路段平面线形；（*b*）仿真路段纵断面；（*c*）仿真路段三维模型

（2）试验控制过程

合理的设计试验控制过程可以提高仿真结果的精确性，研究中主要对驾驶员速度控制和方向控制过程进行操控，车辆和道路选择已建好模型。文中根据驾驶员最优预瞄控制理论选择 Target Speed from Path Preview 和 Steer by the Closed-Loop Driver Model 方法建立速度控制和方向控制模型，该模型在第 3 章中已经验证。汽车在行驶过程中驾驶员通过最优预瞄控制理论判断前方路段条件，确定前方路段允许通过的最大车速和最佳行驶方向，然后通过调控离合器、节气门、制动系统来改变加减速度的大小，实现预期车速，通过调控方向盘转角达到预期行驶方向。仿真试验中按照普通驾驶员条件将预瞄距离设置为200m，曲率计算半径为 50m，预瞄间隔为 2m，驾驶员预瞄时间设置为 1.5s，驾驶员反应延迟时间设置为 0.05s，最低控制速度为 20km/h，最大加速度和最大制动减速度选取一般驾驶员控制模型。参考武汉理工大学对设计速度和最大期望运行速度的关系，将初始期望运行速度设置为 80km/h、90km/h、100km/h。

（3）评价分析

按照试验设计过程，对某省道 K11＋540～K13＋800 路段在 80km/h、90km/h、100km/h 初始期望运行速度下进行仿真试验，为计算方便将起点设置为零，所以道路里程 $S$ 为 $S_0-S_{2400}$，三类参数仿真结果沿道路里程分布，可直观显示各评价指标的道路沿线分布。

1）速度安全性分析

图 7-32 所示为仿真道路运行速度分布图，$X$ 轴代表道路里程，$Y$ 轴为运行速度，图中蓝色三角形、红色正方形、绿色横向矩形三条曲线分别表示最大初始期望运行速度为 80km/h、90km/h、100km/h 时的运行速度分布。图中运行速度是变速仿真模型中驾驶员、车辆、道路综合作用的结果，从运行速度仿真结果中可以看出，车辆以最大控制速度 80km/h、90km/h、100km/h 行驶时，运行速度都会沿路线发生起伏波动，而仿真结果中速度变化趋势、波动频率、峰值位置上具有一致的相似性，这证明了道路模型设置、车辆参数、仿真控制过程设置的合理性。通过驾驶员模型可知，车辆行驶过程中，驾驶员会根据前方预瞄线形条件判断前方路段最大允许通过车速，并按照最大允许通过车速和期望控制车速的较小值运行。图中三种期望运行速度下车辆行驶至 $S_{1600}$ 处车辆运行速度都分布于 60km/h 以下，$S_{1600}$ 之后三种运行车速结果相近，充分说明该处运行车速主要受该处道路线形条件影响，而与车辆状态和驾驶员无关。该省道设计速度为 80km/h，而该处路段在仿真中允许通过的最大运行车速为 60km/h，该处应进行限速设置。三种模式下在 $S_{1600}$ 之后车辆运行速度相近，充分说明了三种模式下车辆动力性能、控制系统的一致性，也表明仿真试验过程设置的合理性。

根据第 7 章的研究内容选用运行车速安全系数 $K_v$，对运行车速进行安全性评价，将道路里程 $S$ 分为 $n$ 段，取每段长 $\Delta d=200$m，根据式（7-16）～式（7-18）可得相邻路段运行车速安全系数 $K_v$ 分布图，如图 7-33 所示。

从图 7-33 中可看出车辆在以 80km/h、90km/h、100km/h 的初始期望控制速度下行驶时，运行速度安全系数 $K_v$ 随道路走向不断变化，反映出道路线形条件对运行车速变化的影响。图中曲线值越接近 1 说明道路运行速度连续性越差。从总体来看三条速度系数曲线值 $K_v$ 均小于安全标准 1，大部分取值为 0.5 以下，部分值介于 0.5 与 1 之间，说明道

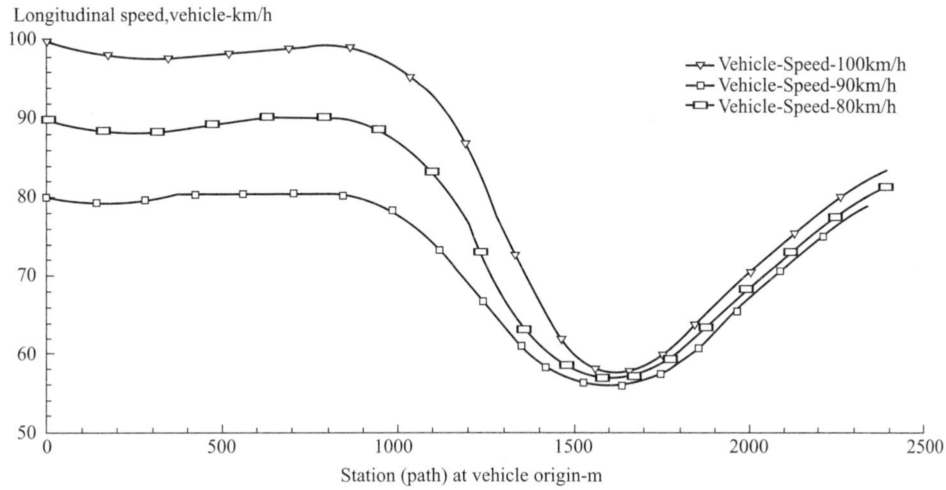


图 7-32 道路沿线运行速度分布

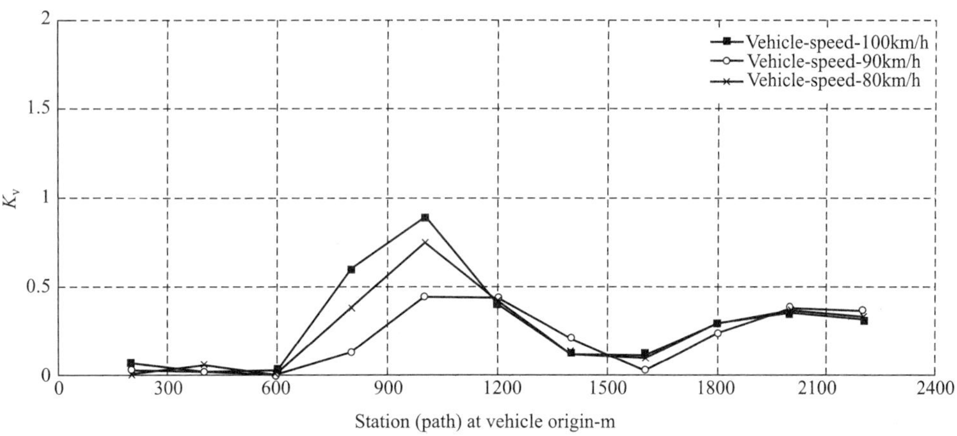


图 7-33 车速安全系数分布

路线形连续性是优秀和良好的，满足车辆安全行驶的速度要求。道路在 900～1200m 弯道路段时，由于曲率变化和车速的共同作用，致使 $K_v$ 偏大，但尚处于安全范围之内。为道路安全行车的要求可以在此路段前方 100m 左右增设指示牌提示弯道信息，或增设减速带、减速牌等对车辆速度进行控制。

2）车辆安全性分析

车辆行驶安全主要是车辆行驶稳定性，选用第 4 章内的评价参数车辆侧滑指数 $K_s$ 和车辆侧翻指数 $K_r$，采用初始期望速度为 80km/h、90km/h、100km/h 进行变速仿真。

① 车辆侧滑安全性

图 7-34 所示为车辆侧向加速度沿线分布图，可以看出三种速度模式下侧向加速度随路径不断变化，$S_0-S_{600}$ 侧倾加速度方向向左，为负值，$S_{600}-S_{1300}$ 侧倾加速度趋于零，$S_{1300}-S_{2200}$ 路段侧倾加速度方向向右，为正值，这与平面线形走向变化保持一致。侧向加速度值的大小整体上与速度成正相关，在弯道处速度越大，侧向加速度越大，图中绿色线

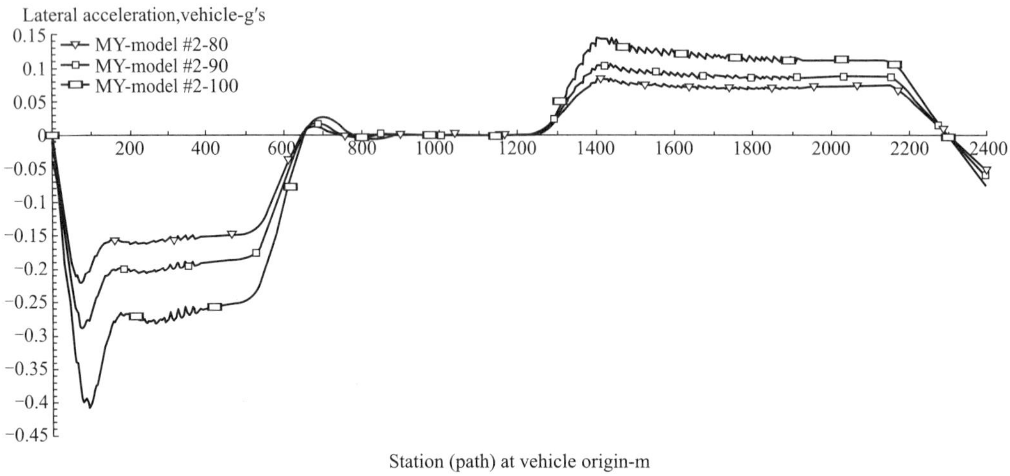


图 7-34　车辆侧向加速度沿线分布图

代表控制期望速度为 100km/h 行驶时的侧向加速度大小，在弯道处取值最大。根据仿真结果可计算车辆侧滑安全系数 $K_s$，$K_s$ 沿公路里程分布如图 7-35 所示。

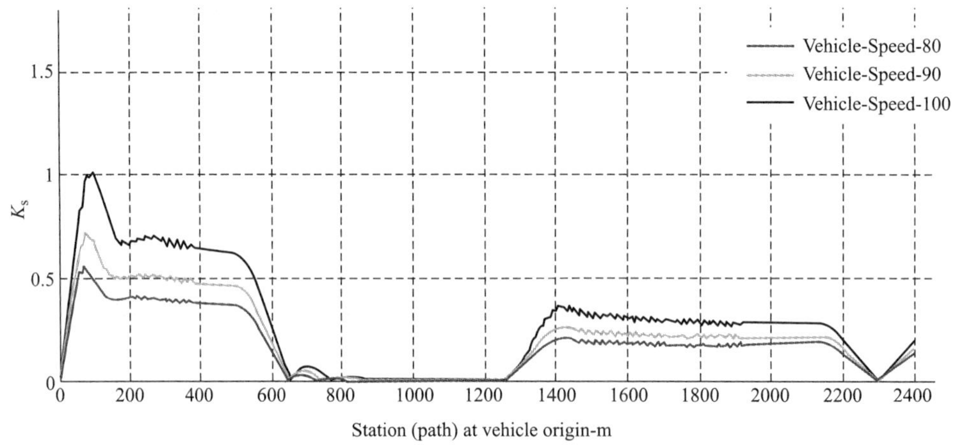


图 7-35　车辆侧滑安全系数分布

车辆在 80km/h、90km/h 初始期望控制速度模式行驶时，车辆侧滑安全系数值都小于 1，车辆以 100km/h 初始期望速度行驶时，在起始路段车速较高的情况下进入弯道，车辆侧倾力变大，$K_s$ 值随之变大，出现在短时间内 $K_s \approx 1$，$K_s$ 处于临界状态，驾驶员通过最优预瞄控制调节车速，使车辆不至于滑出车道，总体说明车辆在该路段行驶时不会发生侧滑现象，行车安全。

② 车辆侧翻安全性

图 7-36（*a*）、（*b*）、（*c*）所示分别是 80km/h、90km/h、100km/h 初始期望控制速度行驶时四个车轮所受竖向力分布图，轮胎受力随路径不断变化，左右两侧轮胎受力总体围绕 4.3kN 和 3.0kN，由一侧向另一侧转移，若竖向力转移量过大，车辆会有发生侧翻的危险。根据式（7-22）～式（7-24）可求运行过程中车辆侧翻安全系数 $K_r$ 分布，如图 7-37

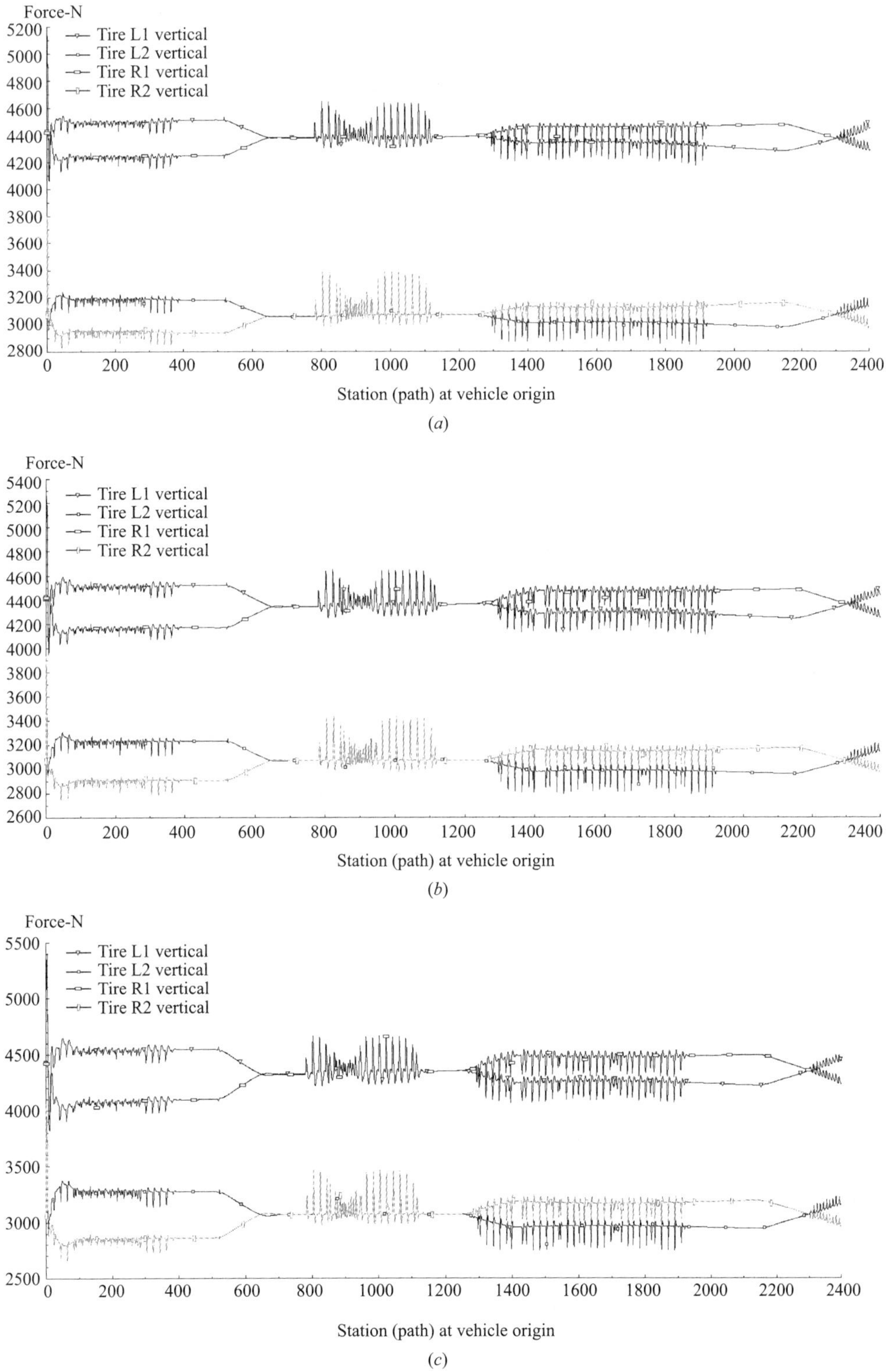


图 7-36　轮胎竖向力分布图

（*a*）80km/h；（*b*）90km/h；（*c*）100km/h

所示。$K_r$ 沿道路中线变化趋势与 $K_s$ 相似，在直线路段，车辆左右两侧轮胎受力均匀，车辆行驶稳定，在弯坡路段左右轮胎受力出现转移，系数 $K_r$ 变大。在三种期望速度控制模式下，前轮和后轮都有 $K_r<1$，说明在该设计路线中行驶车辆不会发生侧翻现象，稳定性良好。

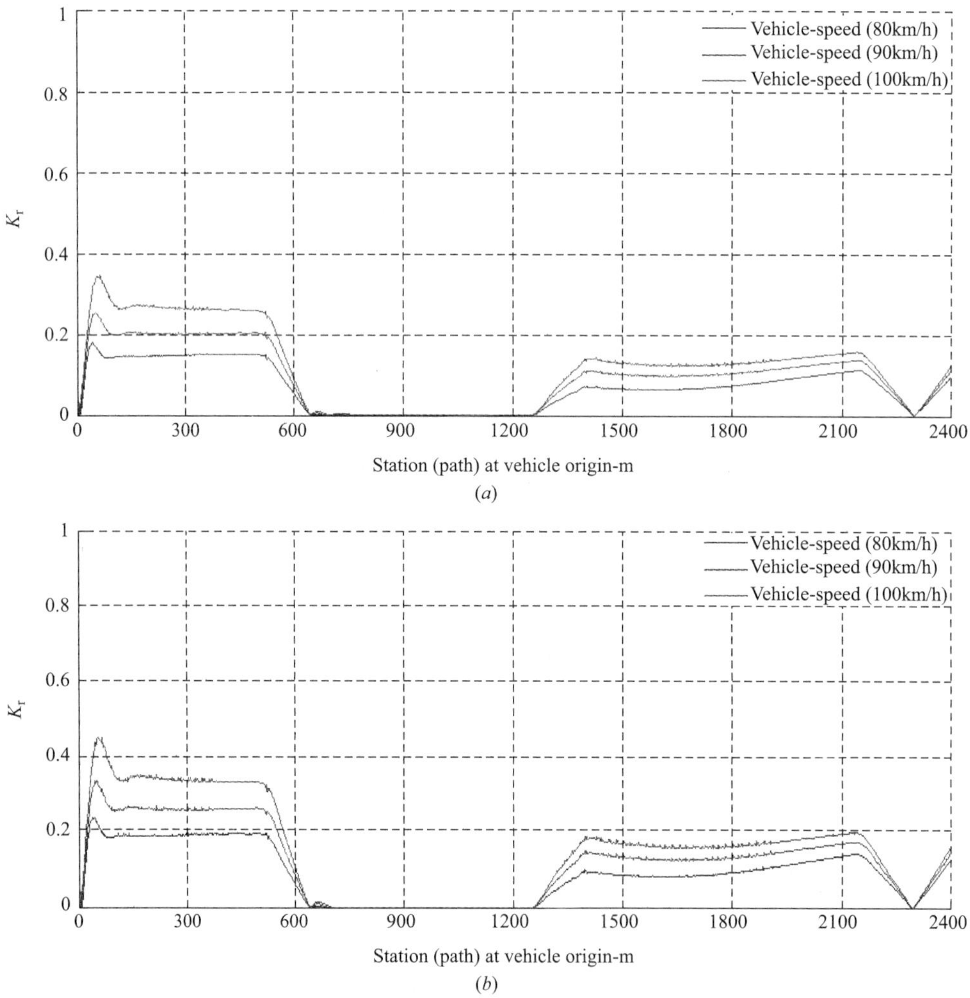


图 7-37　车辆侧翻安全系数分布

（a）车辆前轮侧翻安全系数分布；（b）车辆后轮侧翻安全系数分布

3）驾驶员安全性分析

根据仿真过程选用 7.3 节中的评价指标 $K_d$，图 7-38 所示为三种速度模式下 $K_d$ 沿道路中线的分布结果，其值大小沿路线走向波动变化。车辆在以 80km/h 和 90km/h 的期望车速行驶时 $K_d$ 沿路线分布均小于 1，说明驾驶员在驾驶过程中舒适性良好，无不良感受。在 $S_{600}$ 以后路段车辆沿直线行驶，$K_d$ 保持稳定，$S_{1000}$ 之后逐渐驶入弯道，$K_d$ 变大，但三种速度模式下在弯道处车速相差不大，$K_d$ 变化保持一致。而车辆以 100km/h 的初始期望速度行驶时，在 $S_0 \sim S_{500}$ 路段，$K_d$ 大于标准值，此时驾驶员在行车过程中会感到头晕、恶心等不适，会增加驾驶员的负荷程度，造成驾驶员驾驶困难，易发生交通事故。

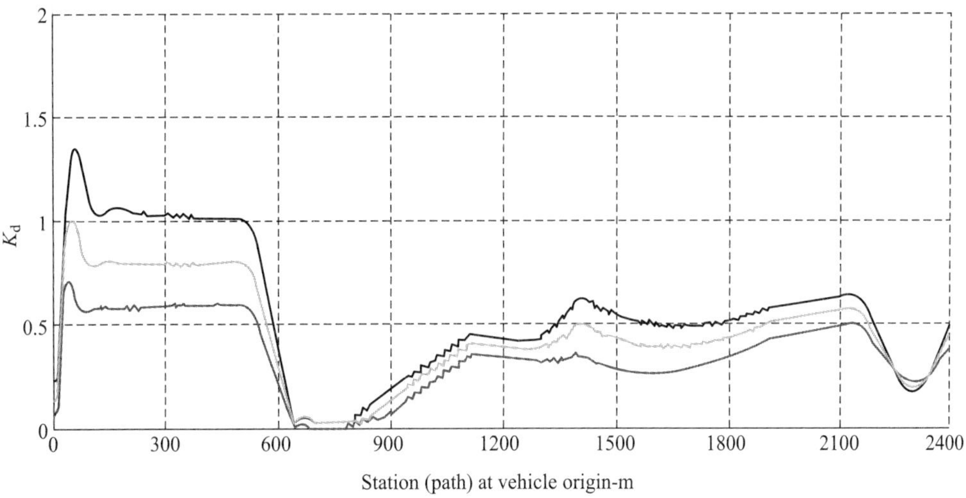


图 7-38　驾驶员舒适性沿路分布

4）综合评价分析

按式（7-28）～式（7-31）综合三类评价指标计算道路沿线综合安全指数 $R_n$，选取 $\Delta d=200\text{m}$ 为一个评价路段，逐段计算三种初始期望速度下线形安全指数分布，结果如图 7-39 所示。

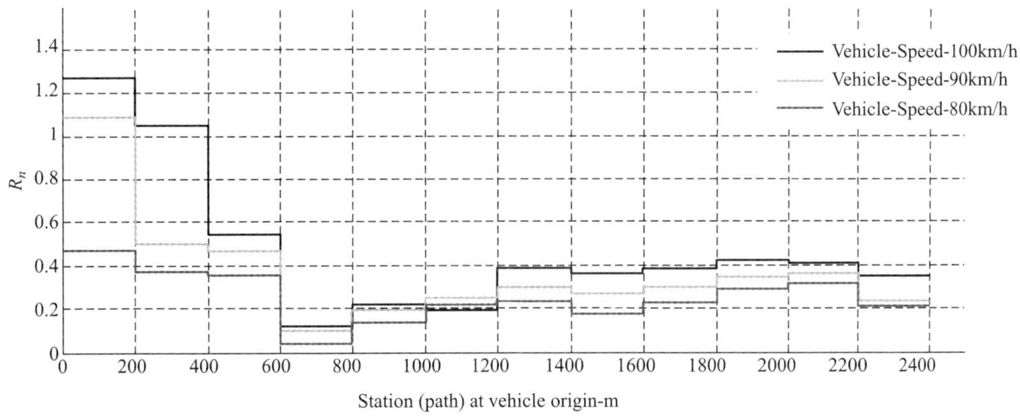


图 7-39　路线综合安全指数 $R_n$

由图 7-39 可以看出，车辆在该设计路段以 80km/h 的初始期望速度行驶时，路线综合安全指数 $R_n$ 整体小于 0.5，整个路段线形设计良好；车辆在该设计路段以 90km/h 的初始期望速度行驶时，$S_{200}$ 处路线综合安全指数 $R_n>1$，该路段线形设计较差，其余线形显示良好，这与初始期望速度设定较高有关；车辆在该设计路段以 100km/h 的初始期望速度行驶时，$S_{400}$ 处路线综合安全指数 $R_n>1$，该路段线形设计较差，其余线形显示良好。总体评价结果与三类指标保持高度一致，若车辆以 80km/h 的初始期望控制速度自然行驶，整个路段设计为优。若初始期望速度大于 80km/h，则该路段线形会引发不安全驾驶行为。

5）结论

本小节依据某省道路改线设计资料建立道路三维模型，并根据仿真模型的特性进行仿真设置，在 80km/h、90km/h、100km/h 三种初始期望控制速度下进行变速仿真试验，用选定的车速安全系数 $K_v$、车辆安全系数 $K_s$、$K_r$、驾驶员感受安全系数 $K_d$ 三个方面指标和线形综合安全指数 $R_n$ 对该路段线形安全性进行综合分析评价。通过仿真评价发现该设计路线车辆行驶稳定性良好，不会发生侧翻和滑移现象，而在高速度模式下行驶时驾驶员在 $S_{500}$ 之前路段会出现头晕等不适现象，建议在此处设置驾驶提示信息。其次，该路段虽然运行速度连续性良好，但在 $S_{1600}$ 处弯道允许通过的最大运行车速为 60km/h，小于设计时速 80km/h，道路实施时需对该处进行限速处理，如增加限速桩、减速带等装置。

通过对设计阶段道路线形进行仿真评价，可以验证该仿真模型对道路线形评价研究具有良好的适用性，可帮助道路设计者在路线设计阶段进行线形安全评价，查找道路设计缺陷，改进道路线形设计中存在的瑕疵，杜绝道路事故黑点的产生，营造安全的道路交通条件，该研究成果的应用将产生积极的社会效益和经济效益。

## 7.3 交通事故率评价法

道路交通事故量常被用来衡量道路条件的安全程度，交通事故量可以分为交通事故发生量和交通事故发生率，而交通事故量评价法是典型的“事后型”道路安全评价方法，也被用于道路线形安全的诊断和评价。事故量评价法通常包含事故道路交通事故搜集过程、交通事故预测过程、事故率评价指标选择过程。

交通事故的统计和调查主要依靠交通主管部门和交警部门的统计信息获得。

### 7.3.1 交通事故预测方法

按照交通事故预测目标，道路交通事故预测可以分为事故率预测和事故数预测，事故率预测是用来揭示未来年事故发展趋势，事故数预测是用来揭示未来年事故发展程度。按照预测方式可以分成定性预测和定量预测，定性预测分析主要是根据实际经验和专业知识进行，对把握事物的本质特征和大体程度有重要作用。这种预测方法主要依靠个人经验和直观材料，对今后的交通事故状况进行预测。主要有专家调查法、市场调查法、主观概率法、交叉概率法、领先指标法、类推法等。定量预测是运用定量分析技术，对交通事故的未来状态作出数量的估计（建立表现数量关系的模型），但在实际应用中大多是定性和定量相互结合来预测。按照预测范围可以分成宏观预测和微观预测，宏观预测是指对区域较大的总体性和趋势性的交通事故进行预测，微观预测是对某一地点、路段交通事故变化情况进行的预测。

目前，常用的预测方法主要有时间序列预测法、回归分析预测法、灰色预测法、BP 神经网络预测法。

1. 时间序列预测法

所谓时间序列预测法，就是以序列数据和历史时间为基础，用概率统计的方法尽可能地减少非必然因素的影响，运用一定的数学方法使其向外延伸，预测未来发展趋势的一种方法。

时间序列预测法的优点：预测结果人为的主观因素较少、简便易行、费用不大；缺点：不能反映随机受到的外部环境影响，预测结果的准确性、实用性较差，并且该方法只适合于短期预测。

(1) 简单平均法

简单平均法（Method of Simple Average）是以历史数据的算术平均数、加权算术平均数和几何平均数等直接作为预测值的预测方法，这类方法模型简单、适用方便，因而是一类相对简单的预测方法，它们一般适用于短期或近期预测。

1) 算术平均法

算术平均法（Method of Arithmetic Average）是把历史数据加以算术平均，并以平均数作为预测值的方法。预测模型为：

$$\bar{Y}_A = \frac{\sum_{i=1}^{n} y_i}{n} \tag{7-32}$$

式中 $\bar{Y}_A$——预测值的算数平均数；

$y_i$——第 $i$ 个历史数据；

$n$——参加平均的历史数据个数。

2) 加权平均法

加权平均法（Method of Weighted Average）是对参加平均的历史数据给予不同的权数，并以加权平均数作为预测值的方法。因为按照时间顺序排列的一组历史数据，每个数据对预测值的重要性是不同的，离预测期较近的历史数据显然比离预测期较远的历史数据重要很多，这就说明把所有参加平均的历史数据"一视同仁"的算术平均法具有不足之处，较好的办法是在计算平均数时把每个历史数据的重要性也考虑进去，给予相应的权数，加权平均法正是体现了这一点。因此，它是一种比算术平均法更为理想的预测方法。

加权平均法的预测模型为：

$$\bar{Y}_W = \frac{\sum_{i=1}^{n} W_i y_i}{\sum_{i=1}^{n} W_i} \tag{7-33}$$

式中 $\bar{Y}_W$——预测值的加权平均数；

$y_i$——第 $i$ 个历史数据；

$W_i$——给予第 $i$ 个历史数据的权数。

(2) 指数平滑法

指数平滑法（Exponential Smoothing）是利用对历史数据进行平滑来消除随机因素的影响。这种方法只需要本期的实际值和本期的预测值便可预测下一期的数据，因此不需要保存大量的历史数据。指数平滑法包括一次、二次、三次指数平滑。

1) 一次指数平滑法

指数平滑法的积分思想是把时间序列看成一个无穷数列，即 $x_t$，$x_{t-1}$，…，把 $\hat{x}_{t-1}$ 看做这个无穷序列的一个函数，即 $\hat{x}_{t-1}=a_0x_t+a_1x_{t-1}+\cdots$

为了计算中使用单一的权数 $a_i$（$i=0$，1，…），并使权数之和等于 1，可以令 $a_0=a$；

$a_k = \alpha\ (1-\alpha)^k$，$k=1$，2…

当 $0 \leqslant \alpha \leqslant 1$ 时，$\sum_{i=0}^{\infty} a_i = \alpha + \alpha(1-\alpha)^2 + \cdots = \alpha/[1-(1-\alpha)] = 1$，指数平滑得到的预测值为：

$$\begin{aligned}\hat{x}_{t+1} &= a\alpha_t + \alpha(1-\alpha)^2 x_{t-2} + \cdots \\ &= a\alpha_t + (1-\alpha)[a\alpha_{t-1} + \alpha(1-\alpha)x_{t-2} + \cdots] \\ &= a\alpha_t + (1-\alpha)\hat{x}_t\end{aligned} \tag{7-34}$$

或 $\hat{x}_{t+1} = \hat{x} + \alpha\ (x - \hat{x})$

其中，$a$ 称为平滑系数，$a$ 的取值可参照均方误差最小的原则确定，即取 $\sigma_n = \frac{1}{n}\sum_{t=1}^{n}(x_t - \hat{x}_t)^2$ 达到最小值时 $a$ 的值。

2）二次指数平滑法

二次指数平滑法是对指数平滑值序列再作一次指数平滑，二次指数平滑值的计算公式为 $S_t^{(2)} = S_{t-1}^{(2)} + \alpha\ [S_t^{(1)} - S_{t-1}^{(2)}]$。

式中　$S_t^{(1)}$——第 $t$ 周期内一次指数平滑值；

$S_t^{(2)}$——第 $t$ 周期内二次指数平滑值。

在上述二次指数平滑处理的基础上，可建立线性预测模型：$\hat{x}_{t+T} = \alpha_t b_t T$

其中，根据最小二乘法确定截距 $\alpha_t$ 与斜率 $b_t$ 的计算公式分别为：

$$\alpha_t = 2S_t^{(1)} - S_t^{(2)} \tag{7-35}$$

$$b_t = \frac{\alpha}{1-\alpha}[S_t^{(1)} - S_t^{(2)}] \tag{7-36}$$

3）三次指数平滑法

当历史数列具有曲线形倾向时，需要使用三次指数平滑法。三次指数平滑法是对二次指数平滑值序列再作一次指数平滑，三次指数平滑值的计算公式为：

$$S_t^{(3)} = S_{t-1}^{(3)} + \alpha[S_t^{(2)} - S_{t-1}^{(3)}] \tag{7-37}$$

式中　$S_t^{(3)}$——第 $t$ 周期内的三次指数平滑值。

在三次指数平滑处理的基础上，可建立如下非线性预测模型：

$$\hat{x}_{t+T} = a_t + b_t T + c_t T^2 \tag{7-38}$$

其中，同样根据最小二乘法确定模型系数 $a_t$、$b_t$、$c_t$ 的计算公式分别为：

$$\begin{cases} a_t = 3S_t^{(1)} - 3S_t^{(2)} + S_t^{(3)} \\ b_t = \dfrac{a}{2(1-a)^2}[(6-5a)S_t^{(1)} - 2(5-4a)S_t^{(2)} + (4-3a)S_t^{(3)}] \\ c_t = \dfrac{a}{2(1-a)^2}[S_t^{(1)} - 2S_t^{(2)} + S_t^{(3)}] \end{cases} \tag{7-39}$$

（3）趋势外推法

趋势外推法的原理就是运用某种函数模型来预测某一对象的发展趋势，常见的预测模型主要有以下几种：

1）多项式预测模型：$y_x = a_0 + a_1 x + a_2 x^2 + \cdots + a_n x^2$

2）对数曲线模型：$y_x = b_0 + b_1 \ln(x)$

3）指数曲线模型：$y_x = a\mathrm{e}^{bx}$

4）复合模型预测：$y_x = b_0 b_1^x$

2.灰色预测法

（1）灰色预测思想

灰色预测是将已知的数据序列按照某种规则构成动态或非动态的白色模块。再按照某种变化、解法来求解未来的灰色模型。具体讲：当一时间序列无明显趋势时，采用累加的方法生成一趋势明显的时间序列，按该序列增长趋势建立预测模型，并考虑灰色因子的影响进行预测，然后采用累减的方法进行逆运算，恢复时间序列，得到预测结果。

（2）预测步骤

1）原始数列的确定：

$$Y^{(0)} = \{y^{(0)}(t) \mid t = 1, 2, \cdots, n\}$$

2）原始数据的累加处理：

对 $Y^{(0)}$ 作一次累加生成，即：$Y^{(1)}(k) = \sum_{t=1}^{k} y^{(0)}(t)$，则得到数列：

$$Y^{(1)} = \{y^{(1)}(k) \mid k = 1, 2, \cdots, n\} = \{y^{(0)}(1), \sum_{t=1}^{2} y^{(0)}(t), \cdots, \sum_{t=1}^{n} y^{(0)}(t)\}$$

3）GM(1，1）模型的建立

设原始时间序列为 $Y^{(0)} = \{y^{(0)}(k) \mid t = 1,2,\cdots,n\}$

通过累加生成新的序列为 $Y^{(1)} = \{y^{(1)}(k) \mid k = 1,2,\cdots,n\}$

则 GM(1，1）模型相应的微分方程为：$\frac{\mathrm{d}y^{(1)}(t)}{\mathrm{d}t} + ay^{(1)}(t) = \mu$

式中 $\alpha$——发展灰数；

$\mu$——内生控制灰数。

其解的离散描述形式为 $\hat{y}^{(1)}(t+1) = [y^{(0)}(1) - \frac{u}{a}]e^{-\alpha t} + \frac{\mu}{\alpha}$

4）确定 GM(1，1）模型的参数

$y_n$，$B$，$\alpha$，$u$ 为待估参数向量，用最小二乘法求解：$\hat{a} = [\alpha, \mu]^T = (B^T B)^{-1} B^T x_n$

$$\text{式中 } B = \begin{bmatrix} -\frac{1}{2}[y^{(1)}(1) + y^{(1)}(2)] & 1 \\ -\frac{1}{2}[y^{(1)}(2) + y^{(1)}(3)] & 1 \\ \vdots & \vdots \\ -\frac{1}{2}[y^{(1)}(2) + y^{(1)}(3)] & \end{bmatrix}; x_n = \begin{bmatrix} y^{(0)}(2) \\ y^{(0)}(3) \\ \vdots \\ y^{(0)}(n) \end{bmatrix}$$

求解参数向量：

将已知的 $B$、$y_n$ 代入公式 $\hat{a} = [\alpha, \mu]^T = (B^T B)^{-1} B^T x_n$，可得 GM(1，1）预测模型 $\frac{\mathrm{d}y^{(1)}(t)}{\mathrm{d}t} + ay^{(1)}(t) = \mu$ 中参数 $u$、$\alpha$ 的值。预测模型为：

$$\hat{y}(t+1) = [y^{(0)}(1) - \frac{\mu}{\alpha}]\mathrm{e}^{-\alpha t}, \ t = 0, 1, 2, \cdots, n$$

模型精度检验：

生成残差及残值均值：$E(t)=y^{(0)}(t)-\hat{y}^{(0)}(t)$；$\bar{E}=\frac{1}{n}\sum_{t=1}^{n}E(t)$

原始数据的方差：$S_1^2=\frac{1}{n}\sum_{t=0}^{n}[y^{(0)}(t)-\bar{y}]^2$；$\bar{y}=\frac{1}{n}\sum_{t=1}^{n}y^{(0)}(t)$

残值方差：$S_2^2=\frac{1}{n}\sum_{t=0}^{n}[E(t)-\bar{E}]^2$

后验差比值：$C=S_2/S_1$

小误差：$P=p\{|E(t)-\bar{E}|<0.6745S_1\}$

按 $P$ 和 $C$ 的大小，可将模型的预测精度分为优、良、中、差四类，各类指标中 $P$ 和 $C$ 的取值如表 7-23 所示。

**灰色预测模型精度等级表** **表 7-23**

| 预测模型精度等级 | 优 | 良 | 中 | 差 |
|---|---|---|---|---|
| $P$ | >0.95 | >0.80 | >0.70 | ≤0.70 |
| $C$ | <0.35 | <0.50 | <0.65 | ≥0.65 |

3. 回归分析预测法

回归分析预测法是一种定量地描述变量之间的数量关系的预测方法，是定量预测方法的基础。回归分析预测法是根据事物内部因素变化的因果关系来预测事物未来的发展趋势。回归分析预测法就是对其中具有相关关系的变量，通过数理统计方法建立起变量间的回归方程，从而对变量间的密切程度进行描述，并实现对变量回归的估计和测定，进而应用回归方程进行预测。

回归分析预测模型按照变量的个数，可以分为一元回归分析和多元回归分析；按照变量之间的关系，又可分为线性回归分析和非线性回归分析。其中，大多数非线性回归分析的问题都可以转化为线性回归分析的问题来处理，且多元回归分析的原理又同一元回归分析的原理一致。

（1）回归预测步骤

1）收集资料

通过调查分析，确定待预测变量可能的相关因素，并收集和处理这些因素的相关统计资料。

2）初步建立预测模型

对预测目标和其影响因素作定性分析，确定是否存在相关关系，若存在，选取回归模型。

3）计算模型中的参数

根据最小二乘法估计参数，求出回归方程。

4）检验模型，确定回归预测模型

在运用回归方程进行预测之前，必须对回归方程和回归系数进行检验。

5）利用模型进行预测

利用模型进行预测，并讨论预测结果的置信度。

（2）多元线性回归方程模型

在实际问题中，影响预测变量的因素常常不只是一个，而是多个。这种多个因素变量的回归分析问题称作多元回归分析。

设影响因变量 $y$ 的自变量共有 $p$ 个（$x_1$，$x_2$，…，$x_p$），在这些自变量间确定线性关系。有 $N$ 组数据（$x_{r1}$，$x_{r2}$，…，$x_{rp}$；$y_r$），$r=1$，2，…，$N$。

假设有预测变量 $y$ 和自变量 $x_1$，$x_2$，…，$x_p$ 之间有线性统计关系，$N$ 组统计数据有

$$\begin{cases} y_1=b_0+b_1x_{11}+b_2x_{12}+\cdots+b_px_{1p}+\mathrm{e}_1 \\ y_2=b_0+b_1x_{21}+b_2x_{22}+\cdots+b_px_{2p}+\mathrm{e}_2 \\ \vdots \quad \vdots \quad \vdots \quad \vdots \quad \vdots \quad \vdots \quad \vdots \\ y_N=b_0+b_1x_{N1}+b_2x_{N2}+\cdots+b_px_{Np}+\mathrm{e}_N \end{cases} \tag{7-40}$$

$\mathrm{e}_r(r=1，2，\cdots，N)$ 为随机变量，一般假设 $\mathrm{e}_r\sim N(o，\sigma)$，且 $\mathrm{e}_r$ 是不相关的，$\mathrm{e}_r$ 与 $x_r$ 也是不相关的。利用 $N$ 组数据可建立回归方程：

$$\hat{y}=\hat{b}_0+\hat{b}_1x_1+\hat{b}_2x_2+\cdots+\hat{b}_px_p \tag{7-41}$$

$\hat{b}_0$ 是常数项，而 $\hat{b}_j$（$j=1$，2，…，$p$）是 $y$ 对 $x_i$ 回归系数的估计值。

为了估计回归系数，$\hat{b}_j$ 和 $\hat{b}_0$ 应满足以下方程（称正规方程组）：

$$\begin{cases} \dfrac{\partial Q}{\partial \hat{b}_j}=-2\sum\limits_r(y_r-\hat{y}_r)x_{rj}=0(j=1，2\cdots) \\ \dfrac{\partial Q}{\partial \hat{b}_0}=-2\sum\limits_r(y_r-\hat{y}_r)x_{rj}=0 \end{cases} \tag{7-42}$$

（3）非线性回归分析

1）非线性回归模型分析

在选择预测模型时，既要保证所预测的变量的准确性，又要参数之间关系力求简单，以利于模型的实际应用，所以一般首先考虑线性关系。但是实际问题中，有时因变量和自变量之间的依存关系并非都是线性形式，这时，根据拟合确定的模型图形就不再是一条直线，而是一条曲线，在统计上称之为非线性回归。通常的做法是采用变量代换法将非线性回归转化成线性回归问题，利用线性回归方法进行求解。

2）常见的非线性回归模型

常见的非线性回归模型以及转化成线性回归问题的处理方法见表 7-24。

**非线性回归模型以及转化成线性回归问题的处理方法　　表 7-24**

| 非线性回归 | 函数形式 | 变换手段 | 变量代换 | 线性回归模型 |
|---|---|---|---|---|
| 指数回归 | $y=a\mathrm{e}^{bx}$ | 等式两边取对数<br>$\ln y=\ln a+bx$ | $Y=\ln y$<br>$A=\ln a$ | $Y=A+bx$ |
| 对数回归 | $y=b\log x$ | — | $X=\log x$ | $y=a+bX$ |
| 幂回归 | $y=ax^b$ | 等式两边取对数<br>$\ln y=\ln a+b\ln x$ | $Y=\ln y$<br>$A=\ln a$<br>$X=\ln x$ | $Y=A+bX$ |

续表

| 非线性回归 | 函数形式 | 变换手段 | 变量代换 | 线性回归模型 |
|---|---|---|---|---|
| 抛物线回归 | $y=a_0+a_1x+a_2x^2$ | — | $x_1=x$<br>$x_2=x^2$ | $y=a_0+a_1x_1+a_2x_2$ |
| 双曲线回归 | $\frac{1}{y}=a+\frac{b}{x}$ | — | $Y=\frac{1}{y},X=\frac{1}{x}$ | $Y=a+bX$ |

（4）神经网络预测法

人工神经网络具有非线性容错性和自组织、自学习、自推理的自适应能力，不需要建立其他相关模型。它通过学习训练能够自己揣摩、总结出复杂的内在联系规律，它自己能自动剔除重叠和无关的信息，根据不完整的、有错误的信息，也能作出完整的、正确的结论。它有效地避免传统的数学模型“机械拟合”所造成的误差。

在人工神经网络的实际应用中80%～90%的网络模型是采用BP神经网络或它的变化形式，它也是前向网络的核心部分，体现了人工神经网络最精华的部分。BP神经网络是采用误差逆向传播算法（Error Back-Propagation Algorithm）进行训练的网络，BP学习算法是Rumelhart等在1986年提出的，自此以后，BP神经网络获得了广泛的应用。它是一种有导学习算法，用于BP网的权值和闭值学习，利用BP神经网络可以实现多种功能，对于工程技术人员应用比较广泛的是BP神经网络的预测功能。利用BP神经网络预测的核心就是预测模型的建立和程序的编写。

采用BP算法的多层感知器是至今为止应用最广泛的神经网络，在多层感知器的应用中，以图7-40所示的单隐层网络的应用最为普遍。一般习惯将单隐层感知器称为三层感知器，所谓三层包括了输入层、隐层和输出层。

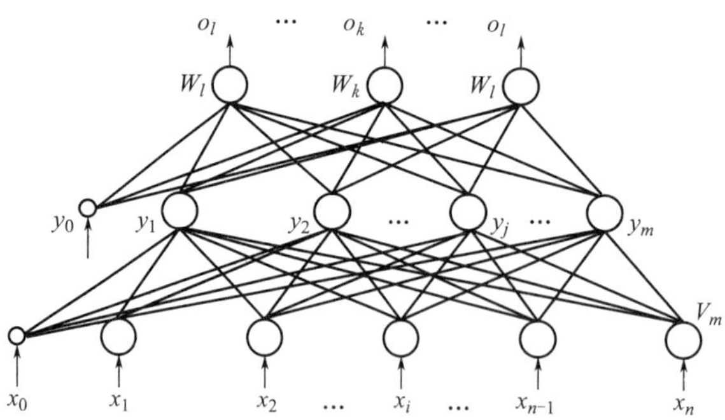


图7-40 单隐层网络

三层感知器中，输入向量为$X=(x_1，x_2，\cdots，x_i，\cdots，x_n)^T$，图中$x_0=-1$是为隐层神经元引入阈值而设定的。隐层输出向量为$Y=(y_1，y_2，\cdots，y_i，\cdots，y_m)^T$，图中$y_0=-1$是为输出层神经元阈值设置的；输出层的输出向量为$O=(o_1，o_2，\cdots，o_k，\cdots，o_l)^T$。期望输出向量为$Y=(d_1，d_2，\cdots，d_l，\cdots，d_k)^T$。输入层到隐层之间的权值矩阵用$V$表示，$V=(V_1，V_2，\cdots，V_j，\cdots，V_m)$，其中列向量$V_j$为隐层第$j$个神经元对应的权向量。隐层到输出层之间的权值矩阵用$W$表示，$W=(W_1，W_2，\cdots，W_k，\cdots，W_t)$，其中列向量$W_k$为输出层第$k$个神经元对应的向量。各分层之间的数学关系可用下式表示：

对于输出层，有$\begin{cases} O_k = f\ (net_k),\ k=1,\ 2,\ \cdots,\ l \\ net_k = \sum_{j=0}^{m} w_{jk} y_j,\ k=1,\ 2,\ \cdots,\ l \end{cases}$

对于隐层，有$\begin{cases} y_i = f\ (net_j),\ j=1,\ 2,\ \cdots,\ m \\ net_j = \sum_{i=0}^{n} v_{ij} x_i,\ j=1,\ 2,\ \cdots,\ m \end{cases}$

### 7.3.2 事故评价指标

目前，国内外对交通事故的评价指标一般可以从两种不同的角度进行分类，一种是按评价的对象分类，可分为宏观性评价指标与微观性评价指标；另一种是按评价目的分类，一是用于评价道路安全水平，另一类用于评价道路交通安全管理水平。其中，常用道路评价指标如下。

1.绝对数类指标

该项常用四项指标，即事故次数、死亡人数、受伤人数、直接经济损失。

2.事故率指标

可分为地点事故率指标、路段事故率指标（运行事故率和事故密度）、地区事故率指标（人口事故率指数、车辆事故率指数、运行事故率指数）、综合事故指数。

（1）人口事故率

$$R_{\mathrm{p}} = (D/P) \times 10^6 \tag{7-43}$$

式中 $D$——死亡人数；

$P$——某国家或城市的人口数；

$R_{\mathrm{p}}$——100 万人口交通事故死亡率。

（2）车辆事故率

$$R_{\mathrm{N}} = (D/N) \times 10^6 \tag{7-44}$$

式中 $D$——死亡人数；

$N$——该地区机动车拥有量；

$R_{\mathrm{N}}$——100 万车辆交通事故死亡率。

（3）运行事故率

$$R_T = (D/T) \times 10^8 \tag{7-45}$$

式中 $D$——死亡人数；

$T$——某地区运行车公里数；

$R_{\mathrm{T}}$——亿车公里交通事故死亡率。

3.绝对数—事故率法

将绝对数与事故率法结合起来考虑。

4.事故强度分析法

（1）综合事故强度分析法

$$K = \frac{M \times 10^4}{\sqrt{RCL}} \tag{7-46}$$

式中 $K$——死亡强度指标，$K$ 越小道路安全度越高；

$M$——当量死亡人数，$M$=死亡人数+0.33 重伤人数+0.10 轻伤人数+2 直接经济损失（万元）；

$C$——当量汽车数，$C$＝汽车＋0.4 摩托车和三轮车＋0.3 自行车＋0.2 畜力车；

$R$——人口数，$R=0.7P$（$P$ 为人口总数）；

$L$——道路因素，见表 7-25。

**不同道路条件下的修正系数** **表 7-25**

| 公路等级 \ 里程(km) | <50 | 50～500 | 500～2000 | 2000～10000 | 10000 |
|---|---|---|---|---|---|
| 一 | 0.8 | 0.9 | 1.0 | 1.1 | 1.2 |
| 二 | 0.9 | 1.0 | 1.1 | 1.2 | 1.3 |
| 三 | 1.0 | 1.1 | 1.2 | 1.3 | 1.4 |
| 四 | 0.9 | 1.0 | 1.1 | 1.2 | 1.3 |
| 等外 | 0.8 | 0.9 | 1.0 | 1.1 | 1.2 |

（2）当量事故强度

$$K_d = 10^3 \frac{D_d}{\sqrt[3]{PN_dL}} \tag{7-47}$$

式中 $K_d$——当量死亡强度；

$D_d$——当量死亡人数（同上式中的 $M$）；

$N_d$——当量汽车数量（同上式中的 $C$）；

$P$——辖区内人口总数；

$L$——辖区内道路总里程。

5. 模型法

模式 1：斯密德（R. J. Smeed）模式

$$D = 0.0003(NP^2)^{\frac{1}{3}} \tag{7-48}$$

式中 $D$——死亡人数（人）；

$N$——机动车登记数（辆）；

$P$——人口数（人）。

模式 2：意大利特里波罗斯多元回归模式

$$y = 58.770 + 30.322x_1 + 4.278x_2 - 0.107x_3 - 0.776x_4 - 2.874x_5 + 0.147x_6 \tag{7-49}$$

式中 $y$——人口事故率（死亡人数/10 万人）；

$x_1$——交通工具机动化程度（辆/人）；

$x_2$——路网密度（km/km$^2$）；

$x_3$——居住在大城市中的人口比例（%）；

$x_4$——19 岁以下青少年所占人口比例（%）；

$x_5$——65 岁以上老年人口比例（%）；

$x_6$——小客车与出租汽车在车辆中所占的比例（%）。

### 7.3.3 我国道路交通安全评价

我国采用事故强度指标 $P$ 来作为道路交通安全度评价指标，$P$ 越小，道路交通安全度越高。

事故强度 $P$ 是车、路各占一半的统计法。即 $P$ 是由万车事故率与万公里道路交通事故率相乘后取算术平方根所得，它间接反映了交通流这一特点，并考虑了地理、气候环境等相关因素的影响。在车辆换算中，机动车（各类汽车、摩托车、拖拉机）取当量为 1，非机动车（电动车、自行车）采用路网中自行车换算成小型客车的当量值 0.25，考虑自行车与机动车的安全性，据统计，自行车事故与机动车事故之比为 0.6，因此安全度评价中自行车的当量为 0.25×0.6=0.15，即一辆自行车相当于 0.15 辆小型客车。

$$P=\frac{D_s}{\sqrt{D_c L}}\times 10^4 \tag{7-50}$$

式中 $D_s$——将道路交通事故中轻伤、重伤人数折合成死亡人数与直接死亡人数之和称当量死亡人数，$D_s=D_1+0.1D_2+0.33D_3$；

$D_c$——将辖区在籍非机动车换算成机动车与辖区在籍机动车之和称为当量车辆数，$D_c=N_1+0.15N_2$；

$L$——将辖区内的所有道路换算成三级公路或城市次要干道总里程再乘以气候、地理影响系数，为修正道路里程（km）：

$$L=\sum_{j=1}^{4}\sum_{i=1}^{5}L_i\beta_i\alpha_j \tag{7-51}$$

式中 $D_1$——道路交通事故中直接死亡人数（人）；

$D_2$——道路交通事故中轻伤人数（人）；

$D_3$——道路交通事故中重伤人数（人）；

$N_1$——辖区在籍机动车数（辆）；

$N_2$——辖区在籍非机动车数（辆）；

$L_i$——$i$ 等级道路长度（km）；

$\alpha_j$——地理、气候环境修正系数，按表 7-26 选用；

$\beta_i$——道路等级修正系数，按表 7-27 选用。

**地理、气候环境修正系数表** **表 7-26**

| 地理、气候状况 | $\alpha_j$ | $\alpha_j$ 值 |
|---|---|---|
| 平原，气候良好 | $\alpha_1$ | 1 |
| 平原微丘，气候良好 | $\alpha_2$ | 1.1 |
| 山岭重丘，气候良好 | $\alpha_3$ | 1.4 |
| 山岭重丘，多雪多雨 | $\alpha_4$ | 1.6 |

**道路等级修正系数表** **表 7-27**

| 公路等级 | 一 | 二 | 三 | 四 | 等外 |
|---|---|---|---|---|---|
| 城市道路等级 | 快速 | 主干 | 次干 | 支路 | 小巷 |
| $\beta_i$ | $\beta_1$ | $\beta_2$ | $\beta_3$ | $\beta_4$ | $\beta_4$ |
| $\beta_i$ 值 | 0.8 | 0.9 | 1 | 0.9 | 0.8 |

### 7.3.4 不良路段的事故率评价方法

不良路段安全评价方法是由鉴别技术指标的选取和鉴别方法共同决定的。不良路段安全评价方法，在实际运用时应根据实际需要选择不同的方法。下面从评价技术指标、适用条件、优缺点等出发对不良路段进行对比分析，以事故数法、事故率法及综合法三类为例进行介绍。

1. 事故数法

直接将事故统计资料中的绝对指标如交通事故数、死亡人数、受伤人数等归为事故数法，这里对国内外典型事故多发点的鉴别方法进行分析。

（1）事故频数法

国外在道路交通事故多发点鉴别时普遍采用事故频数法，该方法是将事故统计中发生的事故绝对数量作为判断事故多发点的标准，当特定地点交通事故发生的数值超过鉴别标准阈值时，即可认为该地点为事故多发点。英国鉴别事故多发点的方法是将 0.1km 范围内，1 年发生过 4 起事故的，称为危险地点；在 0.3km 长的路段上，3 年中发生过 12 起事故的，称为危险位置；在 1km 范围内，1 年中有 40 起或 40 起以上事故的，称为事故易发地区，即事故多发点。挪威是将长 100m 路段内 4 年发生 4 起以上含人员伤亡的交通事故作为鉴别事故多发点的标准。

（2）当量事故数法

如果将严重程度不同的事故统一对待，只进行事故次数的简单累加，往往造成判断失误。例如：拥有同样事故次数的两条路段，其中一条路段的事故死亡人数比另一条路段的事故死亡人数高，很显然，具有高死亡人数的路段的危险度也要高，如果考虑事故的严重性，将判断为两者具有同样的危险度。因此，为了更准确地判断事故多发点，评价时应考虑事故的严重性，为此提出了当量总事故数法。该方法通过赋予受伤及死亡人数一定的权值来计算事故的严重程度，其基本公式如下：

$$Z_{ij\cdots k}=(X_{ij\cdots k})^{1/2}-(4E_{ij\cdots k}+1)^{1/2}\frac{Y_{ij\cdots k}}{\sum\limits_{ij\cdots}Y_{ij\cdots k}}(i,\ j,\ \cdots,\ k)E_{ij\cdots k}=N\cdot Z_{ij\cdots k} \tag{7-52}$$

$$ETAN=K_1F+K_2J+TAN \tag{7-53}$$

式中 $ETAN$——当量总事故次数(起)；

$F$——事故中死亡人数(个)；

$J$——事故中受伤人数(个)；

$TAN$——总事故次数(起)；

$K_1$、$K_2$——死亡、受伤事故权重。

此法的技术关键是 $K_1$、$K_2$ 的值，它考虑了事故严重程度对社会和个人的影响，并在事故统计中加以权衡，实践表明运用该方法鉴别的事故多发点大部分与传统方法吻合，其中一部分多发点因事故严重性而入选，从而使事故多发点的鉴别具有更好的社会效益。一般 $K_1$ 取值为 1.5～2.0，$K_2$ 取值为 1.2～1.5。

（3）突出因素法

突出因素法是基于事故多发点成因分析因素的“突出性”提出的。若公路事故多发点的某些事故因素或综合因素，在与事故的平均因素相比时很突出，则认为这些突出的因素或事故综合因素即为事故多发点的事故诱发因素。突出因素法是一种离散的多变量算法，运用了两个步骤：变量选择和建模。第一步是选择一组显著性变量，为第二步的深入分析使用，针对每个变量，通过计算出评价点在各统计时段内的事故次数或相对百分比，同时统计出整条道路的平均事故次数或平均百分比，形成了一个以事故次数或百分比为样本的偶然事件二元表。对每个表应用一元方差理论确定每个变量的显著性，不显著的变量删除，对于显著的变量从中选择出一个显著性最高的变量作为主要变量。余下每个变量与因变量以及显著性最高的变量三者之间形成一个偶然事件三元表，计算统计值 $Q_t$。重复进行以上步骤，直到所有变量被处理完。

1）列出偶然因素表，包括先前查明的所有变量，计算偶然因素表中所有单元的单元概率。模型采用了如下的算法：第 $i$，$j$，…，$k$ 单元事故率 $P_{ij\cdots k}$，由单元事故数 $Y_{ij\cdots k}$ 除以事故总数 $\sum\limits_{ij\cdots}Y_{ij\cdots k}$，即：

$$P_{ij\cdots k}=\frac{Y_{ij\cdots k}}{\sum\limits_{ij\cdots}Y_{ij\cdots k}} \tag{7-54}$$

下标 $i$，$j$，…，$k$ 表示所选显著性变量的坐标。

2）计算偶然因素 $E_{ij\cdots k}$：

$$E_{ij\cdots k}=N\cdot P_{ij\cdots k} \tag{7-55}$$

式中　$N$——评价点在统计年度内实际发生的事故总数。

3）将评价点的实际事故次数 $X_{ij\cdots k}$ 与得出的预测事故数 $E_{ij\cdots k}$ 进行比较，采用 Freeman－Tukey 的残差计算方法计算单元残差 $Z_{ij\cdots k}$：

$$Z_{ij\cdots k}=(X_{ij\cdots k})^{1/2}-(4E_{ij\cdots k}+1)^{1/2} \tag{7-56}$$

$Z_{ij\cdots k}$ 值大于 1.5 的单元即可认为是明显突出的单元，也就是说评价点实际发生的事故次数明显高于根据整条公路的平均情况而预测出的事故次数。突出因素法从所选鉴别技术指标来看，最终还是通过事故次数判断是否是事故多发点，因此将该方法归为事故数法。

（4）累计频率法

累计频率法是基于统计学原理的一种方法，以单位长度发生的事故次数为纵坐标，以发生大于某一事故次数的累计频率为横坐标，绘制累计频率曲线。在累计频率 15%～20% 间有个“突变点”，往“突变点”左边移动，事故数急剧增大，但事故频率减少不多，即很短的里程的事故数占有相当大的事故分量；当向“突变点”曲线右边移动时，事故数减少不多，但事故频率增加较大，即较长的里程的事故数所占的事故分量不大。累计频率法确定的事故多发点并没有把所有道路条件异常的路段全包括进去，它注重的是以最小的费用，取得最大的安全治理效果，可以说是一种经济判别方法，有很高的实用价值。由于累计频率法所选鉴别技术指标为事故数，因此将该方法归为事故数法。

2.事故率法

20 世纪 40 年代以后，发达国家普遍开展了交通量调查工作。在鉴别事故多发点时，具有了交通量数据，据此提出了事故率法。事故率法在鉴别事故多发点而选择鉴别指标时，在绝对指标的基础上引入了事故关联因素，主要有车辆保有量、交通量、人口数、区域面积等，由于事故相关因素的引入，鉴别事故多发点不再依赖于单一指标，考虑因素更全面，鉴别准确率大大提高。

（1）亿车公里事故率法

亿车公里事故率法充分考虑了交通量和路段长度因素，比事故数法有所改进，如下式所示。

$$U_{\mathrm{f}}=\frac{10^{8}\cdot N}{365\cdot AADT\cdot L\cdot t} \tag{7-57}$$

式中 $U_{\mathrm{f}}$——每亿车公里事故数（起）；

$N$——$t$ 年内 $L$ 长路段上的事故数（起）；

$AADT$——$L$ 长路段的年平均日交通量（pcu/日）；

$L$——路段长度（km）；

$t$——统计年限（年）。

当某路段事故率 $U_{\mathrm{f}}$ 大于规定的指标 $\overline{U}_{\mathrm{f}}$ 时，则认为该路段属于危险路段。

（2）事故率预测法

丹麦采用统计鉴定法建立各类道路路段上的事故预测模型：

$$E(U_j)=\alpha\cdot N_j^P\cdot L_j \tag{7-58}$$

式中 $E(U_j)$——路段 $j$ 的事故预测数（起）；

$N_j^P$——路段 $j$ 的交通量（pcu/日）；

$L_j$——路段 $j$ 的长度（km）；

$\alpha$、$P$——该种类型道路通过回归分析得出的参数。

把道路实际观测的事故次数 $U_j$ 与预测值 $E(U_j)$ 用差异值 $Z$ 联系起来，$Z$ 值的计算过程如下式所示：

$$Z=\frac{U_j-E(U_j)-1}{\sqrt{E(U_j)}} \tag{7-59}$$

如果 $Z>E(U_j)$，则可定义该路段为危险地点。

3. 综合法

（1）临界率法

1997 年，J. S. Chen 和 S. C. Wang 总结了典型事故多发点鉴别方法的优缺点，提出了鉴别危险路段的临界率法。该方法首先选取道路使用者能够忍受的最高事故率作为临界事故率，对于不同的临界率，根据显著性水平，对任一给定路段给出相应最低的事故率。当某一路段的事故率超过临界的事故率时，即被认为是事故多发点。

临界率法优于其他方法。同时，通过选取不同的危险率，该方法能够确定事故多发点改善的优先次序。但是，随着经济的发展和人民生活水平的提高，临界率也是变化的。为此，有关部门应及时更新数据库，以便根据交通事故及道路改善资金情况选取合适的临界率。

（2）安全系数法

安全系数法是由苏联交通工程专家所创立，建立安全系数（$K$）的前提是驾驶员在危险路段的初始神经紧张程度和在后续路段上的行驶速度（$V$）与先前路段上的速度（$V_{\mathrm{e}}$）之比成正比，即：

$$K=\frac{V}{V_e} \tag{7-60}$$

安全系数法的实质是考虑到行驶车速沿道路的连续变化性问题，在车速前后变化剧烈的地点必然是一个（或潜在的）交通事故多发点。当安全系数值小于0.6时，该路段就可以判定为一个交通事故多发点。

## 7.4 综合风险评价法

### 7.4.1 评价方法与流程

1.评估内容与方法

（1）交通事故风险评估

以单位公里中每年的交通事故死亡及受伤总人数为评估指标，量化分析路段发生交通事故风险的程度，计算方法如下：

$$CR = N/(L \times T) \tag{7-61}$$

式中 $CR$——路段交通事故风险。

$N$——路段在统计年限中发生的交通事故受伤及死亡的总人数，但是不包括毒驾、酒驾等违法行为造成的事故数量。

$L$——路段长度（km），通常按交通和公路条件的类似原则进行路段划分，一般不超过1km，简化的方法是从公路的起点开始，按照1km为一个单元依次划分路段；一级公路按两个方向分别进行路段划分，二、三、四级公路按整幅划分路段。

$T$——事故统计的年限，一般取最近三年，若最近三年内公路条件发生了较大的变化，则从变化之时起至评估开展时作为统计年限。

交通事故风险划分为五个等级，分别用罗马数字Ⅰ、Ⅱ、Ⅲ、Ⅳ、Ⅴ表示。Ⅴ级为最高风险，Ⅰ 级为最低风险。分级标准如表7-28所示。

表中，$CR_{30}$、$CR_{50}$、$CR_{70}$、$CR_{90}$ 分别代表某区域路网或者某公路交通事故风险指标的30%、50%、70%和90%累计百分值。$CR_{30}$、$CR_{50}$、$CR_{70}$、$CR_{90}$ 的推荐值如表7-29所示。实际应用中，宜以省、自治区、直辖市或地市级城市为单位，在推荐值的范围内统一确定一组值，作为本省、自治区、直辖市或地市的排查标准数据。

**交通事故风险分级标准表** **表7-28**

| 风险等级 | 风险状况 | 交通事故风险指标范围 |
|---|---|---|
| Ⅴ级 | 高 | $CR > CR_{90}$ |
| Ⅳ级 | 较高 | $CR_{70} < CR < CR_{90}$ |
| Ⅲ级 | 中 | $CR_{50} < CR < CR_{70}$ |
| Ⅱ级 | 较低 | $CR_{30} < CR < CR_{50}$ |
| Ⅰ 级 | 低 | $CR < CR_{30}$ |

**交通事故风险分级指标推荐值** **表7-29**

| 交通事故风险分级指标 | $CR_{30}$ | $CR_{50}$ | $CR_{70}$ | $CR_{90}$ |
|---|---|---|---|---|
| 推荐值 | 0.05 | 0.20～0.27 | 0.33～0.44 | 1.33～1.77 |

(2) 公路风险评估

按照公路基础和交通条件对交通事故可能产生的严重程度以及发生的概率的影响模型，量化分析交通运行风险。一般按照 100m 间距测量公路，以获取公路条件指标。按照影响模型计算风险分值，结合交通条件指标来代表 100m 范围内的公路风险程度。

公路风险等级分为五级，分别用罗马数字Ⅰ、Ⅱ、Ⅲ、Ⅳ、Ⅴ表示。Ⅴ级为高风险，Ⅰ级为低风险，分级标准如表 7-30 所示。

**公路风险分级标准** **表 7-30**

| 风险等级 | 风险状况 | 交通事故风险指标范围 |
|---|---|---|
| Ⅴ级 | 高 | $HR>23$ |
| Ⅳ级 | 较高 | $13<HR<23$ |
| Ⅲ级 | 中 | $5<HR<13$ |
| Ⅱ级 | 较低 | $3<HR<5$ |
| Ⅰ级 | 低 | $HR<3$ |

(3) 交通事故多发点段识别

按照公路管理部门或交通管理部门的交通事故记录，在剔除毒驾、酒驾等事故数据之后，符合下列条件的识别为交通事故多发点段：2km 范围内 3 年内发生过 1 起及以上死亡人数大于 3 人的事故或 500m 范围内发生过 3 起及以上死亡事故的路段。

(4) 公路条件识别

采用标准规范中最小（或最大）值的平纵线线形组合不当的路段；路肩挡墙坡度大于 1：3 的填方边坡、路侧深沟或陡崖高度大于一定值（通常为 4～6m）或路侧一定距离（通常为 3～8m）内有水深 0.5m 以上的水体（含江河、湖泊、水库、沟渠等）、干线公路或铁路等的路侧险要路段；农用车、摩托车、自行车、行人或周边环境等对行车造成安全隐患的交通环境复杂的路段，均识别为高公路风险路段。

2. 排查流程

(1) 对于现有一、二级公路，宜采用公路风险评估和交通事故风险评估的结果对路段进行分类，确定实施顺序并制订实施计划，计划流程如图 7-41 所示。

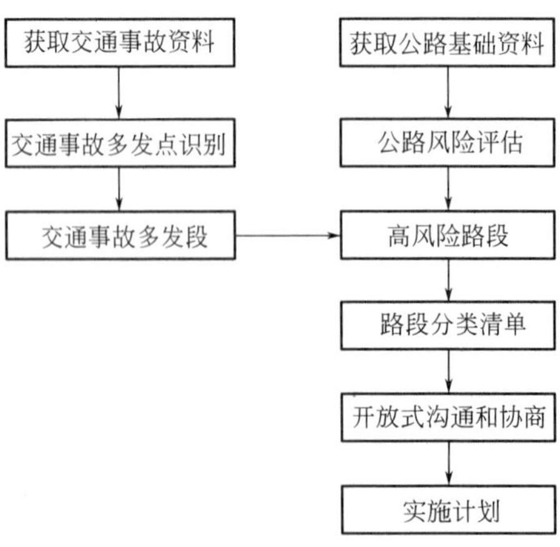


图 7-41 计划流程

（2）当不具备进行公路风险评估的条件时，可用公路条件识别替代，排查流程图如图 7-42 所示。

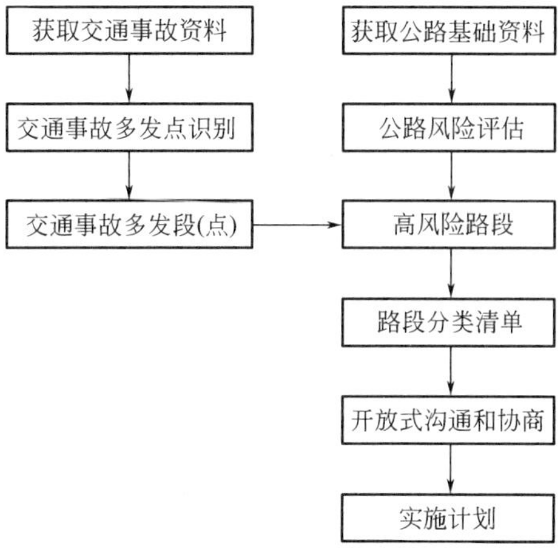


图 7-42　排查流程

（3）当不具备进行交通事故风险评估的条件时，可用交通事故多发点段识别代替，排查流程如图 7-42 所示。

（4）当不具备进行公路风险评估和交通事故风险评估的条件时，可根据事故多发点段识别结果和公路条件识别结果，排查流程如图 7-42 所示。

### 7.4.2　风险评估模型的建立

公路风险评估可按照以下工作步骤进行。

1. 基础数据采集

采集的基础数据包括：公路沿线视频（以公路中心线为中心，辐射公路两侧 170°范围）、对应的里程桩号信息、GPS 信息（应同步标注与公路里程桩号的匹配关系）、线形、交通量信息和运行速度信息等。

一级公路的两个行车方向分别进行数据采集和风险值计算，二、三、四级公路按整幅进行数据采集和风险值计算。

采集的基础数据足够支撑公路风险评估标准化数据的提取。

2. 数据标准化处理

采用质量检查保证数据的标准化，并且为了保证数据质量采取以下措施：建立有经验的数据标准化团队；选用专门的质量检查人员；多轮检查流程；数据检查辅助工具。

3. 风险值计算

利用标准化处理后的信息数据，将 100m 路段范围内存在的属性风险系数按照如下计算方法进行计算即可求得路段的公路风险。

公路风险＝驶出路外风险（左侧)＋驶出路外风险（右侧)＋由车辆失控引起的正面相撞风险＋由超车引起的正面相撞风险＋交叉口风险＋接入口风险。

公路风险影响模型如图 7-43 所示。

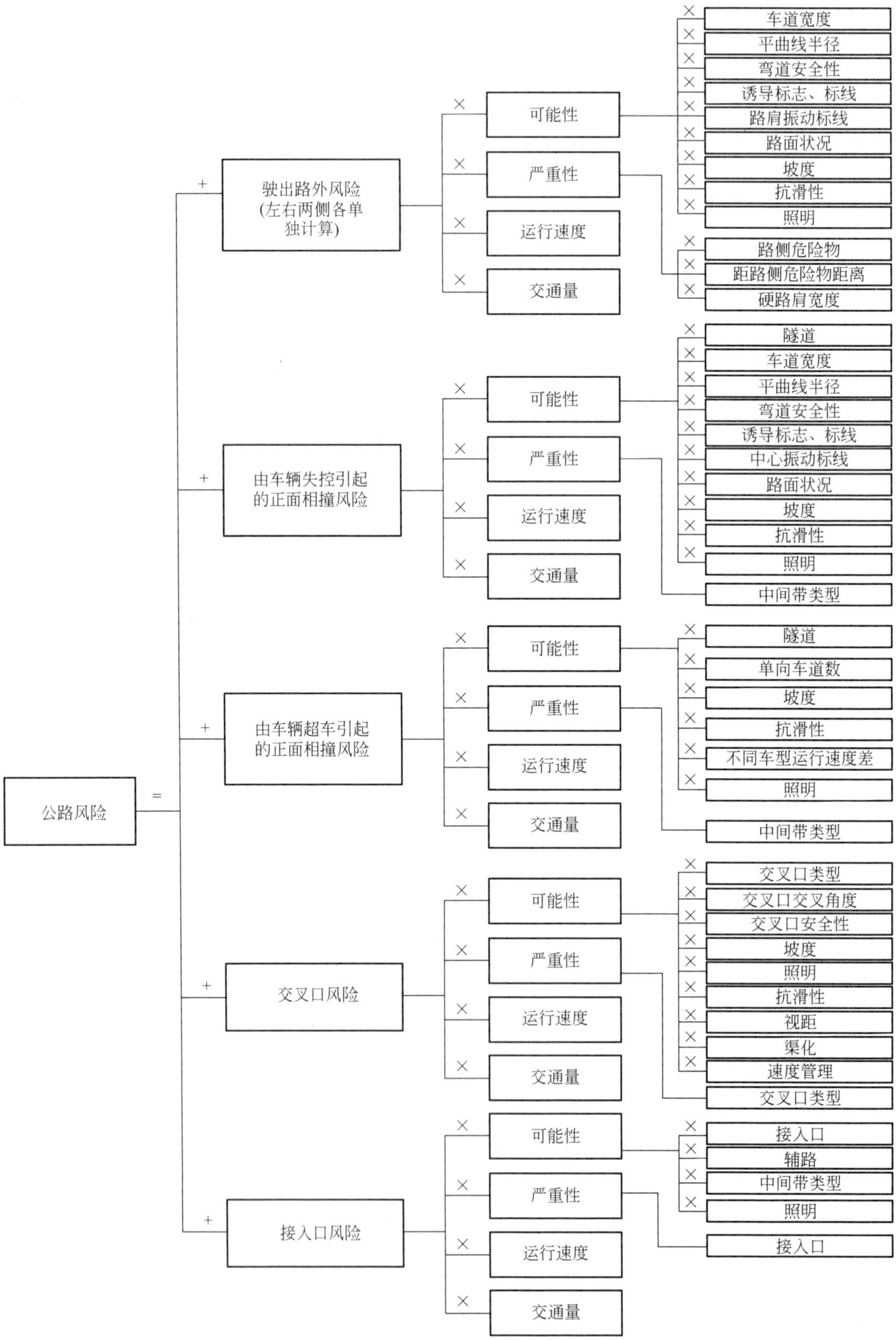


图 7-43 公路风险影响模型

### 7.4.3 道路风险评估标准的确定

根据公路风险模型做出风险值快速计算软件，其数据整理如下：一共分为五个风险，每个风险都包括可能性、严重性、运行速度和交通量。为了有序地对每个参数进行分析还有数据整理与输入，不同参数的可能性、严重性、运行速度还有交通量都不同，其下栏的小参数也不尽相同，为了满足软件的数据整理需求，把标准化指标属性和风险系数取值数据整理如表 7-31 所示。

**公路风险指标属性和风险系数取值表** **表 7-31**

| 公路指标 | 公路属性 | 风险系数 |
|---|---|---|
| 不同车型运行速度差 | <20km/h | 1 |
| | ≥20km/h | 1.2 |
| 隧道 | 无 | 1 |
| | 有 | 1.2 |
| 中间带类型(计算由车辆失控引起的正面相撞风险指标“严重性”用) | 波形钢梁护栏 | 0 |
| | 混凝土护栏 | 0 |
| | 实体中央分隔带宽度≥20m | 2 |
| | 实体中央分隔带宽度 10～20m | 10 |
| | 实体中央分隔带宽度 5～10m | 35 |
| | 实体中央分隔带宽度 1～5m | 80 |
| | 实体中央分隔带宽度<1m | 90 |
| | 临时警示桩 | 90 |
| | 中央渠化线(<1m) | 83 |
| | 中心线 | 100 |
| | 单行道 | 0 |
| | 较宽的中心线(1～3m) | 95 |
| | 缆索护栏 | 0 |
| 中间带类型(计算由车辆超车引起的正面相撞风险指标“严重性”用) | 波形钢梁护栏 | 0 |
| | 混凝土护栏 | 0 |
| | 实体中央分隔带宽度≥20m | 0 |
| | 实体中央分隔带宽度 10～20m | 0 |
| | 实体中央分隔带宽度 1～5m | 0 |
| | 实体中央分隔带宽度<1m | 0 |
| | 示警桩 | 0 |
| | 中央渠化线 | 82.4 |
| | 中心标线 | 100 |
| | 单行道 | 0 |
| | 较宽的中心线(0.3～1m) | 100 |
| | 缆索护栏 | 0 |

续表

| 公路指标 | 公路属性 | 风险系数 |
| --- | --- | --- |
| 中间带类型(计算接入口风险指标"可能性"用) | 波形钢梁护栏 | 0.7 |
| | 混凝土护栏 | 0.7 |
| | 实体中央分隔带宽度≥20m | 0.7 |
| | 实体中央分隔带宽度 10～20m | 0.7 |
| | 实体中央分隔带宽度 5～10m | 0.7 |
| | 实体中央分隔带宽度 1～5m | 0.7 |
| | 实体中央分隔带宽度<1m | 0.7 |
| | 示警桩或分道体 | 1 |
| | 中央渠化线(<1m) | 1 |
| | 中心线 | 1 |
| | 单行道 | 0.7 |
| | 较宽的中心线(1～3m) | 1 |
| | 缆索护栏 | 0.7 |
| 中心振动标线 | 有 | 1 |
| | 无 | 1.2 |
| 左侧路侧危险物距车道边缘线距离 | 0～1m | 1 |
| | 1～5m | 0.8 |
| | 5～10m | 0.35 |
| | ≥10m | 0.1 |
| 左侧危险物 | 波形钢梁护栏 | 12 |
| | 混凝土护栏 | 15 |
| | 对摩托车有防护效果的安全设施 | 12 |
| | 缆索护栏 | 9 |
| | 垂直的山体 | 55 |
| | 上边坡(15°～75°) | 45 |
| | 上边坡(≥75°) | 40 |
| | 深排水渠 | 55 |
| | 下边坡(>15°) | 45 |
| | 邻水邻崖 | 90 |
| | 直径大于 10cm 的树木 | 60 |
| | 直径大于 10cm 的标志牌、桩或杆 | 60 |
| | 坚硬的结构物、桥梁或建筑物 | 60 |
| | 易碎的结构物或建筑物 | 30 |
| | 无防护的护栏端头 | 60 |
| | 大石(高≥20cm) | 60 |
| | 无危险物 | 35 |

续表

| 公路指标 | 公路属性 | 风险系数 |
| --- | --- | --- |
| 右侧路侧危险物距车道边缘线距离 | 0～1m | 1 |
| | 1～5m | 0.8 |
| | 5～10m | 0.35 |
| | ≥10m | 0.1 |
| 左侧危险物 | 波形钢梁护栏 | 12 |
| | 混凝土护栏 | 15 |
| | 缆索护栏 | 9 |
| | 垂直的山体 | 55 |
| | 上边坡(15°～75°) | 45 |
| | 上边坡(≥75°) | 40 |
| | 深排水渠 | 55 |
| | 下边坡(>15°) | 45 |
| | 邻水邻崖 | 90 |
| | 直径大于 10cm 的树木 | 60 |
| | 直径大于 10cm 的标志牌、桩或杆 | 60 |
| | 坚硬的结构物、桥梁或建筑物 | 60 |
| | 易碎的结构物或建筑物 | 30 |
| | 无防护的护栏端头 | 60 |
| | 大石(高≥20cm) | 60 |
| | 无危险物 | 35 |
| 路肩振动标线或振动带 | 无 | 1 |
| | 有 | 0.8 |
| 左侧硬路肩宽度 | 宽(≥2.4m) | 0.35 |
| | 中等(1.0～2.4m) | 0.83 |
| | 窄(0～1.0m) | 0.95 |
| | 无 | 1 |
| 右侧硬路肩宽度 | 宽(≥2.4m) | 0.77 |
| | 中等(1～2.4m) | 0.83 |
| | 窄(0～1m) | 0.95 |
| | 无 | 1 |
| 交叉口类型(计算交叉口风险指标“可能性”用) | 合流匝道 | 6 |
| | 环岛 | 15 |
| | 3 支交叉:无信号灯、有转弯车道 | 13 |
| | 3 支交叉:无信号灯、无转弯车道 | 16 |
| | 3 支交叉:有信号灯、有转弯车道 | 9 |
| | 3 支交叉:有信号灯、无转弯车道 | 12 |

续表

| 公路指标 | 公路属性 | 风险系数 |
| --- | --- | --- |
| 交叉口类型(计算交叉口风险指标"可能性"用) | 4 支交叉:无信号灯、有转弯车道 | 16 |
| | 4 支交叉:无信号灯、无转弯车道 | 23 |
| | 4 支交叉:有信号灯、有转弯车道 | 16 |
| | 4 支交叉:有信号灯、无转弯车道 | 15 |
| | 无交叉口 | 0 |
| | 铁道交叉:被动式,仅有标志 | 1 |
| | 铁道交叉口:主动式,闪烁警示灯和闸门 | 0.5 |
| | 中分带开口:非正式 | 0.5 |
| | 中分带开口:正式 | 0.3 |
| | 小型环岛 | 16 |
| 交叉口类型(计算交叉口风险指标"严重性"用) | 合流匝道 | 15 |
| | 环岛 | 15 |
| | 3 支交叉:无信号灯、有转弯车道 | 45 |
| | 3 支交叉:无信号灯、无转弯车道 | 45 |
| | 3 支交叉:有信号灯、有转弯车道 | 45 |
| | 3 支交叉:有信号灯、无转弯车道 | 45 |
| | 4 支交叉:无信号灯、有转弯车道 | 50 |
| | 4 支交叉:无信号灯、无转弯车道 | 50 |
| | 4 支交叉:有信号灯、有转弯车道 | 50 |
| | 4 支交叉:有信号灯、无转弯车道 | 50 |
| | 无路口 | 0 |
| | 铁道交叉:被动式,仅有标志 | 150 |
| | 铁道交叉:主动式,闪烁警示灯和闸门 | 150 |
| | 中分带开口:非正式 | 45 |
| | 中分带开口:正式 | 45 |
| | 小型环岛 | 35 |
| 交叉口渠化 | 无 | 1.2 |
| | 有 | 1 |
| | 无交叉口 | 0 |
| 交叉口流量 | ≥15000 辆 | 1 |
| | 10000～15000 辆 | 0.5 |
| | 5000～10000 辆 | 0.25 |
| | 1000～5000 辆 | 0.125 |
| | 100～1000 辆 | 0.063 |
| | 1～100 辆 | 0.005 |
| | 无交叉口 | 0 |

续表

| 公路指标 | 公路属性 | 风险系数 |
| --- | --- | --- |
| 交叉口安全性 | 标志和标线设置合理、充分，视距充分 | 1 |
| | 缺乏 | 1.2 |
| | 无交叉口 | 0 |
| 交叉口交叉角度 | 90° | 1 |
| | 60°～90° | 1.2 |
| | 30°～60° | 1.5 |
| | 无交叉口 | 0 |
| 接入口（计算接入口风险指标“可能性”用） | 商业性接入：≥1个 | 2 |
| | 商业性接入：≥3个 | 1.3 |
| | 居住性接入：1个或2个 | 1.1 |
| | 无接入口 | 0 |
| 接入口（计算接入口风险指标“严重性”用） | 商业性接入：≥1个 | 50 |
| | 商业性接入：≥3个 | 50 |
| | 居住性接入：1个或2个 | 50 |
| | 无接入口 | 0 |
| 单向车道数 | 1车道 | 1 |
| | 2车道 | 0.02 |
| | 3车道 | 0.01 |
| | 4车道及以上 | 0.01 |
| 车道宽度 | 宽(≥3.25m) | 1 |
| | 中等(2.75～3.25m) | 1.2(非穿村)、1.05(穿村) |
| | 窄(0～2.75m) | 1.5(非穿村)、1.1(穿村) |
| 平曲线半径 | ≥1500m | 1 |
| | 700～1500m | 1.2 |
| | 400～700m | 1.8 |
| | 200～400m | 3.5 |
| | 100～200m | 6 |
| | 0～100m | 9 |
| 弯道安全性 | 弯道标志和标线等指示和诱导设施充分 | 1 |
| | 弯道标志、标线等指示和诱导设施不足或破损 | 1.25 |
| | 未应用(非弯道段) | 1 |
| 坡度 | 0%～2.5% | 1 |
| | 2.5%～4% | 1.05 |
| | 4%～7% | 1.1 |
| | 7%～10% | 1.2 |
| | ≥10% | 1.7 |

续表

| 公路指标 | 公路属性 | 风险系数 |
| --- | --- | --- |
| 路面状况 | 好 | 1 |
| | 局部破坏，偶尔影响行车 | 1.2 |
| | 严重破坏，连续影响行车 | 1.4 |
| 抗滑性 | 硬化路面：抗滑性好 | 1 |
| | 硬化路面：抗滑性中，光滑/反光路面少于20% | 1.4 |
| | 印花露面：抗滑性差，超过20%的路段光滑/反光 | 2 |
| | 未硬化路面：抗滑性好，不会出现雨天路面泥泞等降低抗滑性情况 | 3 |
| | 未硬化路面：抗滑性差，如雨天光滑的泥路 | 5.5 |
| 诱导标志、标线 | 标志和标线设置合理、充分 | 1 |
| | 只有标线或标志 | 1.1 |
| | 差(无或破损严重) | 1.2 |
| 照明 | 无 | 1 |
| | 有 | 0.73 |
| 减速标线、减速丘等速度管理措施 | 无 | 1.25 |
| | 有 | 1 |
| 辅路 | 无 | 1.5 |
| | 有 | 1 |
| 视距 | 好 | 1 |
| | 差，通常小于100m | 1.42 |

### 7.4.4 风险评估的程序化

风险评估程序化的实现过程采用JS脚本代码技术编写，JS技术是JavaScript脚本代码特效的简称，是一种直译式脚本语言，是一种动态类型、弱类型、基于原型的语言，内置支持类型。它的解释器被称为JavaScript引擎，为浏览器的一部分，广泛用于客户端的脚本语言，用来给HTML网页增加动态功能。

在1995年时，由Netscape公司的Brendan Eich，在网景导航者浏览器上首次设计实现而成。因为Netscape与Sun合作，Netscape管理层希望它外观看起来像Java，因此取名为JavaScript，设计人员为了方便交流就简称其为JS技术。风险安全指数的结构流程如图7-44所示。

通过JS语言可以实现图7-45（见书后插页）所示的风险安全指数浏览器程序界面。程序代码及界面见附录。

### 7.4.5 实例分析

选择山东建筑大学西侧世纪大道与炼化路交叉口为起点，至山东建筑大学东侧京沪高速西侧150m处止，总长共4km。设计速度60km/h，双向两车道，路基宽度为12m，设有1.5m宽硬路肩。经调查，运行速度为58.52km/h。将路段分为1km长的四段，标号①、②、③、④，如图7-45所示。

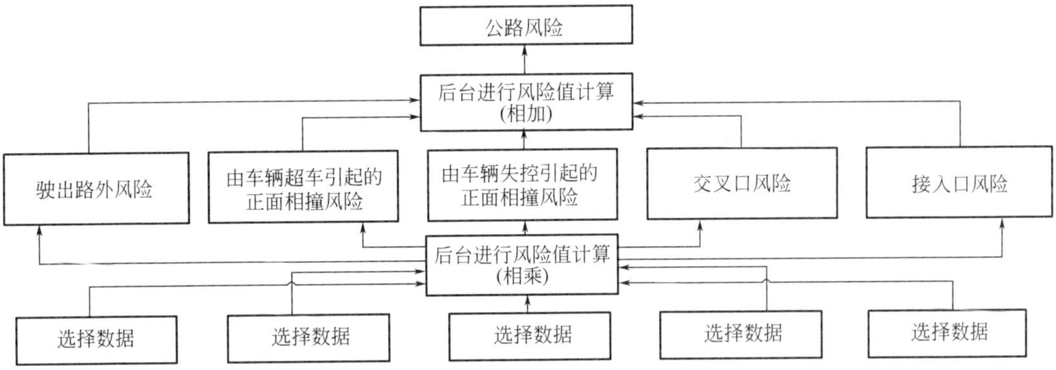


图 7-44　综合风险评估模型程序化流程图

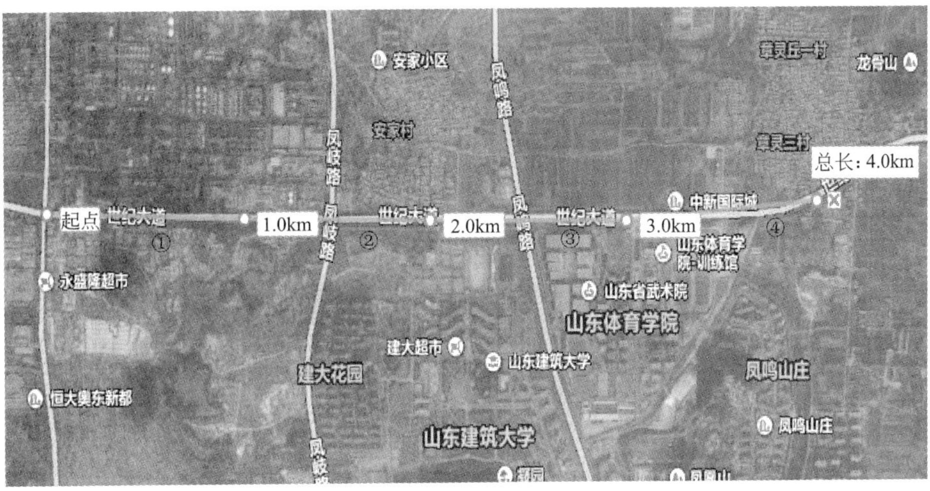


图 7-46　世纪大道待评价路段简图

1. HR 计算

(1) 路段①

该路段交通量为 6256 辆/d。

1) 驶出路外风险(左侧)

① 可能性

车道宽度 [宽(≥3.25m), 1]

平曲线半径 [≥1500m, 1]

弯道安全性 [未应用, 1]

诱导标志、标线 [差, 1.2]

路肩振动标线 [无, 1.25]

路面状况 [好, 1]

坡度 [≥0, <4%, 1]

抗滑性 [硬化路面—抗滑性好, 1]

照明 [有, 0.73]

可能性=1×1×1×1.2×1.25×1×1×1×0.73=1.095

② 严重度

路侧危险物［存在直径大于10cm桩，60］

距路侧危险物距离［1～5m，0.8］

硬路肩宽度［硬路肩宽度中等≥1.0m，＜2.4m，0.83］

严重度＝60×0.8×0.83＝39.84

③ 运行速度 0.064

④ 交通量 0.397

驶出路外风险＝1.095×39.84×0.064×0.397＝1.108

2）驶出路外风险（右侧）

① 可能性

车道宽度［≥3.25m，1］

平曲线半径［≥1500m，1］

弯道安全性［未应用，1］

诱导标志、标线［差，1.2］

路肩振动标线［无，1.25］

路面状况［好，1］

坡度［≥0，＜4%，1］

抗滑性［硬化路面－抗滑性好，1］

照明［有，0.73］

可能性＝1×1×1×1.2×1.25×1×1×1×0.73＝1.095

② 严重度

路侧危险物［存在直径大于10cm桩，60］

距路侧危险物距离［1～5m，0.8］

硬路肩宽度［硬路肩宽度中等≥1.0m，＜2.4m，0.83］

严重度＝60×0.8×0.83＝39.84

③ 运行速度 0.064

④ 交通量 0.397

驶出路外风险＝1.095×39.84×0.064×0.397＝1.108

3）由车辆失控引起的正面相撞风险

① 可能性

隧道［无，1］

车道宽度［≥3.25m，1］

平曲线半径［≥1500m，1］

弯道安全性［充分，1］

诱导标志、标线［差，1.2］

中心振动标线［无，1.2］

路面状况［好，1］

坡度［≥0，＜4%，1］

抗滑性［硬化路面－抗滑性好，1］

照明［有，0.73］

可能性＝1×1×1×1×1.2×1.2×1×1×1×0.73＝1.052

② 严重度

中间带类型［实体中央分隔带＜1.0m，0.7］

③ 运行速度 0.064

④ 交通量 0.206

由车辆失控引起的正面相撞风险＝1.052×0.7×0.064×0.206＝0.0097

4）由车辆超车引起的正面相撞风险

① 可能性

隧道［无，1］

单向车道数［双车道，0.02］

坡度［≥0，＜4％，1］

抗滑性［硬化路面—抗滑性好，1］

不同车型运行速度差［≥20km/h，1.2］

照明［有，0.73］

可能性＝1×0.02×1×1×1.2×0.73＝0.0175

② 严重度

中间带类型［实体中央分隔带＜1.0m，0.7］

③ 运行速度 0.064

④ 交通量 0.206

由车辆超车引起的正面相撞风险＝0.0175×0.7×0.064×0.206＝0.00016

5）交叉口风险

无交叉口，0

6）接入口风险

无接入口，0

路段①公路风险＝1.108＋1.108＋0.0097＋0.00016＝2.23＜3

风险Ⅰ级，低。

（2）路段②

该路段交通量为 7584 辆/d。

1）驶出路外风险（左侧）

① 可能性

车道宽度［≥3.25m，1］

平曲线半径［≥1500m，1］

弯道安全性［未应用，1］

诱导标志、标线［差，1.2］

路肩振动标线［无，1.25］

路面状况［局部破坏，1.2］

坡度［≥0，＜4％，1］

抗滑性［硬化路面—抗滑性好，1］

照明［有，0.73］

可能性＝1×1×1×1.2×1.25×1.2×1×1×0.73＝1.314

② 严重度

路侧危险物［存在直径大于10cm桩，60］

距路侧危险物距离［1～5m，0.8］

硬路肩宽度［硬路肩宽度中等≥1.0m，<2.4m，0.83］

严重度＝60×0.8×0.83＝39.84

③ 运行速度0.064

④ 交通量0.397

驶出路外风险＝1.314.×39.84×0.064×0.397＝1.33

2）驶出路外风险（右侧）

① 可能性

车道宽度［≥3.25m，1］

平曲线半径［≥1500m，1］

弯道安全性［未应用，1］

诱导标志、标线［差，1.2］

路肩振动标线［无，1.25］

路面状况［局部破坏，1.2］

坡度［≥0，<4%，1］

抗滑性［硬化路面—抗滑性好，1］

照明［有，0.73］

可能性＝1×1×1×1.2×1.25×1.2×1×1×0.73＝1.314

② 严重度

路侧危险物［存在直径大于10cm桩，60］

距路侧危险物距离［1～5m，0.8］

硬路肩宽度［硬路肩宽度中等≥1.0m，<2.4m，0.83］

严重度＝60×0.8×0.83＝39.84

③ 运行速度0.064

④ 交通量0.397

驶出路外风险＝1.314×39.84×0.064×0.397＝1.33

3）由车辆失控引起的正面相撞风险

① 可能性

隧道［无，1］

车道宽度［≥3.25m，1］

平曲线半径［≥1500m，1］

弯道安全性［充分，1］

诱导标志、标线［差，1.2］

中心振动标线［无，1.2］

路面状况［局部破坏，1.2］

坡度［≥0，<4%，1］
抗滑性［硬化路面一抗滑性好，1］
照明［有，0.73］
可能性=1×1×1×1×1.2×1.2×1.2×1×1×0.73=1.2614
② 严重度
中间带类型［实体中央分隔带<1.0m，0.7］
③ 运行速度 0.064
④ 交通量 0.206
由车辆失控引起的正面相撞风险=1.052×0.7×0.064×0.206=0.0116
4）由车辆超车引起的正面相撞风险
① 可能性
隧道［无，1］
单向车道数［双车道，0.02］
坡度［≥0，<4%，1］
抗滑性［硬化路面一抗滑性好，1］
不同车型运行速度差［≥20km/h，1.2］
照明［有，0.73］
可能性=1×0.02×1×1×1.2×0.73=0.0175
② 严重度
中间带类型［实体中央分隔带<1.0m，0.7］
③ 运行速度 0.064
④ 交通量 0.206
由车辆超车引起的正面相撞风险=0.0175×0.7×0.064×0.206=0.00016
5）交叉口风险
① 可能性
交叉口类型［四支交叉口、有信号灯、有转弯车道，10］
交叉口交叉角度［90°，1］
交叉口安全性［缺乏，1.2］
坡度［≥0，<4%，1］
照明［有，0.73］
抗滑性［硬化路面一抗滑性好，1］
视距［好，1］
渠化［无，1.2］
速度管理［无，1.25］
照明［有，0.73］
可能性=10×1×1.2×1×0.73×1×1×1.2×1.25×0.73=9.59
② 严重性［四支交叉口、有信号灯、有转弯车道，50］
③ 运行速度 0.064
④ 交通量 0.5

交叉口风险=9.59×50×0.064×0.5=15.344

6）接入口风险

① 可能性

接入口［居住性接入口≥3 个，1.3］

辅路［无，1.5］

中间带类型［中央实体分隔带<1m，0.7］

照明［有，0.73］

可能性=1

② 严重度

接入口［居住性接入口≥3 个，50］

③ 运行速度 0.064

④ 交通量 0.5

接入口风险=1×50×0.064×0.5=1.6

路段②公路风险=1.33+1.33+15.344+1.6=19.604>13

风险Ⅳ级，较高。

（3）路段③

该路段交通量为 7948 辆/d。

1）驶出路外风险（左侧）

① 可能性

车道宽度［≥3.25m，1］

平曲线半径［≥1500m，1］

弯道安全性［未应用，1］

诱导标志、标线［差，1.2］

路肩振动标线［无，1.25］

路面状况［局部破坏，1.2］

坡度［≥0，<4%，1］

抗滑性［硬化路面—抗滑性好，1］

照明［有，0.73］

可能性=1×1×1×1.2×1.25×1.2×1×1×0.73=1.314

② 严重度

路侧危险物［存在直径大于 10cm 桩，60］

距路侧危险物距离［1~5m，0.8］

硬路肩宽度［硬路肩宽度中等≥1.0m，<2.4m，0.83］

严重度=60×0.8×0.83=39.84

③ 运行速度 0.064

④ 交通量 0.397

驶出路外风险=1.314×39.84×0.064×0.397=1.33

2）驶出路外风险（右侧）

① 可能性

车道宽度［≥3.25m，1］
平曲线半径［≥1500m，1］
弯道安全性［未应用，1］
诱导标志、标线［差，1.2］
路肩振动标线［无，1.25］
路面状况［局部破坏，1.2］
坡度［≥0，<4%，1］
抗滑性［硬化路面—抗滑性好，1］
照明［有，0.73］
可能性=1×1×1×1.2×1.25×1.2×1×1×0.73=1.314
② 严重度
路侧危险物［存在直径大于10cm桩，60］
距路侧危险物距离［1～5m，0.8］
硬路肩宽度［硬路肩宽度中等≥1.0m，<2.4m，0.83］
严重度=60×0.8×0.83=39.84
③ 运行速度 0.064
④ 交通量 0.397
驶出路外风险=1.314×39.84×0.064×0.397=1.33
3）由车辆失控引起的正面相撞风险
① 可能性
隧道［无，1］
车道宽度［≥3.25m，1］
平曲线半径［≥1500m，1］
弯道安全性［充分，1］
诱导标志、标线［差，1.2］
中心振动标线［无，1.2］
路面状况［局部破坏，1.2］
坡度［≥0，<4%，1］
抗滑性［硬化路面—抗滑性好，1］
照明［有，0.73］
可能性=1×1×1×1×1.2×1.2×1.2×1×1×0.73=1.2614
② 严重度
中间带类型［实体中央分隔带<1.0m，0.7］
③ 运行速度 0.021
④ 交通量 0.206
由车辆失控引起的正面相撞风险=1.2614×0.7×0.021×0.206=0.0038
4）由车辆超车引起的正面相撞风险
① 可能性
隧道［无，1］

单向车道数［双车道，0.02］
坡度［≥0，<4%，1］
抗滑性［硬化路面—抗滑性好，1］
不同车型运行速度差［≥20km/h，1.2］
照明［有，0.73］
可能性＝1×0.02×1×1×1.2×0.73＝0.0175
② 严重度
中间带类型［实体中央分隔带<1.0m，0.7］
③ 运行速度 0.064
④ 交通量 0.206
由车辆超车引起的正面相撞风险＝0.0175×0.7×0.064×0.206＝0.00016
5）交叉口风险
① 可能性
交叉口类型［四支交叉口、有信号灯、有转弯车道，10］
交叉口交叉角度［90°，1］
交叉口安全性［缺乏，1.2］
坡度［≥0，<4%，1］
照明［有，0.73］
抗滑性［硬化路面—抗滑性好，1］
视距［好，1］
渠化［无，1.2］
速度管理［无，1.25］
照明［有，0.73］
可能性＝10×1×1.2×1×0.73×1×1×1.2×1.25×0.73＝9.59
② 严重性［四支交叉口、有信号灯、有转弯车道，50］
③ 运行速度 0.064
④ 交通量 0.5
交叉口风险＝9.59×50×0.064×0.5＝15.344
6）接入口风险
① 可能性
接入口［居住性接入口≥3 个，1.3］
辅路［无，1.5］
中间带类型［中央实体分隔带<1m，0.7］
照明［有，0.73］
可能性＝1
② 严重度
接入口［居住性接入口≥3 个，50］
③ 运行速度 0.064
④ 交通量 0.5

接入口风险＝1×50×0.064×0.5＝1.6

路段③公路风险＝1.33＋1.33＋15.344＋1.6＝19.604＞13

风险Ⅳ级，较高。

(4) 路段④

该路段交通量为 7948 辆/d。

1) 驶出路外风险（左侧）

① 可能性

车道宽度［≥3.25m，1］

平曲线半径［400～700m，1.8］

弯道安全性［未应用，1］

诱导标志、标线［差，1.2］

路肩振动标线［无，1.25］

路面状况［局部破坏，1.2］

坡度［≥0，＜4%，1］

抗滑性［硬化路面—抗滑性好，1］

照明［有，0.73］

可能性＝1×1.8×1×1.2×1.25×1.2×1×1×0.73＝2.365

② 严重度

路侧危险物［存在直径大于 10cm 桩，60］

距路侧危险物距离［1～5m，0.8］

硬路肩宽度［硬路肩宽度中等≥1.0m，＜2.4m，0.83］

严重度＝60×0.8×0.83＝39.84

③ 运行速度 0.064

④ 交通量 0.397

驶出路外风险＝2.365×39.84×0.064×0.397＝2.39

2) 驶出路外风险（右侧）

① 可能性

车道宽度［≥3.25m，1］

平曲线半径［400～700m，1.8］

弯道安全性［未应用，1］

诱导标志、标线［差，1.2］

路肩振动标线［无，1.25］

路面状况［局部破坏，1.2］

坡度［≥0，＜4%，1］

抗滑性［硬化路面—抗滑性好，1］

照明［有，0.73］

可能性＝1×1.8×1×1.2×1.25×1.2×1×1×0.73＝2.365

② 严重度

路侧危险物［存在直径大于 10cm 桩，60］

距路侧危险物距离［1～5m，0.8］
硬路肩宽度［硬路肩宽度中等≥1.0m，＜2.4m，0.83］
严重度＝60×0.8×0.83＝39.84
③ 运行速度 0.064
④ 交通量 0.397
驶出路外风险＝2.365×39.84×0.064×0.397＝2.39
3）由车辆失控引起的正面相撞风险
① 可能性
隧道［无，1］
车道宽度［≥3.25m，1］
平曲线半径［400～700m，1.8］
弯道安全性［充分，1］
诱导标志、标线［差，1.2］
中心振动标线［无，1.2］
路面状况［局部破坏，1.2］
坡度［≥0，＜4%，1］
抗滑性［硬化路面一抗滑性好，1］
照明［有，0.73］
可能性＝1×1×1.8×1×1.2×1.2×1.2×1×1×0.73＝2.27
② 严重度
中间带类型［实体中央分隔带＜1.0m，0.7］
③ 运行速度 0.064
④ 交通量 0.206
由车辆失控引起的正面相撞风险＝2.27×0.7×0.064×0.206＝0.02
4）由车辆超车引起的正面相撞风险
① 可能性
隧道［无，1］
单向车道数［双车道，0.02］
坡度［≥0，＜4%，1］
抗滑性［硬化路面一抗滑性好，1］
不同车型运行速度差［≥20km/h，1.2］
照明［有，0.73］
可能性＝1×0.02×1×1×1.2×0.73＝0.0175
② 严重度
中间带类型［实体中央分隔带＜1.0m，0.7］
③ 运行速度 0.064
④ 交通量 0.206
由车辆超车引起的正面相撞风险＝0.0175×0.7×0.064×0.206＝0.00016
5）交叉口风险

无交叉口，0

6）接入口风险

① 可能性

接入口［居住性接入口≥3 个，1.3］

辅路［无，1.5］

中间带类型［中央实体分隔带<1m，0.7］

照明［有，0.73］

可能性=1

② 严重度

接入口［居住性接入口≥3 个，50］

③ 运行速度 0.064

④ 交通量 0.5

接入口风险=1×50×0.064×0.5=1.6

路段④公路风险=2.39+2.39+0.02+1.6=6.4>5

风险ⅡV级，中。

2. 风险分布

根据 HR 的计算结果，可生成图 7-47 所示的道路综合风险分布图。从风险分布图中可以看出世纪大道一段全长 4km 路段的风险大小，由图可见路段①风险系数较低，而②、③段风险系数高，路段④风险系数较高。其中，经过计算可以发现②、③路段的风险主要来自于交叉口和居住性接入口。可以得出结论，要降低②、③路段的道路风险，需要加强交叉口的渠化以及交通安全设施的建设。通过对世纪大道以往的交通事故数据的分析可知，2010～2012 年共发生车祸 378 起，伤亡人数达到 69 人，其中凤岐路至凤鸣路路段事故最多。近几年安装中央安全护栏后事故率有所下降，但是其事故率仍然较高，如果能在山东建筑大学北侧的接入口设立信号灯或者过街天桥，可大大降低事故风险。

图 7-47　路段风险分布结果

# 第8章　不良路段安全防护措施

## 8.1　宏观方面的措施

### 8.1.1　对设计中的路段进行安全评价

对设计中的路段进行安全评价，可以从源头上发现路段存在的交通安全问题，从而采取相应的改善措施。对路段进行安全评价，可以从道路线形方面、视距方面、横断面超高方面、长大下坡方面等进行安全评价。

1. 道路线形方面的安全评价

道路线形分为平面线形、纵断面线形、横断面线形与组合线形。道路线形设计对道路安全起着非常重要的作用。下面从直线、曲线以及组合线形三个方面进行道路线形的安全评价。作为平面线形要素之一的直线，在公路和城市道路中使用最为广泛。当地势平坦、地物障碍较小时，定线人员首先考虑使用直线通过。根据统计数据分析，随着直线长度的增加，交通事故的死亡率呈上升趋势，所以，随着直线长度的增加，虽然交通事故率逐渐有减少的趋势，但是事故发生的严重程度却在逐渐增加。我国很多平原地区的高速公路许多路段的一次直线长度都超过了 6km，有的长达 10km，存在很多的安全隐患。在进行道路设计时，应该慎重采用长直线。我国现行《公路线形设计规范》规定：直线的长度不宜过长。受地形条件或其他特殊情况限制而采用长直线时，应结合沿线具体情况采取相应的技术措施。我国在道路设计中参照使用国外的经验值，直线的最大长度（单位为 m）为 $20V$（$V$ 是设计速度（km/h）），一般情况下应尽量地避免追求过长的直线指标。直线的最大长度，在城镇附近或其他景色有变化的地点大于 $20V$ 是可以接受的；在景色单调的地点最好控制在 $20V$ 以内。

对道路曲线方面进行安全评价主要是对竖曲线路段的安全评价，这样才能真正降低各种突发性安全事故的发生率。竖曲线路段主要包括凹曲线路段和凸曲线路段两种，如果汽车在凸曲线路段行驶，不对半径进行有效控制，则很可能影响司机的驾车视线，同时，汽车夜晚在凹曲线路段行驶时，如果半径不够大，则会降低汽车行驶的安全系数。另外，众所周知，路线是一条空间线形，在进行道路设计时，除了要考虑平面、纵断面的各项设计指标满足要求外，还必须对其组合而成的空间线形进行设计。如果道路线形组合不协调，驾驶员就会在驾车过程中缺乏足够的思想准备，造成各种交通事故。在平面线形组合时，要避免长直线尽头接小半径圆曲线。在纵断面线形组合设计时，也要注意使相邻路段的技术指标保持均衡，以保证路线连续顺适。平纵线形组合设计决定了路线的空间线形，也影响着交通安全。空间线形良好，能够正确诱导驾驶员视线，并帮助驾驶员作出正确的判断和操作，从而确保交通安全。但在实际道路设计中，也要避免有些平纵线形指标过于良好的情况，这些平纵指标过于良好的路段，也会成为事故频发路段。平纵指标过好容易导致超速行驶，进而引发翻车、撞固定物、尾随和侧面相撞等交通事故。

2. 视距方面的安全评价

一般在不良路段行驶时，需要对车前的视野和视距等给予高度重视，提高安全防范意识，才能保障整个行车过程的安全。一般情况下，司机在路面上方 1.2m 高处看到前面有障碍物存在，需要立即采取制动措施，才能保证自己在到达障碍物前可以安全停车。司机在这个过程中需要保证的视距必须是停车视距。根据我国相关规定和设计规范，高速公路和一级公路都必须采用停车视距，以减少交通安全事故发生。根据相关规定可知，客车的停车视距是：在时速 120km 时为 210m、在时速 100km 时为 160m、在时速 80km 时为 110m、在时速 60km 时为 75m，而货车的停车视距是：时速 120km 时为 245m、在时速 100km 时为 180m、在时速 80km 时为 125m、在时速 60km 时为 85m。如果遇到小客车和货车同时存在的情况下，必须以停车视距较大的为准，即以货车的停车视距为准，才能保证各种车辆的行驶安全。与此同时，小客车的视距一般要比货车的视距大，但在纵坡较大的路段行驶，货车的视距可以起到重要控制作用。

3. 长大下坡方面的安全评价

根据相关规定可知，各级公路都必须对连续下坡和连续上坡路段的平均纵坡进行有效控制，才能保障车辆行驶的安全性。一般情况下，如果平均纵坡是 3%，则连续下坡坡长必须超过 7km；如果平均纵坡是 4%，则连续下坡坡长必须超过 5km；如果平均纵坡是 5%，则连续下坡坡长必须超过 4km。在通过相关公式对长大下坡的超高和时速等进行计算后发现，如果下坡坡度比 3%大，则需要增加超高，才能真正降低安全事故发生率。所以，在实践过程中，必须结合高速公路工程的实际情况和天气等来进行长大下坡的安全评价，才能为高速公路工程的施工提供可靠的参考数据。

由此可见，对路段进行安全评价很重要。但是我国的公路安全评价工作不论是方法还是实践方面均存在一定的缺陷，这些缺陷集中表现在：未能形成一个强有力的数据平台来支持进行科学的评价工作、缺乏“强健”的数量化安全评价方法、安全评价没有制度化等。因此，对路段的安全评价工作还有待于进一步提高。

### 8.1.2 对运行中的路段进行安全排查

对路段进行安全排查，主要包括交通安全设施的隐患排查和工程设计与施工未达标存在的安全隐患的排查。对路段进行安全的排查方法如下：对于现有一、二级公路，可采用交通事故风险评估和公路风险评估方法进行排查。进行交通事故风险评估的条件不具备时，可用交通事故多发点段识别代替；进行公路风险评估的条件不具备时，可用公路条件识别代替。无法取得交通事故数据或数据不满足要求时，可仅采用公路风险评估或公路条件识别方法进行排查。对于现有三、四级公路，采用指标综合判别法进行排查。

1. 对交通安全设施的排查

交通安全设施作为道路的附属设施，具有传递信息和指引车辆和安全防护功能，对行车起着极其重要的保障作用。及时排查并维护好交通安全设施，保持道路标志、标线清晰、醒目和准确，对于预防交通事故，提高道路通行效率；或降低事故损害程度，保护生命财产有着深远的意义。对交通安全设施的隐患排查，主要是发现其存在的缺陷并进行相关的治理。交通安全设施存在的缺陷主要有：①路网变化（或新增立交）使出口标志变得不准确；②跨路段出口和服务区预告标志欠缺；③部分标志内容显示不够完整；④标线模糊，减弱导向功能；⑤交通事故撞坏护栏设施；⑥两侧隔离栅损坏、缺失等。

下面以护栏为例，说明如何进行安全排查。对于护栏，应从以下几个方面进行安全排查：

（1）波形梁与立柱或波形梁之间连接是否紧固；

（2）附着轮廓标是否反光、齐全；

（3）损坏、变形或缺失的护栏是否及时更换；

（4）其他如护栏表面受尘土污染情况等。

2.其他方面的安全排查

工程设计与施工未达标存在的安全隐患的排查主要包括对路段线形、平均纵坡、视距、公路路侧等的检测。

### 8.1.3 对路段进行安全排查的示例

如图 8-1 所示，该路段存在较大的急弯现象，且弯道部分受树木或其他路侧障碍物的遮挡，导致出现视距不良的现象。驾驶员不易发现对向车辆或行人。

图 8-1 视距不良路段安全排查

图 8-2 所示为吉林省某公路的一部分。该路段存在陡坡路段，上坡坡顶视距不良，占道超车或行驶时易发生交通事故。下坡时纵坡坡度较大，容易发生追尾等交通事故。且该

公路地处吉林省内，冬季行路本来就不容易，再加上多冻漫雪，造成举步维艰的状况，使得交通事故更为频繁地发生。

图 8-2　坡度视距不良路段

## 8.2　微观方面的措施

对不良路段采取安全防护措施，可以通过以下几个方面，如对路段进行改造、改善视距、改进或增设相关交通安全设施。

### 8.2.1　对路段进行改造

对路段进行改造，可以通过以下几个方面进行，如增加避险车道、加宽横断面、提高护栏防撞等级、增加其他安全设施以及加强管理措施等。

1.增加避险车道

避险车道，又称紧急避险车道，是指为使主线车流中失去控制的车辆能够减慢行驶速度并且能够停下来，在主线道路旁设置的一种车道形式。当受地形限制，平均纵坡无法满足要求时，容易造成下坡车辆制动失灵等严重安全事故，避险车道是专为失控车辆紧急避险而设置的休止车道。若要设置避险车道，应使避险车道能发挥这两个作用：①使失控车辆从主线中分流，避免对主线车辆的干扰；②失控车辆在避险车道上，在安全的减速度下平稳地停车，不应出现人员受伤、车辆严重损坏的现象。避险车道一般设置在长陡下坡路段右侧视距良好路段，主线应设置醒目标志，应避免由于视距不良导致驾驶人未发现或来不及操作而错过避险车道；一般设置在车辆不能安全转弯的主线平曲线之前和人口稠密区之前。

2.加宽横断面

由于受地形限制，设计时多采用极限值，这也是造成事故多发的一个重要原因。根据相关调查可知，车道越宽交通事故越少。车道宽度（包括路肩的宽度在内）增加可以缓解驾驶员在曲线路段超车或错车时的紧张心理，有利于降低交通事故发生的可能性。若公路两侧尚有部分可用且尚未使用的公路用地，则可利用此用地，对这一路段的横断面进行加宽，改善曲线半径较小造成的行车局限。但车道宽并非越宽越好，在没有划分车道线的道路上，过宽的车道反而容易造成交通流紊乱，影响通行能力和道路交通安全，因此对于加宽部分要利用标线等进行渠化。

3. 提高护栏防撞等级

护栏的防撞机理是："通过护栏和车辆的弹塑性变形、摩擦、车体变位来吸收车辆的碰撞能量，从而达到保护驾驶员和乘客生命安全的目的"。护栏与其他道路保障设施的显著区别是以护栏和车辆自身的破坏（变形）来防止更严重的伤害事故发生。若存在护栏等级不足，对某些车辆的防护明显不足的现象，可以提高这一段护栏的防撞等级。提高护栏的防撞等级，可采用两道三波形梁钢护栏或混凝土护栏。

4. 增加其他安全设施

针对重大事故都是大货车的情况，在已经采取大小型车道分道行驶的前提下，建议加强此措施，一方面可以对车道分界线采用实线，另一方面在路段上多次重复"大型车、小型车"的路面标记。对于标画减速标线的路段，应加强路面减速标线的养护，确保其发挥作用。

对于加强夜间行车安全的情况，可以增设轮廓标。

### 8.2.2 改善视距

视距是保证行车安全的一项重要设计指标，与行驶安全性密切相关。弯道路段视距不良是经常存在的一个问题，造成了交通事故的频繁发生。

由于在弯道的内侧有建筑物、树木、道路设施等，阻碍驾驶人的视线，使得视距满足不了要求，从而成为视距不良路段。驾驶人获得的视距将会受到严重影响，驾驶人的视距会迅速减小，一旦车速判断不准或是过高估计车辆速度都会对道路行车安全造成影响。目前，视距不良最常见的表现形式为：路边的绿化树、花草长期得不到及时清理，造成视距不足。这种条件下，只要对弯道路侧的树木稍加修剪，即可明显改善视距，以最小的经济成本取得最大的安全效益。

但是很多情况下通过这种方法是无法改善视距不良的情况的，比如弯道内侧有建筑物、石砌墙，人们不可能将建筑物移除来改善视距，此时可通过主动引导。主动引导是指通过采取安装交通安全设施和改善道路行车环境等措施实现驾驶人与道路的良性交互，使驾驶人能够根据行车环境所传达的信息自觉地改变操作行为和行驶方向。设置线形诱导标、警示桩以及利用交通景观提示线形是主动引导的常用措施。

如图 8-3 所示，在视距不良导致事故多发的路段，应尽量设置等级别的视线诱导设施，如线形诱导标，可以在一定程度上减少车辆冲出路外的可能性。并且该路段在弯道外侧设置了护栏，在一定程度上有利于防止事故车辆冲出道路。这种双重措施，减少了视距不良的弯道可能造成的交通事故，增加了行车的安全性。

### 8.2.3 改进或增设相关交通安全设施

交通安全设施作为道路的附属设施，具有传递信息和指引车辆和安全防护功能，对行

图 8-3　路段改造示意图

车起着极其重要的保障作用。应根据具体的路况条件，不断完善交通安全设施，努力为过往司乘人员提供舒适的行车环境。比如：交通标志、标线的设置应当符合道路交通安全、畅通的要求和国家标准，并保持清晰、醒目、准确和完好；出现交通标志或标线等交通设施损毁或灭失的，相关部门应当设置警示标志，并采取防护措施及时修复；出现交通标志、标线有所变更的，应当及时予以变更等。改善或增设交通安全设施，应使其发挥必要的作用。下面从交通标志、路面标线以及护栏三个方面进行叙述。

（1）对于交通标志，应满足以下要求：

1）内容要准确、及时和完整，以满足司机在驾驶情况下从看到标志、作出判断，到采取行动所需的反应时间和前置距离；不然，可能会诱发事故，如出口标志缺失，司机犹豫时易被追尾。

2）设置要简洁明了，沿线主要城市、县城或服务区的距离，可以多次预告提醒，地名按由近及远的顺序从上而下排列；而一般镇级名称显示在距出口 5～10km 的范围内即可，尽量从简。

3）板面安装要与道路中线垂直或顺时针前倾一定角度，以尽量减少眩光对司机的影响，如设在道路右侧的指路和警告标志为 0°～10°。但是目前在我国内陆尤其是山区以及沿海大部分发达地区的低等级公路，由于经济条件、设计水平等条件的制约，在弯道路段交通标志存在较多的问题，存在的主要问题有：标志位置设置不合理、标志不够醒目、信息间断等。

对弯道处标志位置的改善，应该采取主动预防的策略，尽量使驾驶人在短时间内提前了解并掌握弯道的行驶及限速要求。在需要设置警告标志的地方，可在警告标志的前方，多次设置警告标志，以期通过多次警告，使驾驶人能有足够的时间采取安全措施。对交通标志醒目性的改进，可使其图文并茂、生动形象等，一方面提高了标志的视认性，使驾驶人能够在更远的地方辨识标志，增加了驾驶人反应、操作的时间，在恶劣的天气条件下此类标志仍能够提供良好的视认性；另一方面，标志反映的信息量更大，使驾驶人能够获知前方路况的具体特点，便于采取针对性的操作。

对信息连续性的改进，可以在驶入弯道之处，设置显示了弯道形式及总长度的交通标志，这为驾驶人客观判断线形，从而采取科学的驾驶对策提供了帮助；在驶出弯道后，可以设置相关的信息标志，提示驾驶人已经驶出连续弯道。

（2）对于路面标线，其作用是指示车行道、行驶方向、道路走向和路面边缘轮廓，引导车辆安全行驶。要使标线保持完整、清晰可见并且具有较高的视认度。如果标线出现表面污秽、涂料老化、磨损、剥落或缺失等弊病时，标线就会变得模糊不清，司机便难以分道行驶或者不能借以判断横向安全距离，从而同向车辆就容易发生碰撞事故。同时，要保持标线应有的反光亮度，就必须定期清洗，如半年一次，并通过夜间巡查来评估标线的完好程度，倘若需要翻新涂划或贴补，则应特别重视材料的选用，考虑反光、排污、耐磨、防滑及与路面的附着力等性能。

（3）对于护栏，应使其发挥两方面的作用。一方面，具有一定的强度和刚度，能直接承受失控车辆的冲撞，尽量阻止车辆越出路外，或闯到对向车道，诱发二次事故；另一方面，该类护栏又较为柔韧，能缓冲失控车辆瞬间剧烈的碰撞，以减轻车辆受反冲击的力度，保护司乘人员的生命、财产安全，最大限度地降低事故的严重程度。

### 8.2.4 示例说明

如图 8-4 所示，在视距不良的弯道路段，在弯道前处设置警告标志，用以警示驾驶员前方危险路段，应谨慎行驶。这样驾驶员在进入弯道前就能采取相应的诸如减速等措施来预防交通事故。

图 8-4　视距不良路段添加警示装置

图 8-5 所示，为弯道外侧邻崖的险要路段，根据此状况，在弯道外侧设置了护栏，在一定程度上可防止车辆驶出道路，并在一定程度上起到视线诱导的作用。

图 8-6 所示为视距不良的弯道，弯道出口为下坡路，且弯道外侧为邻崖的险要路段。针对这一情况，在弯道进口处设置了下坡的警示标志，并在弯道外侧设置了波形梁护栏，

可以在一定程度防止车辆冲出道路，并且在弯道处起到了一定的视线诱导作用。

图 8-5　弯坡路段护栏防护装置

图 8-6　视距不良路段诱导警示装置

# 附　录

道路风险程序化部分如下：

```
body {
    margin：0px;
}

div {
    background-repeat：no-repeat;
}

. raw _ image {
    width：100%;
    height：100%;
}

. preload {
    display：none;
}
# main _ container {
}

. form _ sketch {
    border-color：transparent;
    background-color：transparent;
}

. u0 {
    position：absolute;
    left：1055px;
    top：39px;
    width：180px;
    height：25px;
    ;
    ;
```

```
    text-align: left;;
    font-family:'Arial';
    font-size: 13px;
    color: #000000;
    font-style: normal;
    font-weight: normal;
    text-decoration: none;

}

.u1 {
    position: absolute;
    left: 963px;
    top: 43px;
    width: 68px;
    height: 16px;
    ;
    ;
    ;
    font-family: Arial;
    text-align: left;
    word-wrap: break-word;
}

.u2 {
    position: absolute;
    left: 1055px;
    top: 74px;
    width: 180px;
    height: 25px;
    ;
    ;
    text-align: left;;
    font-family:'Arial';
    font-size: 13px;
    color: #000000;
    font-style: normal;
    font-weight: normal;
    text-decoration: none;
```

```
}

.u3 {
    position: absolute;
    left: 962px;
    top: 78px;
    width: 78px;
    height: 16px;
    ;
    ;
    ;
    font-family: Arial;
    text-align: left;
    word-wrap: break-word;
}

.u4 {
    position: absolute;
    left: 1055px;
    top: 109px;
    width: 180px;
    height: 25px;
    ;
    ;
    text-align: left;;
    font-family:'Arial';
    font-size: 13px;
    color: #000000;
    font-style: normal;
    font-weight: normal;
    text-decoration: none;

}

.u5 {
    position: absolute;
    left: 962px;
    top: 113px;
```

```
    width: 78px;
    height: 16px;
    ;
    ;
    ;
    font-family: Arial;
    text-align: left;
    word-wrap: break-word;
}

.u6 {
    position: absolute;
    left: 1055px;
    top: 144px;
    width: 180px;
    height: 25px;
    ;
    ;
    text-align: left;;
    font-family:'Arial';
    font-size: 13px;
    color: #000000;
    font-style: normal;
    font-weight: normal;
    text-decoration: none;

}

.u7 {
    position: absolute;
    left: 961px;
    top: 148px;
    width: 91px;
    height: 16px;
    ;
    ;
    ;
    font-family: Arial;
    text-align: left;
```

```
    word-wrap: break-word;
}

.u8 {
    position: absolute;
    left: 1055px;
    top: 179px;
    width: 180px;
    height: 25px;
    ;
    ;
    text-align: left;;
    font-family:'Arial';
    font-size: 13px;
    color: #000000;
    font-style: normal;
    font-weight: normal;
    text-decoration: none;

}
```

# 参考文献


[1] 张云峰.美国《城市机动化年度报告》及其启示 [J].国际城市规划，2011，26 (4)：62-68.

[2] Organization W. H. Global Status Report on Road Safety：Summary [J]. Who Int，2009，15 (4)：286-286.

[3] 陈国华，程文.美国道路交通事故黑点鉴别的历史发展及未来走向 [C] //中国职业安全健康协会首届年会暨职业安全健康论坛论文集，2004.

[4] 刘强，陆化普，张永波，等.我国道路交通事故特征分析与对策研究 [J].中国安全科学学报，2006，16 (6)：123-128.

[5] 宋传增.道路选线与设计中的交通安全问题分析 [M].北京：中国建筑工业出版社，2014.

[6] 交通部公路科学研究院.中国道路交通安全蓝皮书.(2007 年) [M].北京：人民交通出版社，2008.

[7] 杨少伟.道路勘测设计 [M].第 3 版.北京：人民交通出版社，2009.

[8] 揭强.高速公路交通事故黑点安全改善决策优化研究 [D].广州：华南理工大学，2014.

[9] 过秀成，盛玉刚，潘昭宇，等.公路交通事故黑点总体特征分析 [J].东南大学学报（自然科学版），2007，37 (5)：930-933.

[10] 亓秀贞.常规公交高峰时段运行可靠性评价方法研究 [D].重庆：重庆交通大学，2013.

[11] 秦敏，吕博.城市道路线形设计中的问题研究 [J].科技与企业，2012 (22)：233-233.

[12] 郝建勋.道路交通事故分析方法应用研究 [D].长春：吉林大学，2008.

[13] 刘平雨.道路线形与交通事故的关系研究 [D].南京：东南大学，2009.

[14] 路宁.道路线形与交通事故关系分析 [J].交通标准化，2012 (8)：120-122.

[15] 张飞军，王云鹏，施树明，等.公路线形设计安全性评价仿真 [J].吉林大学学报（工学版），2007，37 (3)：528-532.

[16] 邓科.基于 BP 神经网络的黑点路段道路线形指标分析研究 [D].武汉：武汉理工大学，2009.

[17] 谭金华.道路风险管理研究 [D].北京：清华大学，2011.

[18] 蒋东波.道路交通事故多发点（段）的鉴别、成因与防治 [D].长沙：长沙理工大学，2006.

[19] 潘威，都敬丽.模糊理论在道路线形设计安全诊断中的应用 [J].中外公路，2012，32 (2).

[20] 陈旭光.基于运行速度的公路线形安全性综合评价 [D].重庆：重庆交通大学，2015.

[21] 张泽良.基于运行速度的双车道公路线形设计方法研究 [D].重庆：重庆交通大学，2010.

[22] 符锌砂.理论运行速度与公路线形设计及评价方法研究 [D].西安：长安大学，2008.

[23] 李岩.中心城市城乡交错带道路交通安全综合评价及仿真 [D].长春：吉林大学，2012.

[24] 韩文彬.道路线形与交通事故关系研究 [D].长春：吉林大学，2007.

[25] 徐道涵.双车道公路线形安全评价研究与应用 [D].西安：长安大学，2005.

[26] 徐进.道路几何设计对车辆行驶特性的影响机理研究 [D].成都：西南交通大学，2009.

[27] 邓捷.道路交通安全评价方法的改进和应用 [D].成都：西南交通大学，2012.

[28] 李薛.道路交通安全评价方法及其初步应用研究 [D].南京：河海大学，2006.

[29] 李政.道路交通安全评价研究 [D].西安：长安大学，2001.

[30] 吴丽娜.道路交通事故多发点鉴别方法对比分析及改进研究 [D].哈尔滨：哈尔滨工业大学，2007.

[31] 彭志群.道路平面线形舒适性评价方法研究 [D].西安：长安大学，2005.

[32] 林志英.道路线形条件对交通安全的影响分析 [D].长沙：中南大学，2010.

[33] 王超深.公路弯道路段交通事故分析及安全对策研究 [D].西安：长安大学，2010.

[34] 陈军.公路线形连续性设计方法的研究 [D].西安：长安大学，2003.

[35] 杨梅.公路线形因素对交通安全的影响分析 [D].西安：长安大学，2009.

[36] 张星. 国内外道路线形设计技术指标对比研究 [D]. 西安：长安大学，2011.

[37] 李玉亮. 基于道路平纵线形的交通事故分布规律研究 [D]. 西安：长安大学，2008.

[38] 王熙博. 基于模糊软集合的道路线形设计综合评价研究 [D]. 重庆：重庆交通大学，2015.

[39] 闵泉. 基于模拟驾驶的道路交通安全评价方法及应用 [D]. 武汉：武汉理工大学，2014.

[40] 林声. 基于线形设计一致性的公路安全设计理论研究 [D]. 北京：北京交通大学，2014.

[41] 唐登科. 驾驶员驾车生理、心理反应与道路线形关系的研究 [D]. 南京：东南大学，2006.

[42] 马社强. 区域道路交通安全评价的理论与方法 [D]. 北京：北京交通大学，2012.

[43] 王皓. 长大纵坡安全研究 [D]. 西安：长安大学，2014.

[44] Evans L. Traffic Safety and the Driver [C] // World Congress of the International Association for Accident and Traffic Medicine，14th，Singapore，1995.

[45] Nilsson G. Traffic Safety Dimensions and the Power Model to Describe the Effect of Speed on Safety [J]，2004.

[46] Lamm R.，Psarianos B.，Mailaender T. Highway Design and Traffic Safety Engineering Handbook [J]. McGraw-Hill Handbooks，1999.

[47] Laureshyn A.，Åse Svensson，Hydén C. Evaluation of Traffic Safety，Based on Micro-Level Behavioural Data：Theoretical Framework and First Implementation [J]. Accident，Analysis and Prevention，2010，42 (6)：1637-1646.

[48] Minderhoud M. M.，Bovy P. H. L. Extended Time-to-Collision Measures for Road Traffic Safety Assessment [J]. Accident Analysis and Prevention，2001，33 (1)：89-97.

[49] Abbas K. A. Traffic Safety Assessment and Development of Predictive Models for Accidents on Rural Roads in Egypt [J]. Accident Analysis and Prevention，2004，36 (2)：149-163.

[50] 中村英夫，森地茂. 交通安全と街づくり ：(財) 国際交通安全学会「都市の道路交通改善」研究プロジェクト [M]. 勁草出版サービスセンター，勁草書房 (発売)，1993.

[51] 佐藤進，佐藤伸一郎，高橋一三. 4f-3 交通安全と交通環境改善の一体化を目指す交通バリアフリー基本構想の策定 ：神奈川県座間市における市民の関与と参画プロセスを事例として (セッション4-F「安全・交通安全」，研究発表 [J]. 福祉のまちづくり研究，2006，7.

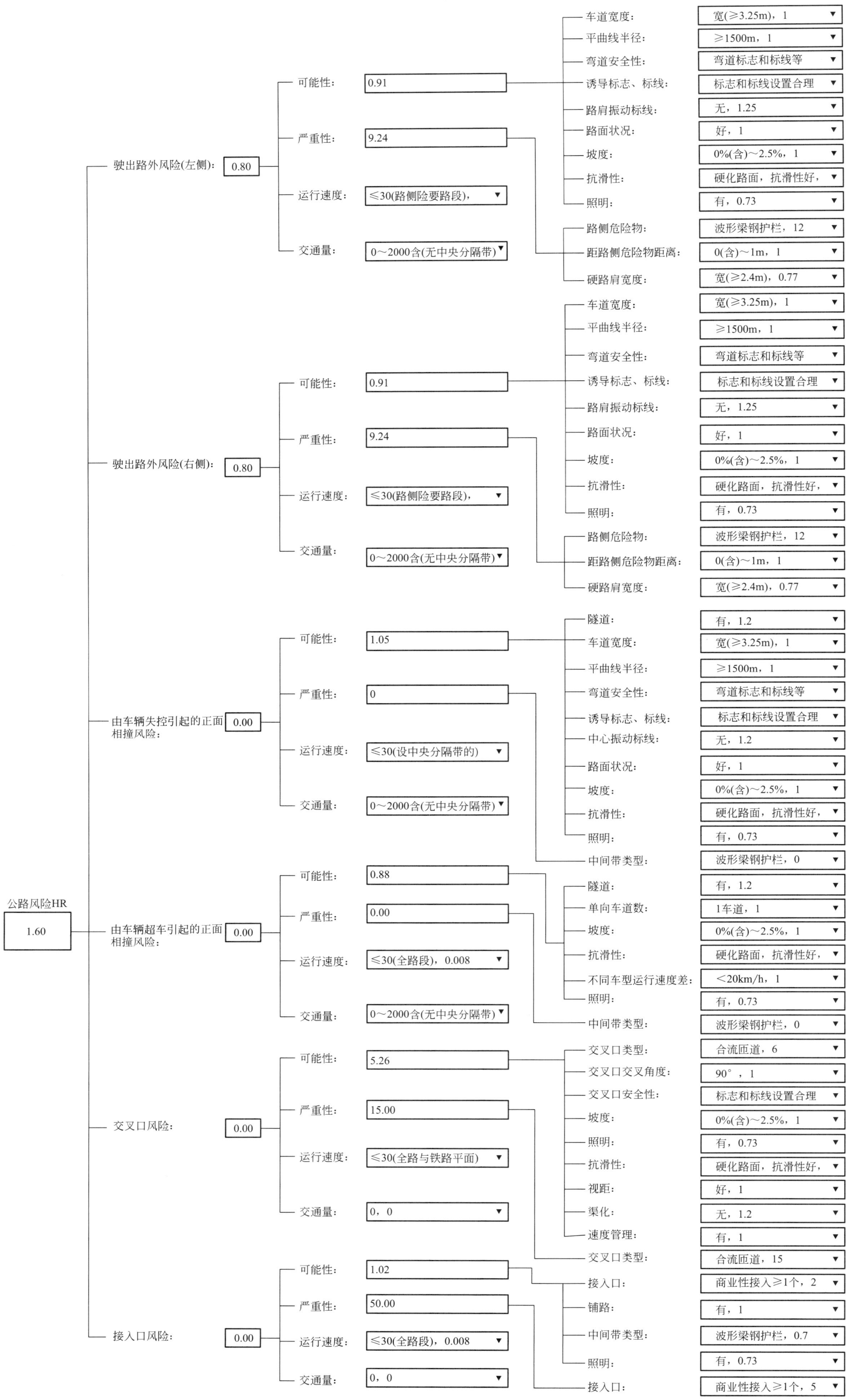

图 7-45 风险安全指数浏览器程序界面